LA PROTECTION DES DONNÉES À CARACTÈRE PERSONNEL EN DROIT MALIEN :
Entre affirmation et effectivité contrariée

Mahamadou Aly HAIDARA

LA PROTECTION DES DONNÉES À CARACTÈRE PERSONNEL EN DROIT MALIEN :

Entre affirmation et effectivité contrariée

Préface de M. Arouna KEITA

L'Harmattan
Mali

5-7, rue de l'École-Polytechnique ; 75005 Paris

http://www.librairieharmattan.com

ISBN : 978-2-14-032326-3
EAN : 9782140323263

DÉDICACE

Ce travail est dédié à l'Autorité de Protection des Données à caractère Personnel (APDP) pour ses efforts relatifs à la préservation de la vie privée et à la protection des données à caractère personnel au Mali.

REMERCIEMENTS

Je rends grâce à Dieu pour tous les bienfaits reçus, notamment, pour l'accomplissement de ce projet si cher à mon cœur.

Nous avons coutume de dire que la rédaction d'une Thèse est un travail personnel et solitaire. Cependant, aboutir à la soutenance de cette thèse n'aurait pas été possible sans le soutien des encadreurs, parents, collègues, amis, etc.

J'aimerais ici remercier les personnes qui ont fait partie de ce projet, à différents niveaux. Je pense en tout premier lieu aux deux (02) professeurs qui ont accepté de m'encadrer et de diriger mes travaux de recherche pour aboutir à cette thèse, Messieurs **Mamadou Lamine DEMBELE**, Maitre de Conférences, Agrégé des Facultés de Droit public de l'Université des Sciences Juridiques et Politiques de Bamako (USJPB), Directeur de Thèse et **Mamadou NIANE**, Maitre de Conférences, Agrégé des Facultés de droit à l'Université Gaston Berger de Saint-Louis (UGB)-Sénégal : **Codirecteur de Thèse** , pour leur disponibilité, leurs conseils et leur soutien qui ont été des plus précieux pour la réalisation de cette œuvre.

Je voudrais ici remercier le Président de l'APDP Monsieur Oumarou AG Mohamed Ibrahim HAIDARA pour m'avoir donné l'opportunité de travailler à l'APDP et m'avoir permis, avec enthousiasme, de poursuivre mon cursus universitaire parallèlement avec mon travail.

Mes remerciements vont aux Commissaires et au personnel technique de l'Autorité de Protection des Données à caractère Personnel pour leur accompagnement, conseils et disponibilité.

Ma reconnaissance va, également à l'endroit des coordinateurs et tous les membres du Laboratoire d'Etude et de Recherche en Droit, Décentralisation et Développement Local (LERDDL) de la Faculté de Droit Public de l'Université de Bamako, les collègues des autorités sœurs du Sénégal, du Gabon, de Monaco, du Burkina Faso, du Maroc, du Niger pour leur partage d'expérience, leurs encouragements, leur compréhension et leur aide.

A mon ami et frère Ibrahim Sidy FOFANA, pour le soutien et les encouragements, qu'il en soit ici remercié.

Mes parents, à mon épouse, à mes enfants, à mes frères et sœurs, je leur réitère mon affection et ma gratitude. Toutes leurs attentions, tous leurs conseils, leur compréhension et leur soutien m'ont été d'un très grand secours.

Enfin aux membres du jury qui ont bien voulu accorder de leur temps, si chargé, à l'appréciation de cette modeste œuvre. Qu'ils trouvent, ici, toute ma reconnaissance et ma gratitude

PRÉFACE

En 2013, conformément aux engagements pris lors de ces différentes rencontres et en parfaite harmonie avec les dispositions de l'article 6 de la Constitution, les autorités politiques maliennes ont adopté la loi n°2013-015 du 21 mai 2013 portant protection des données à caractère personnel. En effet, cette loi qui est une transposition de l'Acte Additionnel de la CEDEAO relatif à la protection des données à caractère personnel apparaît en réalité, comme un « *socle pour la garantie et la protection des Droits Humains* ». Elle montre à suffisance, la détermination de nos gouvernants à promouvoir la culture de protection des données à caractère personnel.

Elle exige que les données à caractère personnel ne soient collectées et traitées *que de manière loyale, licite et non frauduleuse pour des finalités déterminées, explicites, légitimes et n'être conservées que sous une forme permettant l'identification des personnes concernées, pendant une durée qui n'excède pas celle nécessaire aux finalités pour lesquelles elles sont collectées ou utilisées*. De même, la loi susmentionnée, institue l'Autorité de protection des Données à caractère Personnel (APDP), une autorité administrative indépendante (AAI) chargée de lutter contre toutes formes d'atteintes aux données à caractère personnel.

Cependant, en dépit des efforts louables fournis par les autorités pour garantir le respect du droit fondamental à la protection de la vie privée, Dr Mahamadou Aly HAIDARA déplore, dans un style très agréable et facile à comprendre, les insuffisances, d'ordre textuel et pratique qui biaisent la protection des données à caractère personnel au Mali.

Fort d'une expérience très riche dans le domaine de la protection des données à caractère personnel, étant l'un des premiers juristes à y exercer au Mali et à avoir effectué plusieurs missions d'études auprès des autorités sœurs de la sous-région et d'Europe, doté d'un courage et d'un amour indéterminés pour la recherche, d'une générosité intellectuelle égale à la rigueur et à l'amour du travail bien fait, notre brillant juriste, dans cet ouvrage intitulé : ***« la protection des données à caractère personnel en droit malien : entre affirmation et***

effectivité contrariée », met en lumière la méconnaissance notoire des principes de protection des données par les usagers, les insuffisances des obligations du responsable de traitement, les droits des personnes concernées, la faiblesse des sanctions administratives et l'absence de sanctions pénales en cas d'atteintes aux données à caractère personnel.

Aussi, ce livre, reflet du niveau de la protection des données à caractère personnel au Mali, mis à la disposition des universitaires et praticiens du droit, vise à contribuer à la réflexion et à la discussion sur les solutions susceptibles de garantir une meilleure protection des données à caractère personnel sur toute l'étendue du territoire national. De même, il servira, aux pouvoirs publics, de tremplin, pour l'adaptation du cadre normatif aux standards internationaux.

Véritable mine d'or, j'espère de tout mon cœur qu'il servira de bréviaire pour les responsables des structures publiques et privées afin qu'ils ne perçoivent plus le processus de mise en conformité comme une contrainte, mais plutôt, comme une opportunité de renforcer la confiance de leurs usagers et clients.

Enfin, je ne doute pas que les lecteurs de cet ouvrage, à la fin du livre, ne verront pas l'Autorité en charge de la protection des données à caractère personnel comme un épouvantail mais plutôt comme un véritable bouclier contre les agressions des « prédateurs » des données à caractère personnel.

Arouna KEITA, Magistrat,
Chevalier de l'Ordre national
Directeur des Affaires Juridiques,
du Contentieux et de la Coopération de l'APDP

SIGLES ET ABREVIATIONS

A	
AAI	Autorité Administrative Indépendante
ADPO	Association des Data Protection Officer
AEPD	Agence Espagnole de Protection des Données
AFAPDP	Association Francophone des Autorités de Protection des Données Personnelles
Aff.	Affaire
AGETIC	Agence des Technologies de l'Information et de la Communication
Al.	Alinéa
AMLCDF	Association Malienne de Lutte contre la Corruption et la Délinquance Financière
AMRTP	Autorité Malienne de Régulation des Télécommunications, des Technologies de l'Information et de la Communication et des Postes
ANAM	Agence Nationale d'Assistance Médicale
ANSSI	Agence Nationale de la Sécurité des Systèmes d'Information (France)
APDP	Autorité de Protection des Données à caractère Personnel
Art.	Article
Ass.	Assemblée
ASIM	Association des Sociétés Informatiques du Mali
Avr.	Avril
B	
BCI	Banque pour le Commerce et l'Industrie
BDM	Banque pour le Développement du Mali
BICIM	Banque Internationale pour le Commerce et l'Industrie au Mali
BMS	Banque Malienne de Solidarité
BNDA	Banque Nationale de Développement Agricole

Bull	Bulletin
Bull.civ.	Bulletin des arrêts de la chambre civile de la Cour de Cassation (France)
Bull. crim.	Bulletin des arrêts de la chambre criminelle de la Cour de Cassation (France)
C	
C/	Contre
CA	Cour d'Appel
CAA	Cour Administrative d'Appel
CACTIC	Coordination des Associations et Clubs TIC
CANAM	Caisse Nationale d'Assurance Maladie
CASS.SOC.	Cassation Sociale
Cass. Crim	arrêt d'une Chambre criminelle de la Cour de cassation (France)
CC	Conseil Constitutionnel
CCE	Communication-Commerce électronique
CDP	Commission des Données Personnelles du Sénégal
CE	Conseil d'État
CEDEAO	Communauté Economiques des États de l'Afrique de l'Ouest
CENTIF	Cellule Nationale de Traitement des Informations Financières
CJUE	Cour de Justice de l'Union Européenne
CIL	Commission de l'Informatique et des Libertés
CICORES	Cabinet International de Conseils, de Recherche et d'Etudes Stratégiques
CNCDH	Commission Nationale Consultative des Droits de l'Homme (France)
CNIL	Commission Nationale de l'Informatique et des Libertés de la France
CNPDCP	Commission Nationale pour la Protection des Données à caractère Personnel
CNDH	Commission Nationale des Droits de l'Homme
CNSC	Conseil National de la Société Civile
C.civ.	Code Civil
Ch.	Chambre

Ch. corr.	chambre correctionnelle
CNTS	Centre National de Transfusion Sanguine
Coll.	Collection
Com.	Commentaire
Comm.com. electr.	Revue Communication Commerce électronique
Con.	Conclusion
Con.const	Conseil Constitutionnel
CP	Code Pénal
CPD	Correspondant à la Protection des Données
C.Sup.	Cour Suprême
CREE	Commission de Régulation d'Eau et Electricité
D	
D.	Recueil Dalloz
DA	Recueil Analytique Dalloz
DAF	Direction Administrative et Financière
DAJC	Direction des Affaires Juridiques et du Contentieux
Déc.	Décision
DCRP	Direction de la Communication et des Relations Publiques
DGE	Délégation Générale aux Elections
DIP	Droit International Public
DOC.	Doctrine
DTC	Direction de la Technique et du Contrôle
DUDN	Déclaration Universelle des Droits de l'Homme
E	
Ed.	Edition
EDM	Energie du Mali
ENA	Ecole Nationale d'Administration
F	
Févr.	Février
G	
GA	Grands Arrêts du contentieux administratif
GAFAM	Google, Amazon, Facebook, Apple, Microsoft
GAJA	Grands Arrêts de la Jurisprudence Administrative
GPEN	Global Privacy Enforcement
GPS	Global Positioning System

G29	Groupe 29
H	
HAC	Haute Autorité de Communication
I	
IBID. IBIDEM	Même référence
INFRA	Ci-dessous
INPS	Institut National de Prévoyance Sociale
INSTAT	Institut National de la Statistique
IP	Internet Protocol
ISOC	Internet Society
J	
Juill.	Juillet
L	
L	Loi
L.C.E.N	Loi pour la confiance de l'économie numérique (France)
L.G.D.J.	Librairie Général de Droit et de Jurisprudence (France)
LIL	Loi Informatique et Libertés (France)
M	
MATD	Ministère de l'Administration Territoriale et de la Décentralisation
MSPC	Ministère de la Sécurité et de la Protection Civile
N	
N°	Numéro
NINA	Numéro d'Identification National
NTA	Nouvelle Technologie Africaine
NSA	National Security Agency
O	
OCDE	Organisation pour la Coopération et le Développement Economiques
OCLEI	Office Central de Lutte contre l'Enrichissement Illicite
Oct.	Octobre
ODHP	Organisation du Développement Humain et de la Paix
OIF	Organisation Internationale de la Francophonie

OMH	Office Malien de l'Habitat
ONG	Organisation Non Gouvernementale
ONU	Organisation des Nations Unies
ORTM	Office de Radiodiffusion Télévision du Mali.
P	
P.	Page (s)
PAECSIS	Programme d'Appui au Fonctionnement de État Civil et à la mise en place d'un Système Informatisé et Sécurisé
PAMF	Première Agence de Microfinance
PCI-DSS	Payment Card Industry-Data Security Standard
PIDCP	Pacte International relatif aux Droits Civils et Politiques
PUF	Presse Universitaire de France
Préc.	Précité
R	
RAMED	Régime d'Assistance Médicale
RAPDP	Réseau africain des Autorités de Protection des Données personnelles
Rapp.	Rapport
RAVEC	Recensement Administratif à Vocation d'État civil
RECEF	Réseau des Compétences Electorales Francophones
Rec.	Recueil
Réf.	Référence
REFRAM	Réseau Francophone des Régulateurs des Médias
RGPD	Règlement Général sur la Protection des Données
RLDI	Revue Lamy Droit de l'Immatériel
RSF	Reporter Sans Frontières
S	
SCPP	Société Civile des Producteurs Phonographiques (France)
SADC-CDAA	Communauté de Développement d'Afrique Australe
SIPAO	Systèmes d'Information Policière de l'Afrique de l'Ouest
Spéc.	Spécialement
SOMAGEP	Société Malienne de Gestion de l'Eau Potable
SOTELMA	Société des Télécommunication du Mali

SUPRA	Ci-dessus
STIC	Système de Traitement des Infractions Constatées
T	
TA	Tribunal Administratif
TGI	Tribunal de Grande Instance
TIC	Technologie de l'Information et de la Communication
U	
UA	Union Africaine
UE	Union Européenne
UEMOA	Union Economiques Monétaire Ouest Africaine
UIT	Union Internationale des Télécommunications
UNCD	Office des Nations unies contre la drogue et le crime
UNESCO	Organisation des Nations unies pour l'éducation, la ience et la culture (
V	
V.	Voir
Vol.	Volume

SOMMAIRE

INTRODUCTION GÉNÉRALE

La transformation de la société contemporaine due à l'informatique et aux autres moyens de communication est certes bénéfique, mais force est de constater que ces objets ne sont pas toujours au service de leurs utilisateurs.

Aujourd'hui, les individus sont de plus en plus confrontés aux abus de toute sorte liés au maniement de leurs données à caractère personnel. Le profilage, la prospection directe ou politique[1], la surveillance de masse, le piratage, l'intrusion dans des systèmes d'information, le tracking ou la géolocalisation, le commerce des données, la prolifération des systèmes irréguliers de vidéosurveillance, l'enregistrement des conversations téléphoniques sans le consentement de la personne concernée, constituent quelques-unes des pratiques *''prohibées''* parmi tant d'autres, portant atteinte aux données à caractère personnel. Tout ceci témoigne combien l'utilisation du numérique en général et de l'Internet, en particulier, peut être préjudiciable à la vie privée et aux données à caractère personnel.[2]

Ces risques sont principalement liés à l'accroissement des capacités de stockage et de traitement de l'information, au caractère interactif et ouvert des réseaux informatiques et à l'opacité des acteurs qui y interviennent. Ainsi, les données collectées sont désormais manipulées de parts et d'autres, stockées par ci et par là, corrélées et souvent vendues. S'il est difficile de s'y opposer concrètement, il est néanmoins possible de limiter les traces, comme l'affirme **Laurane**

[1] Lors des élections législatives de 2020, beaucoup de clients des sociétés de communication Malitel, orange ont reçu des sms ciblés de la part de certains candidats.

[2] Droit de l'Internet - 2e édition, Jacques Larrieu, Ellipses : « affirme que depuis l'émergence du « Web 2.0, avec le développement des sites de réseautage social notamment Facebook, Myspace, et des sites de partage social, la diffusion des wikis rendant les pages Web modifiables par tout visiteur (Wikipédia), la généralisation des blogs, le succès des plateformes d'enchères multipliant les échanges marchands directs entre les particuliers, avec la généralisation de l'interactivité, l'internet est devenu l'Agora des temps modernes, le lieu privilégié des échanges (surtout entre jeunes) où se créent des liens paisibles et parfois amicaux entre les humains. Chacun s'exprime, chacun se montre, chacun s'expose en permanence, tous participent en postant des vidéos, des photographies, des textes, des opinions, etc. ».

Raimondo en prenant conscience et en mettant en place certaines mesures protectrices.[3]

Pour rappel, en France, la spécificité des risques induits par les traitements automatisés des informations et notamment ceux mis en œuvre par les administrations publiques, a motivé l'adoption, en 1978, de la loi dite loi « Informatique et Libertés. La France est alors l'un des premiers pays européens à inclure dans son droit national des dispositions spécifiques concernant les traitements informatiques de données personnelles.[4]

En effet, le terme générique de « *protection des renseignements personnels* » trouve son « pendant » comme le note **Emile Mouchar,** sous le vocable '' *protection des données personnelles''*. L'utilisation du terme ''*donnée personnelle''* ne reflète en rien un choix de différenciation entre *''renseignement personnel''* et *''donnée personnelle''* mais plutôt une adaptation du terme au contexte du sujet.[5]D'évolution en évolution, la protection des données à caractère personnel est, actuellement, à sa troisième génération.[6]

Droit fondamental, la protection des données à caractère personnel est devenue également un sujet de préoccupation majeure au Mali. Cette nécessité de protection trouve sa source dans la croissance des actes de violation ou d'atteintes aux libertés publiques et individuelles.

---

[3] La protection des données personnelles : 100 questions réponses pour comprendre et mieux se protéger ; Edition Ellipses ; page 21.

[4] La loi 78-17 du 6 janvier 1978 relative à l'informatique, aux fichiers et aux libertés dite loi « Informatique et Libertés » pose des principes qui sont depuis, rentrés dans la culture française, de par les mentions légales apparaissant systématiquement dans les formulaires de collecte de données. Il introduit l'obligation fondamentale d'informer l'intéressé sur divers points concernant le traitement et de recueillir son consentement, sauf dans certains cas particuliers prévus par la loi, comme par exemple l'accomplissement d'une mission de service public…

[5] Emile MOUCHARD : La protection de la vie privée dès la conception ou l'intégration de la Privacy by Design comme mécanisme du régime général sur la protection des données en droit Européen ; Lex Electronica, vol. 18.2 (Automne/Fall 2013)

[6] Yves Poullet par Émilie Mouchard, 2013 : « La protection de la vie privée dès la conception ou l'intégration de la privacy by Design comme mécanisme du régime général sur la protection des données en droit Européen », site web : https://www.erudit.org/fr/revues/lex/2013-v18-n2-lex01053/1021112ar (page visitée plusieurs fois)

A cet égard, **Madame Marguerite Bonane Ouédrago** disait ceci : « *l'exercice incontrôlé des libertés s'accompagne très souvent hélas, d'excès, d'abus, de dérives. Si la société en tant que telle pâtit de ces excès, abus et dérives, c'est parce qu'ils affectent au premier chef l'individu, la personne humaine. Or, derrière chaque individu, il y a une famille, il y a aussi, et c'est peu dire que de le rappeler, l'expression d'une dignité, d'un amour propre, d'un orgueil qui survit à l'individu lui-même* ».[7]

Faut-il le rappeler, le droit à la vie privée d'un individu est sa prétention au caractère personnel, personnalisable, dynamique et contextuel de sa sphère privée ainsi qu'au contrôle de la diffusion, de l'utilisation et de la conservation des informations contenues dans cette sphère privée, quelles que soient la représentation de ces informations et la localisation de cette représentation.[8] De cette définition, il est à retenir que, le droit à la vie privée inclut également la notion de « *propriété des données* », fortement liée à celle du contrôle.[9]

Droit empêchant également les autorités publiques de prendre des mesures qui constituent une ingérence dans la vie privée, à moins que certaines conditions soient réunies, l'adoption des principes relatifs à la protection des données à caractère personnel visant à établir les conditions dans lesquelles il est légitime et licite de procéder à leur traitement prouve à suffisance la volonté de l'État du Mali de garantir le respect des libertés et droits fondamentaux des personnes.

---

[7] Madame Marguerite Bonane Ouédrago, Présidente de la Commission de l'Informatique et des Libertés du Burkina Faso (CIL) de 2013 à nos jours, lors de la visite d'amitié et de travail d'une délégation du Réseau Africain des Autorités de Protection des Données Personnelles (NADPA/RAPDP), les 19 et 20 décembre 2019 à l'Autorité de Protection des Données à caractère Personnel du Mali

[8] Yende R. GREVISSE, Madawa K. ZEPHYRIN, Mbakwiravyo M. OSEE, Kasimwande K. WILLIAM, Kakule l. THIERRY et Mahasano M. EMMANUEL, 2020 « De la protection des données à caractère personnel des internautes en RDC », GSJ: Volume 8, Issue 5, May 2020, Online: ISSN 2320-9186, page 1872, site web : https://www.globalscientificjournal.com/researchpaper/PROTECTION_OF_PERSONAL_DATA_OF_INTERNET_USERS_IN_THE_DRC_.pdf (dernière visite le 30 novembre 2022 à 13h33 min)

[9] Ibidem

I. Contexte

« L'Afrique s'éveille de façon brutale face à la problématique de la collecte et du traitement des données à caractère personnel. Cette prise de conscience s'explique par l'utilisation croissante des Technologies de l'Information et de la Communication (TIC) par les Administrations, les entreprises et le grand public ».[10]

En effet, avec une population, à majorité analphabète, sans culture numérique, qui génère au quotidien des milliards de données à caractère personnel, l'Afrique est, ainsi, devenue la cible des géants du numérique, dont les modèles économiques reposent essentiellement sur la collecte et le traitement des informations personnelles.[11]

Simultanément, les données à caractère personnel circulent facilement contre de fortes rémunérations du titulaire du fichier, cette circulation peut également se faire de manière involontaire en cas de piratage informatique, de détournement de finalité de fichier ou encore par une mauvaise utilisation d'internet et des réseaux sociaux.[12]Ces pratiques, visiblement préjudiciables à la promotion des libertés, ont pour terreau le numérique, l'internet et les applications diverses''.[13]

Certes, avant la promulgation de la loi du 21 mai 2013, il n'y avait pas de jurisprudence proprement dite au Mali, en matière de protection des données à caractère personnel. Cette absence pourrait s'expliquer à

---

[10] Mamadou LO, septembre 2017 : « *La protection des données à caractère personnel en Afrique : Règlementation et régulation* », Baol éditions, page 9

[11] Association pour le Progrès des Communications APC, octobre 2020, « *Renforcement de la protection des données personnelles en Afrique : Une urgente nécessité* », site web : https://www.apc.org/fr/news/renforcement-de-la-protection-des-donnees-personnelles-en-afrique-une-urgente-necessite (page visitée plusieurs fois) https://www.apc.org/fr/news/renforcement-de-la-protection-des-donnees-personnelles-en-afrique-une-urgente-necessite, dernière mise à jour le 19 octobre 2020.

[12]Concours sur épreuves d'admission dans le corps des officiers de la gendarmerie nationale de France, session 20202 disponible sur le site web : https://www.gendarmerie.interieur.gouv.fr (dernière visite de la page : 21 novembre 2022 à 12h41min)

[13] Carole Girard-OPPICI, septembre 2015 « Les données personnelles et la protection de la vie privée à l'heure des nouvelles technologies », page 8/38, concours sur épreuves d'admission dans le corps des officiers de la gendarmerie nationale, site web : https://www.gendarmerie.interieur.gouv.fr (page visitée deux fois, la dernière en date du 21 novembre 2022)

travers la jeunesse de l'Autorité de Protection des Données à caractère Personnel seulement installée fin 2015.

Pourtant, à l'analyse des instruments juridiques, il ressort des constats que le gouvernement malien a, depuis longtemps, entrepris d'exercer cette mission exaltante par le biais d'un arsenal juridique à caractère national et supranational protégeant les droits humains.

Le droit au respect de la vie privée était déjà consacré par la constitution malienne du 25 février 1992 qui, conformément aux dispositions de son article 6 : « *le domicile, le domaine, la vie privée et familiale, le secret de la correspondance et des communications sont inviolables. Il ne peut y être porté atteinte que dans les conditions prévues par la loi* ».[14]

De même, pour concilier l'innovation numérique avec la protection de la vie privée et des données à caractère personnel, l'État du Mali, à l'instar de plusieurs de ses pairs africains, conformément à l'Acte Additionnel A/SA.1/01/10 relatif à la protection des données à caractère personnel dans l'espace de la CEDEAO, a transposé par la loi n°2013-015 du 21 mai 2013, ledit Acte et a institué une Autorité Administrative Indépendante (AAI), organe principal chargé de sa mise en œuvre.

II. Définition des termes du sujet

Pour faciliter l'accessibilité de ce travail, certaines notions clefs seront définies. Il s'agit : des données à caractère personnel, de l'affirmation d'une volonté, de l'effectivité, du traitement de données à caractère personnel, du responsable du traitement, du sous-traitant et des tiers.

- **Données à caractère personnel :**

La définition des données fournie par la loi n°2013-015 du 21 mai 2013 modifiée par la loi n°2017-070 du 18 décembre 2017 portant protection des données à caractère personnel en République du Mali couvre un

---

[14] En complément de ces dispositions, beaucoup d'autres textes juridiques encadrant indirectement la collecte et le traitement ont été adopté.

périmètre très large. Conformément aux dispositions de l'article 3 de la loi susmentionnée alinéa 5, « *les données à caractère personnel ou données personnelles sont des informations existant sous diverses formes et permettant d'identifier directement ou indirectement une personne, par référence à un numéro d'immatriculation ou à un ou plusieurs éléments propres à son identité physique, physiologique, biométrique, génétique, psychique, culturelle, sociale ou économique. Elles peuvent être des identifiants universels permettant de raccorder entre eux, plusieurs fichiers constituant des bases de données, ou de procéder à leur interconnexion* ».

Il en découle de cette définition que la notion de donnée à caractère personnel est vaste dans la mesure où elle s'étend à tout ce qui, « *indirectement* » renvoie à une personne.[15] Aujourd'hui, l'adresse IP est définie par les Autorités de Protection comme étant une donnée à caractère personnel, car elle renvoie indirectement à une personne physique ou à un foyer identifié. La donnée personnelle serait-elle finalement presque partout ?[16] Cette complexification de la nature des données personnelles s'explique par le fait qu'elle est de plus en plus protéiformes.[17]

---

[15] « Une donnée à caractère personnel est donc toute information permettant de vous identifier personnellement à travers une ou plusieurs informations, des plus anodines aux plus précises : de votre rythme cardiaque à votre adresse IP en passant par vos déplacements les plus courants, dont quelques-uns suffisent d'ailleurs à vous identifier ». Laurane RAIMONDO Protection des Données personnelles : 100 questions/réponses ; Editions Ellipses ; p.20 https://www.editions-ellipses.fr/PDF/9782340045446_extrait.pdf

[16] En réponse à cette question Monsieur Laurane RAIMONDO dit ceci : *« les données personnelles sont une ressource extraordinaire, non seulement nous les produisons nous-mêmes pour l'essentiel, mais en plus, elles sont infinies et s'accroissent de manière exponentielle. Une seule recherche sur Internet donne une indication sur votre emploi du temps, vos intérêts, etc. Il y a donc les activités sur le web mais aussi tout ce que nous ne maitrisons pas »*. Protection des Données personnelles : 100 questions/réponses ; Editions Ellipses ; p.20.

[17] Donnée nominative/donnée personnelle/donnée à caractère personnel. Suivant les textes relatifs à protection des personnes à l'égard de l'utilisation des informations les concernant, il est généralement fait référence aux expressions de « donnée nominative », « donnée personnelle » ou de « donnée à caractère personnel ». En France, la loi pionnière du 6 janvier 19784 se référait, ainsi, initialement aux données nominatives. D'autres textes internationaux adoptaient, cependant, l'expression de donnée à caractère personnel. C'est le cas de la Convention du Conseil de l'Europe pour la protection des personnes à l'égard du traitement automatisé des données à caractère personnel. Si les deux expressions de « donnée nominative » et de « donnée à caractère personnel » ont pu coexister dans la loi française, c'est à sa

En effet, l'essor du numérique marque le passage d'un monde où régnait un seul type de donnée vers un monde où règnent plusieurs types de données : *aux données structurées s'ajoutent les données semi-structurées et non-structurées* (issues des réseaux sociaux, mobiles, web...).

Les systèmes et processus de gestion doivent être agiles et adaptables pour prendre en compte ces caractéristiques de la donnée, en général, et ce, d'autant plus que des données à caractère personnel se cachent derrière ces catégories. Il est à noter qu'elles sont classées en deux catégories distinctes à savoir, les données identifiantes et celles qui sont comportementales.

En effet, les données personnelles identifiantes sont des données directement rattachées à l'identité d'une personne. Par exemple : *le nom, l'adresse, l'e-mail, la situation familiale, ou encore toutes les données ou fichiers permettant d'identifier indirectement une personne, via par exemple un numéro d'identification, une adresse IP etc.*

Les données comportementales sont celles rattachées à l'ensemble des comportements d'un individu, collectées à travers le suivi de ses navigations, mettant en exergue ses comportements d'achats ce qui permet, par exemple, à un commerçant d'affiner le profil d'une personne, surtout si ces données comportementales sont croisées avec des données personnelles identifiantes.[18] Ainsi, les informations à caractère personnel que les personnes (morales ou physiques selon le droit malien) traitent

---

modification en 2004, pour transposer une directive communautaire, que l'expression de « donnée à caractère personnel » sera généralisée. En effet, la loi Informatique et libertés modifiée se réfère désormais aux données à caractère personnel. Thèse de doctorat de Monsieur Ibrahim COULIBALY portant sur la protection des données à caractère personnel dans le domaine de la recherche scientifique p.10 ; soutenue publiquement le 25 novembre 2011 à l'Université de Grenoble ; École Doctorale : Sciences Juridiques (460).

[18] La Chambre Criminelle de la Cour de Cassation de France a, dans une affaire jugé le 3 novembre 1987, affirmé qu'étaient réputées nominatives, au sens de la loi du 6 janvier 1978, *les informations qui permettent, sous quelque forme que ce soit, directement ou non, l'identification des personnes physiques auxquelles elles s'appliquent.* A cet égard, peu importe le rapport, qu'il soit direct ou indirect, dès lors qu'un recoupement potentiel existe, la loi régissant les données personnelles s'applique sauf si, la donnée est rendue anonyme, c'est-à-dire lorsqu'elle ne peut plus être reliée à un individu déterminé ou déterminable. Cour de Cassation, Chambre criminelle, du 3 novembre 1987, 87-83.429, Publié au bulletin. Site web: https://www.legifrance.gouv.fr/juri/id/JURITEXT000007064076 (dernière visite, le 21 novembre 2022 à12h54 min)

informatiquement ou physiquement dans l'exercice de leurs missions ou pour une autre finalité différente de l'exploitation personnelle doivent être protégées tout simplement *parce qu'elles relèvent de la vie privée et des données personnelles, par ce qu'également leur divulgation est susceptible de porter atteinte aux droits et libertés des personnes concernées.*

- **Affirmation d'une volonté :**

Elle est la matérialisation de la volonté des pouvoirs publics pour renforcer l'arsenal juridique relatif à la protection de la vie privée à travers l'adoption d'une loi spécifique portant protection des données à caractère personnel et la mise en place du cadre institutionnel chargé de sa mise en œuvre.

- **Effectivité :**

L'effectivité est ainsi définie par **Pierre LAROUSSE** comme *l'état, le caractère, la nature de ce qui est effectif.*[19]

Selon **Yann Leroy**, la notion d'effectivité est le plus souvent utilisée par les hommes de droit pour mesurer l'efficacité d'une règle juridique, l'effectivité peut alors être conçue de manière très générale comme *« le caractère d'une règle de droit qui produit l'effet voulu, qui est appliquée réellement »* ou encore comme « *le degré de réalisation, dans les pratiques sociales, des règles énoncées par le droit* ».[20]

En effet, si le terme « effectivité » est aujourd'hui en grande majorité utilisé dans le domaine juridique, il trouve ses premières origines en langue française *dans les domaines de la philosophie et des mathématiques*. Il est alors en très grande majorité utilisé dans le sens de l'effectivité-état, c'est-à-dire comme le caractère de ce qui existe

---

[19] Thèse de doctorat de Monsieur Julien BETAILLE décembre 2012 « *sur les conditions juridiques de l'effectivité de la norme en droit public interne : illustrations en droit de l'urbanisme et en droit de l'environnement* », présentée et soutenue publiquement à l'Université de LIMOGES

[20] Yann LEROY, 2011 « *la notion d'effectivité du droit* », « Droit et société » Éditions juridiques associées 3 n° 79, pages 715 à 732.

dans le réel, dans les faits. Le mot est ensuite tour à tour utilisé en philosophie des mathématiques.[21]

- **Protection :**

Selon Larousse, « *la protection se rapporte à l'action de protéger, de défendre un objet ou un être vivant, c'est-à-dire de veiller à ce qu'il ne lui arrive point de mal* ».[22]

En Informatique la protection est l'ensemble des techniques permettant de limiter, en fonction de certains critères, l'accès à un fichier, à une banque de données, à un serveur.

En droit de la donnée, la protection des données est une obligation de garantie qui vise à prendre en compte les droits et les intérêts des individus afin de rendre plus effective la protection des droits fondamentaux.[23]

Depuis l'entrée en vigueur du Règlement Général sur la Protection des Données (RGPD), deux (02) concepts de protection ont fait leur entrée dans le vocabulaire français : *la protection des données dès la conception et la protection des données par défaut.*

La protection des données dès la conception consiste à prendre en compte, dès les premières phases de la conception d'un traitement et jusqu'à sa suppression, les exigences relatives à la protection des données. [24] Quant à la protection des données par défaut, « *le responsable du traitement doit mettre en œuvre les mesures techniques et organisationnelles appropriées pour garantir que les exigences de protection des données personnelles soient prises en*

---

[21] Hoëné WRONSKI, 1816 et 1817Philosophie de la technie algorithmique, Seconde section, contenant les lois des séries comme préparation à la réforme des mathématiques, Paris, p. 379.
[22] https://www.larousse.fr/dictionnaires/francais/protection
[23] Alain BENSSOUSSAN « *la protection des données personnelles de A à Z* », France, édition Lexing-Technologies avancées et droit, page 191, point 953
[24] La prise en compte de la protection des données doit être effectuée au moment de la détermination des moyens de traitement (catégories de données collectées, durée de conservation, destinataires)

compte de manière opérationnelle dans le traitement, sans nécessiter une intervention volontaire de la personne concernée ».[25]

- **Traitement de données à caractère personnel :**

Conformément aux dispositions de l'article 3 de la loi n°2013-015 du 21 mai 2013 modifiée, constitue un traitement de données, « *toute opération ou ensemble d'opérations effectuées à l'aide de procédés automatisés ou non et appliquées à des données, telles que la collecte, l'exploitation, l'enregistrement, l'organisation, la conservation, l'adaptation, la modification, l'extraction, la sauvegarde, la copie, la consultation, l'utilisation, la communication par transmission, la diffusion ou toute autre forme de mise à disposition, le rapprochement ou l'interconnexion, ainsi que le verrouillage, le cryptage, l'effacement ou la destruction des données à caractère personnel* ».

Le traitement de données à caractère personnel englobe alors, de la collecte jusqu'à la suppression. Par exemple, l'enregistrement d'un numéro dans une base de données tout comme, sur un support physique constitue un traitement de données personnelles.

De même, toute opération tendant à rendre anonymes des informations personnelles, par le cryptage, le hashing, le brouillage préalablement à l'utilisation des données à des fins d'analyses comportementales ou de statistiques ; l'hébergement de données personnelles par une société offrant ses services via une plateforme cloud ; la transmission de messages vocaux et sms non cryptés via les canaux électroniques d'opérateurs téléphoniques qui hébergent ces données pour une durée non liée aux besoins de transfert aux destinataires ; la constitution d'une collection de photographies de classe par une personne physique et le partage des photographies avec son entourage proche, au cas par cas ; la visualisation, par un prestataire de services de support et de maintenance, situé hors du Mali, de données personnelles hébergées sur un serveur situé au Mali constituent également de traitement de données.

---

[25] Article 25, alinéa 2 du Règlement Général sur la Protection des Données

La CJCE [26] dans une affaire en date du 6 novembre 2003 a reconnu « *l'opération consistant à faire référence, sur une page internet, à diverses personnes et à les identifier soit par leur nom, soit par d'autres moyens, par exemple leur numéro de téléphone ou des informations relatives à leurs conditions de travail et à leurs passe-temps, constitue un traitement de données à caractère personnel, automatisé en tout ou en partie* ».[27]

Aussi, dans une autre affaire, il a été jugé que la diffusion, sur un site internet, d'un document comportant des informations identifiant nommément une personne physique, constituait un traitement de données personnelles. Selon les juges français, cette analyse est justifiée dans la mesure où la loi « Informatique et Libertés » a aussi vocation à s'appliquer dans le cyber espace.[28]

- **Responsable de traitement :**

Le législateur malien a défini le responsable de traitement comme toute personne qui, seule ou conjointement avec d'autres, prend la décision de collecter et de traiter des données à caractère personnel et en détermine les finalités.[29] Autrement dit, c'est sur lui que pèse les charges de formalités préalables, de sécurité et de confidentialités des données traitées, notamment.

Ainsi, il peut s'agir aussi bien d'individus que d'organismes publics (administrations, collectivités territoriales, entreprises publiques, etc.) ou privés (sociétés, associations, syndicats, groupements d'intérêt économique, etc.).[30]

---

[26] La Cour de justice de l'Union européenne, anciennement Cour de justice des Communautés européennes, est l'une des sept institutions de l'Union européenne. Elle regroupe deux juridictions : la Cour de justice et le Tribunal. Le siège de l'institution et de ses différentes juridictions est à Luxembourg.

[27] CJCE, novembre 2003, comm. Com. Elect. 2004, comm.46, note Munoz, D ;2004, p.470, D.2004, p.1062, obs. Burgogue-Larsen, site web: https://eur-lex.europa.eu/legal-content/FR/TXT/PDF/?uri=ecli:ECLI%3AEU%3AC%3A2003%3A596 (dernière visite de la page 21 novembre 2022)

[28] CA Besançon, 31 janv. 2007, Juris-Data, n°328717/2007, D.2007, p an.2771, obs. Lepage A. Passage repris par les ''tables rondes n°01 du 12 décembre 2012 sur la télévision connectée et le droit, page 94, publication du lid2ms

[29] Article 3 de la loi n°2013-015 du 21 mai 203 modifiée,

[30] Alain BENSSOUSSAN « *la protection des données personnelles de A à Z* », France, édition Lexing-Technologies avancées et droit, page 208, point 1041

- **Sous-traitant :**

Est qualifiée de sous-traitant, conformément aux dispositions de l'Article 1er alinéa 13 de l'Acte Additionnel de la CEDEAO « *toute personne physique ou morale, publique ou privée, tout autre organisme ou association qui traite des données pour le compte du responsable du traitement* ».[31] Le ou les sous-traitants peuvent être considérés comme des délégués du ou des responsables de traitements constitués ou non en réseaux.

Il peut s'agir d'une société agissant en qualité de prestataire qui assiste le responsable du traitement dans la réalisation du traitement. A cet égard, il doit présenter des garanties suffisantes et mettre en place des mesures techniques et organisationnelles, notamment en termes de sécurité des données.[32]

- **Tiers :**

Toute personne physique ou morale, publique ou privée, tout autre organisme ou association autre que la personne concernée, le responsable du traitement, le sous-traitant et les personnes qui, placés sous l'autorité directe du responsable du traitement ou du sous-traitant, sont habilités à traiter les données.[33]

- **Vie privée :**

La vie privée recouvre tous les éléments non publics relatifs à une personne, qui ne peuvent être exposés sans son consentement. Selon le site wikipédia.org, « *la vie privée (du latin privatus - séparé de, dépourvu de) est la capacité, pour une personne ou pour un groupe de personnes, de s'isoler afin de protéger son bien-être* »[34].

---

[31] Acte Additionnel A/SA.1/01/10 relatif à la protection des données à caractère personnel dans l'espace CEDEAO

[32] Article 8 de la loi n°2013-015 du 21 mai 203 modifiée,

[33] Article 3 alinéa 21 de la loi n°2013-015 du 21 mai 203 modifiée,

[34] https://fr.wikipedia.org/wiki/Vie_priv%C3%A9e#:~:text=La%20vie%20priv%C3%A9e%20(du%20latin,de%20prot%C3%A9ger%20son%20bien%2D%C3%AAtre.

Le dictionnaire de droit privé affirme que : « *les composantes de la vie privée n'ont pas fait l'objet d'une définition ou d'une énumération limitative afin d'éviter de limiter la protection aux seules prévisions légales* ». [35] En effet, les juges ont appliqué le principe de cette protection, au droit à la vie sentimentale et à la vie familiale, au secret relatif à la santé, au secret de la résidence et du domicile, autant d'informations qui appartiennent à la catégorie des données à caractère personnel. [36] C'est un droit comme souligné par la jurisprudence française dont seules les personnes physiques peuvent se prévaloir en cas d'atteinte, ce qui sous-entend que les personnes morales en sont exclues.[37]

Ainsi, conformément aux dispositions de l'article 6 de la Constitution du 25 février 1992 qui dispose : « *le domicile, le domaine, la vie privée et familiale, le secret de la correspondance et des communications sont inviolables. Il ne peut y être porté atteinte que dans les conditions prévues par la loi* ». De même le Code pénal ainsi que le Code des Personnes et de la Famille (CPF) accordent une protection aux droits des personnes sur leur vie privée.[38]
Aussi, la vie privée est d'ailleurs reconnue comme une des valeurs fondamentales défendues par les textes relatifs à la protection des données à caractère personnel comme en témoigne l'article 2 de la loi n°2013-015 du 21 mai 2013 modifiée, qui dispose : « *l'informatique doit être au service de chaque personne. Elle doit respecter l'identité*

---

[35] Serge BRAUDO, Conseiller honoraire à la Cour d'appel de Versailles, septembre 2013 « *définition de la vie privée* », https://www.dictionnaire-juridique.com/definition/vie-privee.php (page visitée le 30/05/22 et le 21/11/2022 à 15h00)

[36] Ibidem

[37] « *si les personnes morales disposent, notamment, d'un droit à la protection de leur nom, de leur domicile, de leurs correspondances et de leur réputation, seules les personnes physiques peuvent se prévaloir d'une atteinte à la vie privée au sens de l'article 9 du code civil (1ère Chambre civile 17 mars 2016, pourvoi n°15-14072, BICC n°46 du 15 juillet 2016 et Legifrance). Consulter la note de M. Grégoire Loiseau, D. 2016, p.1116* ». Ibidem

[38] A ce propos Pierre-Brice Lebrun disait ceci : « Chacun – majeur, mineur, malade, protégé, alité, usagé – dispose du droit de voir respectée sa vie privée : c'est un droit fondamental que le Conseil constitutionnel a récemment élevé au rang des « droits naturels, inaliénables et sacrés de l'homme » définis par la Déclaration des droits de l'homme et du citoyen de 1789. La vie privée doit rester privée, et nulle pratique professionnelle ne peut venir bafouer ce droit essentiel, même pour compléter un dossier, rédiger un rapport ou faire plaisir à un chef de service, une famille, un financeur, un évaluateur ou une autorité de tutelle ». Pierre Brice Lebrun dans l'article intitulé : vie privée, édition Erès, cairn.info matières à réflexion, page 168

humaine, les droits de l'homme, la vie privée, les libertés publiques et individuelles ».

- **Vie publique :**

Étymologie : du latin *publicus,* qui concerne l'État, le public. Selon le site web edutech. wiki.fr, « *la vie publique relève des activités d'une personne concernant, entre autres, sa vie professionnelle ou ce qu'elle est prête à dévoiler de son intimité* ». [39] En effet, ce sont des informations qui appartiennent à la collectivité sociale et politique.[40]

Par ailleurs, les informations qui relèvent de la vie publique concerne tout le monde et peuvent être utilisées à n'importe quel escient. En ce sens, selon le site ''**edutechwiki.unige**'', « *elles sont accessibles et ouvertes à tous. Sur le web, il est question des informations divulguées notamment sur des sites comme Facebook, ou encore dans des blogues. Ces applications du Web 2.0 sont en grande majorité accessible au grand public. Donc ceux qui ont accès à Internet ont accès à ces informations. Pour que ce concept soit des plus faciles à comprendre, il importe de donner des exemples concrets, comme la vie des artistes. En effet, ces derniers acceptent, ou non, de laisser les auditeurs et les médias en savoir davantage sur leur carrière, leur famille ou encore leurs problèmes personnels* ».[41]

III. Délimitation du sujet

Depuis un certain temps, l'État du Mali s'est résolument engagé à renforcer son arsenal juridique afin que le numérique puisse se développer dans un contexte favorable au respect de la vie privée et des données à caractère personnel.

De la Constitution du 25 février 1992 à la loi n°2013-015 du 21 mai 2013 modifiée, une multitude de textes législatifs et réglementaires imposent à l'État lui-même, en tant que responsable de traitement

---

[39] http://edutechwiki.unige.ch/fr/Vie_priv%C3%A9e_et_vie_publique_sur_le_Web#cite_note 7 (page visitée plusieurs fois, la dernière en date du 21/11/2022)

[40] http://www.linternaute.com/dictionnaire/fr/definition/vie-publique.

[41] Vie privée et vie publique sur le Web, http://edutechwiki.unige.ch/fr/Vie_priv%C3%A9e_et_vie_publique_sur_le_Web

comme aux autres personnes (physiques ou morales), des mesures contraignantes lorsqu'il s'agit de la collecte ou des traitements de données à caractère personnel.

IV. Intérêts du sujet

L'émergence du droit particulier à la protection des données à caractère personnel constitue en soi une évolution majeure. Avec ce droit, les principes qui prévalent sont ceux de la transparence, du droit au respect de la vie privée pour les citoyens. Cela ne peut *aucunement* passer inaperçu pour un juriste publiciste dans la mesure où l'État du Mali a ratifié et adopté des instruments juridiques internationaux et nationaux relatifs à la protection des Droits de l'Homme et du citoyen. Toutefois, malgré que le sujet de recherche proposé pour cette étude soit au cœur de l'actualité juridico-politique, force est de reconnaitre qu'il n'a fait l'objet que, de rares publications scientifiques au Mali.[42]

Cette faiblesse de littérature sur la problématique pourrait s'expliquer par le fait que les chercheurs se sont beaucoup moins inquiétés des dangers que l'informatisation de la société pouvait faire courir aux

---

[42] Par ailleurs, au même moment, en France, plusieurs thèses de doctorat se sont d'ailleurs déjà intéressées à certains aspects du droit des données à caractère personnel. Des auteurs se sont concentrés sur la notion de donnée personnelle, de donnée sensible, ou sur la fondamentalisation de ce droit. D'autres auteurs ont tenté de démontrer que l'objectif principal de la matière n'était pas la protection des personnes fichées, mais plutôt la liberté des traitements ; d'autres encore ont étudié le besoin d'adaptation de ce droit aux développements technologiques. Ces études n'épuisent en rien le sujet des données à caractère personnel. Au contraire, elles illustrent la variété des enjeux soulevés par cette matière et le besoin d'analyses de fond.
Pour plus d'information sur ce sujet, Voir la thèse de doctorat en droit présentée et soutenue publiquement le 7 décembre 2020 par Suzanne Vergnolle à l'Université Paris II, Panthéon Assas, pages 1 à 21.
Aussi, Frédérique Lesaulnier, l'information nominative, thèse soutenue à Paris II, 2005 ; Pierre-Yves Marot, les données et informations à caractère personnel. Essai sur la notion et ses fonctions, thèse Nancy, 2007 ; Jessica Eynard, Les données personnelles, quelle définition pour un régime de protection efficace ? thèse Toulouse I, 2013, Michalon ; Sandie Alliot, Essai de qualification de la notion de données à caractère personnel, th. Besançon, 2018. 56 Renatto Brasselet, La circulation de la donnée à caractère personnel relative à la santé, th. Lorraine, 2018 ; Christina Koumpli, les données personnelles sensibles. Contribution à l'évolution du droit fondamental à la protection des données à caractère personnel, th. Paris I, 2019. 57 Emile Debaets, le droit à la protection des données à caractère personnel. Recherche sur un droit fondamental, th. Paris I, 2014 ; Nicolas Chambardon, l'identité numérique de la personne humaine : contribution à l'étude du droit fondamental à la protection des données à caractères personnel, th. Lyon II, 2018. 58 Nicholas Ochoa, le droit des données personnelles, une police administrative spéciale, th. Paris I, 2014.

individus dans leurs rapports avec d'autres personnes.[43] Aussi, le droit à la protection des données à caractère personnel étant l'un des derniers à faire surface, se laisse, généralement, mal appréhender par les individus, parce que « *ses violations sont le plus souvent secrètes, invisibles, sournoises et inconnues ».[44]* Pourtant, plus que tout autre, il concerne potentiellement chaque individu et à chaque instant de la vie. Comme mentionné par **Jean Philippe WALTER** qui affirme : *« avec l'explosion des technologies de l'information et des communications, toutes les activités humaines peuvent étroitement être liées à la collecte et au traitement de données personnelles* ».[45]

Aborder la problématique de la protection des données à caractère personnel permet aussi bien, de faire l'état des lieux des textes et de la jurisprudence, que d'évaluer le niveau d'effectivité et d'efficacité de cet arsenal juridique ainsi que des moyens mis en œuvre, dans une société caractérisée par *l'accélération, la simplification, la banalisation de la collecte, du transfert et du traitement des données à caractère personnel.*

Par ailleurs, l'institution chargée de la mise en œuvre de la loi portant protection des données à caractère personnel étant une ''Autorité

---

[43] A ce niveau, Monsieur Boubacar BOCOUM mentionnait dans son article « *sur la protection des données à caractère dans la lutte contre le terrorisme* » que « *la nouveauté que constitue l'Autorité de Protection des Données caractère Personnel et les règles relatives à la surveillance et au renseignement au sein du système juridique malien associée au désintérêt relatif de la doctrine vis-à-vis de cette nouvelle institution et des règles susmentionnées, et le rôle incontournable de cette forme de protection au sein de nos systèmes juridiques contemporains incitent à la réflexion sur la question* ».

[44] En France, en novembre 1974, le conseiller Bernard Tricot était chargé d'identifier les risques liés à l'usage de l'informatique et de proposer une réglementation sur les traitements automatisés de données. L'une des premières phrases de son rapport révèle que la commission qu'il dirigeait a entendu exprimer, dans ses enquêtes et ses consultations, « des craintes pour l'avenir, mais quand elle a recherché des actuels et précis d'atteintes portées aux libertés par le recours à l'informatique, elle n'en a constaté que peu ». Il en ressort donc, qu'en dépit des craintes relatives à l'usage de l'informatique sur les libertés, les atteintes effectives aux personnes étaient peu nombreuses ou, en tout cas, difficiles à déceler. Cette phrase résume, peut-être, l'une des principales difficultés du droit des données personnelles : d'innombrables traitements, une quantité exponentielle de données, des risques certains pour les libertés, mais des atteintes dont l'ampleur échappe souvent à la perception.

[45] Préface du livre de Laurane RAIMONDO : La protection des données personnelles ; 100 questions/réponses pour comprendre et mieux se protéger ; édition ellipses ; page 10 par Jean Philippe Walter, commissaire à la protection des données du Conseil de l'Europe. (B. Tricot, « Rapport de la commission Informatique et libertés », La Documentation française, 1975, p. 11) tiré de la thèse de Suzanne VERGNOLLE, soutenue à l'Université de Paris II Panthéon Assas, le 7 décembre 2020 ;

Administrative Indépendante'' (AAI) exerçant donc, une mission de service public et disposant à cet effet, des prérogatives de puissance publique, se trouve également, malheureusement méconnue par les usagers surtout en ce qui concerne son statut juridique, son fonctionnement, ses missions, notamment.[46]

Alors que les Autorités Administratives Indépendantes occupent, aujourd'hui, une place de choix dans l'organisation des services publics de l'État du Mali à travers notamment la Loi n°2014-049 du 19 septembre 2014 portant principes fondamentaux de la création, de l'organisation et du contrôle des services publics, le droit ''spécial administratif'' qui les régis peine à s'épanouir. Pourtant, les Autorités Administratives Indépendantes constituent, *sans aucun doute*, un moyen de pallier les carences des institutions classiques qui ont déjà montré leurs limites dans plusieurs branches du droit.[47]

Ainsi, au regard de tout ce qui précède, il apparaît judicieux, à la lumière des législations et de la pratique de certains pays francophones, de mener cette recherche sur la protection des données à caractère personnel en droit positif malien, en vue d'évaluer l'effectivité et l'efficacité des moyens juridiques et institutionnel en la matière.

Loin de toute prétention d'exhaustivité, cette étude vise à contribuer à la réflexion et à la discussion sur les solutions susceptibles de garantir une meilleure protection des données à caractère personnel des individus. A travers des propositions, elle pourra contribuer à l'enrichissement de la documentation dans le domaine du droit positif malien.

---

[46] Face au développement du numérique, le Mali s'est, depuis quelques années, doté d'un cadre juridique et institutionnel pour protéger les données à caractère personnel. Cependant, malgré les efforts consentis l'Autorité de Protection des Données à caractère Personnel demeure méconnue par le plus grand nombre des citoyens.

[47] Pour plus d'information sur les AAI, voir l'article de Pauline MILON, « Le développement du rôle des autorités administratives indépendantes pour la protection des droits et libertés. Réflexion à partir de l'exemple de l'Autorité de la concurrence de Nouvelle-Calédonie », Revue Juridique de la Sorbonne, no 2, décembre 2020, p. 6 - 46. URL : https://irjs.pantheonsorbonne.fr/sites/default/files/inline-files/Le développement du rôle des autorités administratives indépendantes pour la protection des droits et libertés -Milon.pdf.

V. Problématique

Partant de ce qui précède, il apparait nécessaire de poser une question principale et des questions subsidiaires.

a. Question principale

Sous-tendue par le souci de recherche et de trouver des solutions efficaces et permanentes pour une protection des données à caractère personnel, la question principale de cette recherche doctorale est la suivante : les moyens juridiques normatifs et institutionnel mis en place assurent-ils une protection effective des données à caractère personnel au Mali ?

b. Questions subsidiaires

Deux questions subsidiaires pourraient en découler :

1. L'existence d'instruments juridiques normatif et institutionnel étant établie, dans quelle mesure opérationnaliser un mécanisme efficace de protection des données à caractère personnel ?

2. Quelle approche adoptée pour minimiser les insuffisances textuelles et pratiques en vue d'une protection plus efficace des données à caractère personnel au Mali ?

c. Hypothèse :

- Première hypothèse : une volonté affirmée de État malien pour une protection efficiente des données à caractère personnel ;
- Deuxième hypothèse : un arsenal juridique et institutionnel est mis en œuvre pour la protection des données à caractère personnel au Mali ;
- Troisième hypothèse : Il existe des obstacles d'ordre textuel et pratique contrariant l'effectivité de la protection des données à caractère personnel.

VI. Méthodologie

1. L'approche de cette thèse

La quintessence de la méthodologie de cette étude réside dans l'approche positiviste qui nous permet d'évaluer, à la lumière des législations et de la pratique de certains pays francophones, la protection des données à caractère personnel en droit malien.

2. La méthode

La méthode qualitative nous a permis d'effectuer : la recherche documentaire et les enquêtes sur le terrain.[48]

- **La recherche documentaire**

Pour cette recherche doctorale sur la protection des données à caractère personnel en droit malien, nous avons consulté un volume imposant d'ouvrages (généraux ou spécialisés), des délibérations adoptées par les autorités en charge de la protection des données à caractère personnel, de rapports (annuel, trimestriel ou mensuel), des thèses, des articles scientifiques.

Aussi, y a-t-il lieu de souligner que l'internet a été une importante source de documentation pour la collecte des données. Grâce à la densité de ce réseau, nous avons pu accéder à de nombreux documents récents sur la protection des données à caractère personnel.

---

[48] Selon le https://fr.wikipedia.org/, en sciences sociales, les méthodes qualitatives regroupent un ensemble de méthodes de recherche utilisées dans les études qualitatives. Elles trouvent leur utilité notamment en sciences humaines et sociales. Elles laissent délibérément de côté l'aspect quantitatif pour gagner en profondeur dans l'analyse de l'objet d'étude. Pour cela diverses techniques, fondées sur l'administration de questions ouvertes et l'exploration du langage, sont mises en œuvre : les entretiens (notamment de type semi-directifs), les observations participantes et les « focus groupes » (ou entretien collectif), sont les plus utilisés. D'autres outils de recueil de données existent, moins utilisés : le récit de vie, les entretiens répétés, les observations directes et indirectes... Les méthodes d'analyse des données sont multiples et appartiennent généralement à des disciplines précises et à des traditions intellectuelles, parmi elles, nous pouvons citer : l'analyse thématique, l'analyse de contenu, la *grounded theory*, ou encore le desk research.

- **Les enquêtes de terrain**

Les enquêtes ont débuté par le partage d'expériences notamment, avec des cadres de la Commission de l'Informatique et des Libertés du Burkina Faso (CIL), de la Commission de Contrôle des Informations Nominatives de Monaco (CCIN), de la Commission Nationale de Contrôle de la Protection des Données à caractère Personnel (CNDP) du Maroc, de la Commission des Données Personnelles (CDP) du Sénégal.

Les discussions fructueuses que nous avons eues avec les cadres de ces autorités nous ont beaucoup aidés pour mieux cerner notre problématique de recherche.

VII. Annonce

Au regard de ce qui précède, il ressort un double constat : dans un premier temps, il y a une volonté affirmée de l'État pour une protection des données à caractère personnel et dans un second temps, une effectivité contrariée de cette protection des données à caractère personnel.

PREMIÈRE PARTIE :

UNE VOLONTÉ AFFIRMÉE DE L'ÉTAT DU MALI POUR LA PROTECTION DES DONNÉES À CARACTÈRE PERSONNEL

De cette volonté manifeste de l'État, il résulte d'une part, une large consécration normative et institutionnel (titre I) et d'autre part, une implication pour un traitement licite des données à caractère personnel (titre II).

Titre I : Une large consécration normative et institutionnelle de la protection des données à caractère personnel

Face à la diversification des sources de menaces, le législateur malien a usé d'une méthode éclectique pour assurer la protection des individus contre les dérives du numérique. Pour ce faire, il a procédé à une large consécration normative (chapitre I) et institutionnelle de la protection des données à caractère personnel (chapitre II).

CHAPITRE I :

UNE LARGE CONSÉCRATION NORMATIVE DE LA PROTECTION DES DONNÉES À CARACTÈRE PERSONNEL

Le droit à la protection de la vie privée, engendré par celui de la personnalité concerne la protection d'un espace privé au sein duquel les informations doivent demeurer confidentielles.[49] Cette zone est délimitée *« soit d'un point de vue spatial en l'occurrence, le domicile, soit, dans le cadre de la correspondance adressée à des personnes quantitativement identifiables, d'un point de vue théorique en fonction du contenu »*.[50]
Pour garantir une meilleure protection aux données à caractère personnel, le respect d'un certain nombre de textes juridiques composé notamment, des transpositions internationales, communautaires (section 1) ainsi que

[49] Aussi, toujours selon le même document, le droit de la personnalité, ''*droit mère*'' relatif à la protection de la vie privée s'étend au-delà de la sphère purement privée, il garantit également à chacun « *le droit intégral de pouvoir contrôler « l'image » de sa propre personne* » y compris en dehors de la vie privée, diffusée à des tiers. Ce droit confère, au sens propre, « *le droit à l'image* », c'est-à-dire le droit de chacun de décider quelles photographies de sa propre personne, doivent être accessibles. Mais une personne exerce également son droit de contrôle sur sa propre image en public lorsqu'elle se défend contre toute forme de représentation portant atteinte à son honneur ou à sa réputation.
Enfin, le droit de la personnalité engendre également un « *droit à l'autodétermination informationnelle* ». Il s'agit du droit d'une personne de disposer elle-même, de toutes les informations la concernant, c'est-à-dire, de toutes ses données à caractère personnel.
[50] Les limites à la protection des données personnelles de l'IRIS Plus, page 8.

des lois générales et spécifiques (section 2) s'impose aux responsables de traitement.

Section 1 : Les normes supra nationales régissant la protection des données à caractère personnel

De prime abord, l'adjectif *supranational qualifie ce qui se place au-dessus des nations, de leurs gouvernements, de leurs institutions.* Est alors *supranational* ce qui dépasse les souverainetés nationales.[51]

Le droit à la protection des données à caractère personnel est encadré par plusieurs textes internationaux relatifs aux droits de l'homme souvent adoptés par des organisations supranationales à caractère international (paragraphe 1) et des organisations supranationales à caractère régional (paragraphe 2).

Paragraphe 1 : Les normes des organisations supranationales "à caractère international" régissant la protection des données à caractère personnel : les textes de l'ONU

Sur le plan international, le droit à la protection des données est reconnu par plusieurs textes des Nations Unies relatifs aux Droits de l'Homme notamment, la Déclaration Universelle des Droits de l'Homme des Nations Unies, le Pacte International relatif aux Droits Civils et Politiques (A), les Principes directeurs pour la règlementation des fichiers informatisés contenant des données à caractère personnel de l'ONU(C).

A. La Déclaration Universelle des Droits de l'Homme des Nations Unies et le Pacte International relatif aux Droits Civils et Politiques

1. La Déclaration Universelle des Droits de l'Homme des Nations Unies

La Déclaration Universelle des Droits de l'Homme (DUDH) est adoptée par l'Assemblée générale des Nations unies le 10 décembre 1948 à Paris au palais de Chaillot par la résolution 217 (III).[52]

---

[51] https://www.toupie.org/Dictionnaire/Supranational.htm#:~:text=L'adjectif%20supranational%20qualifie%20ce,membres%20et%20de%20leurs%20ressortissa

[52] Cinquante (50) États sur les cinquante-huit (58) participants devaient adopter cette charte universelle. Aucun État ne s'est prononcé contre et seuls (08) huit se sont abstenus. Parmi

Première norme internationale à accorder une protection à la vie privée, la déclaration universelle des droits de l'homme des Nations Unies énonce les droits fondamentaux de l'individu. Il comprend ainsi un préambule avec huit (08) considérants reconnaissant la nécessité du respect inaliénable de droits fondamentaux de l'homme par tous les pays, nations et régimes politiques, et qui se conclut par l'annonce de son approbation et sa proclamation par l'Assemblée générale des Nations unies.[53]

Ainsi, il dispose dans son article 12 que : « *nul ne sera l'objet d'immixtion arbitraire dans sa vie privée, sa famille, son domicile ou sa correspondance, à son honneur et à sa réputation. Toute personne a droit à la protection de la loi contre de telles immixtions ou de telles atteintes* ».

Sans véritable portée juridique en tant que tel, la déclaration universelle des droits de l'homme est une proclamation de droits, par conséquent elle n'a qu'une valeur déclarative. Cependant, elle précise les droits fondamentaux de l'homme et protège le citoyen des abus potentiels de l'État.[54]

2. Le Pacte International relatif aux Droits civils et Politiques

Le Pacte International relatif aux Droits Civils et Politiques (PIDCP) a, le 16 décembre 1966, été adopté à New York par l'Assemblée Générale des Nations Unies dans sa résolution 2200 A (XXI). Il comprend les droits et libertés classiques qui protègent les particuliers contre les ingérences de l'État, notamment, le droit à la vie. C'est ainsi que son article 17 dispose : « *nul ne sera l'objet d'immixtions*

ceux-ci, l'Afrique du Sud de l'apartheid refuse l'affirmation au droit à l'égalité devant la loi sans distinction de naissance ou de race ; l'Arabie saoudite conteste l'égalité homme-femme. La Pologne, la Tchécoslovaquie, la Yougoslavie et l'Union soviétique (Russie, Ukraine, Biélorussie), s'abstiennent, quant à eux, en raison d'un différend concernant la définition du principe fondamental d'universalité tel qu'il est énoncé dans l'article 2 alinéa 1. Enfin, les deux derniers États n'ayant pas pris part au vote sont le Yémen et le Honduras.

[53] https://www.un.org/fr/universal-declaration-human-rights

[54] Dans l'optique du droit à la vie privée, la Déclaration universelle représente une norme internationale visant à protéger le citoyen des abus potentiels de l'État. Extrait du discours prononcé à l'occasion de la 43e session d'enseignement de l'Institut international des droits de l'homme, le 9 juillet 2012 à Strasbourg (France)

arbitraires ou illégales dans sa vie privée, sa famille, son domicile ou sa correspondance, ni d'atteintes illégales à son honneur et à sa réputation. Toute personne a droit à la protection de la loi contre de telles immixtions ou de telles atteintes ». Entré en vigueur après la ratification par trente-cinq (35 États), le Pacte est complété par deux protocoles :

- le premier, en date du 16 décembre 1966, et
- le second en date du 15 décembre 1989[55] qui interdit la peine de mort.[56]

B. Les principes directeurs des nations unies pour la réglementation des fichiers personnels informatisés

Les principes directeurs pour la règlementation des fichiers informatisés contenant des données à caractère personnel de l'ONU garantit le respect de dispositions minimales concernant la protection des données personnelles par les législations nationales. Il fixe les principes de *licéité et de loyauté, d'exactitude, de finalité, d'accès des personnes concernées, de non-discrimination, de sécurité* [57] qui doivent présider à la mise en œuvre de traitements de données à caractère personnel.[58]

---

[55] Deuxième protocole facultatif se rapportant au Pacte international relatif aux droits civils et politiques vise à abolir la peine de mort. Ainsi, conformément aux dispositions de l'article 1er « Chaque État partie prendra toutes les mesures voulues pour abolir la peine de mort dans le ressort de sa juridiction ».

[56] Adopté et ouvert à la signature, à la ratification et à l'adhésion par l'Assemblée générale dans sa résolution 2200 A (XXI) du 16 décembre 1966. Entrée en vigueur : le 23 mars 1976, conformément aux dispositions de l'article 9.
https://fr.wikipedia.org/wiki.

[57] Des mesures appropriées devraient être prises pour protéger les fichiers tant contre les risques naturels, tels que la perte accidentelle ou la destruction par sinistre, que les risques humains, tels que l'accès non autorisé, l'utilisation détournée de données ou la contamination par des virus informatiques.

[58] En effet, les principes directeurs prévoient que les données concernant les personnes ne devraient pas être obtenues ou traitées à l'aide de procédés illicites ou déloyaux, ni utilisées à des fins contraires aux buts et aux principes de la Charte des Nations Unies.
Egalement, les personnes responsables de l'établissement d'un fichier ou celles responsables de leur mise en œuvre devraient être tenues de vérifier l'exactitude et la pertinence des données enregistrées et de veiller à ce qu'elles demeurent aussi complètes que possible pour éviter les erreurs par omission et qu'elles soient mises à jour, périodiquement ou lors de

Premier texte à prévoir la mise en place de contrôles et de sanctions à l'encontre des contrevenants à ces principes, le texte portant principes directeurs des nations unies pour la réglementation des fichiers personnels informatisés fixe également les conditions de l'organisation de flux transfrontières et prévoit que les principes précédemment énoncés pourront s'appliquer aux fichiers détenus par les organisations internationales gouvernementales.

Certes ces principes ne sont pas contraignants, mais ont permis de poser les grands principes en matière de protection des données personnelles. [59]

Paragraphe 2 : Les normes des Organisations supranationales ''à caractère régional'' encadrant la protection des données à caractère personnel

La protection des données à caractère personnel est garantie en Europe par la convention 108, la directive n°95/46/CE et le RGPD, en Afrique par des textes de l'Union Africaine, de la CEDEAO, de l'UEMOA, etc.

---

l'utilisation des informations contenues dans un dossier, tant qu'elles font l'objet d'un traitement.

De même, la finalité en vue de laquelle est créé un fichier et son utilisation en fonction de cette finalité devraient être spécifiées, justifiées et, lors de sa mise en œuvre, faire l'objet d'une mesure de publicité ou être portées à la connaissance de la personne concernée, afin qu'il soit ultérieurement possible de vérifier :

a) Si toutes les données personnelles collectées et enregistrées restent pertinentes par rapport à la finalité poursuivie ;
b) Si aucune desdites données personnelles n'est utilisée ou divulguée, sauf accord de la personne concernée, à des fins incompatibles avec celles ainsi spécifiées ;
c) Si la durée de conservation des données personnelles n'excède pas celle permettant d'atteindre la finalité pour laquelle elles ont été enregistrées.

Aurélien Bamdé, novembre 2018 « *Droit des données à caractère personnel, Droit des personnes, Loi informatique et libertés, RGPD* », https://aurelienbamde.com/tag/principes-directeurs-de-lonu (page visitée quelquefois, dernière en date du 21 novembre 2022)

[59] S'agissant de ce point, il a été laissé à chaque législation de désigner l'autorité qui, en conformité avec le système juridique interne, chargée de contrôler le respect des principes précités. Cette autorité devrait présenter des garanties d'impartialité, d'indépendance à l'égard des personnes ou organismes responsables des traitements et de leur mise en œuvre, et de compétence technique. En cas de violation des dispositions de la loi interne mettant en œuvre les principes précités, des sanctions pénales ou autres devraient être prévues ainsi que des recours individuels appropriés.

A. Les textes européens relatifs à la protection des données à caractère personnel

Parmi les textes européens relatifs à la protection des données personnelles, il est à retenir la convention 108 et son protocole additionnel, la directive 95/46 abrogée par le Règlement Général sur la Protection des Données personnelles (RGPD).

1. La convention 108 et son protocole additionnel concernant les autorités de contrôle et les flux transfrontaliers de données (STE n°181)

A titre de rappel, en 1981 le Conseil de l'Europe suit les exemples de la Suède, de l'Allemagne et de la France, en matière de protection de la vie privée et adopte à cet effet, la Convention pour la protection des personnes à l'égard du traitement automatisé des données à caractère personnel.

Ouverte à la signature le 28 janvier 1981, la Convention fut le premier instrument international juridique contraignant à protéger les personnes contre l'usage abusif du traitement de leurs données et a servi de base à l'adoption des lois de protection des données personnelles de plusieurs pays européens.[60]

---

[60] Elle proscrit, en l'absence des garanties suffisantes par les textes juridiques internes des États, le traitement des données sensibles à savoir, les données relatives à la santé, à l'origine raciale, aux opinions politiques, syndicales, religieuses, sexuelles, aux condamnations politiques, etc.
Outre ceux-ci, la convention 108 garantit le droit des personnes concernées de connaitre les informations stockées à leur sujet et d'exiger des rectifications. Elle encadre également les flux transfrontaliers des données dans les États où il n'existe aucun texte encadrant les données personnelles. Ainsi, aux termes de cette Convention, les parties doivent prendre les mesures nécessaires en droit interne pour en appliquer les principes afin d'assurer, sur leur territoire, le respect des droits fondamentaux de la personne humaine au regard de l'application de la protection des données.
S'agissant de son protocole additionnel, celui-ci a été ouvert à signature des États parties et signataires de la convention 108, le 08 novembre 2001. Ce texte consolide la protection des données avec deux (02) points, à savoir, la mise en place d'autorités de contrôle en charge d'assurer le respect des textes encadrant la protection des données personnelles et les flux transfrontières (transfert vers des pays tiers assurant un niveau de protection adéquat). Rapport de la commission des affaires parlementaires de la francophonie (Andorre, en Roumanie et en Suisse).

2. Les différentes directives régissant la protection de la vie privée et des données à caractère personnel

Les différentes directives européennes régissant le domaine de la protection des données à caractère personnel seront successivement abordées dans ce point.[61]

a. La directive 95/46/CE de 1995

Texte de référence en matière de protection des données à caractère personnel, la directive **95/46/CE** de 1995, remplacée aujourd'hui par le Règlement Général sur la Protection des Données personnelles (RGPD), a par ailleurs crée un **"droit à la vie privée".**

S'appliquant aux traitements manuels qu'automatisés, la directive constitue le texte, *ou du moins, a constitué pendant très longtemps,* un texte de référence pour les européens qui protège les données à caractère personnel. Elle a mis en place un cadre légal visant à établir ce qu'on appelle *« un équilibre entre un niveau élevé de protection de la vie privée des personnes et la libre circulation des données à caractère personnel au sein de l'Union européenne »*.[62]

Ce droit à la vie privée est également inscrit à l'article 8 de la Convention européenne des droits de l'homme ainsi que dans l'article 8 de la Charte des droits fondamentaux de l'Union européenne, qui a une valeur juridiquement contraignante depuis le **Traité de Lisbonne de 2007 et** rappelé à l'article 16, paragraphe 1, du traité sur le fonctionnement de l'Union européenne qui dispose « *toute personne a droit à la protection des données à caractère personnel la concernant* **»**. [63]

---

[61] En droit communautaire européen, la directive est définie comme un instrument de nature législative utilisé par l'Union européenne pour prendre des mesures. Elle passe par deux (02) étapes avant de produire ses effets : une fois votée par les institutions européennes, elle doit ensuite être transposée par les États membres dans leur droit national, à la différence du règlement, qui s'applique directement » (https://www.touteleurope.eu);

[62] Euro-lex, mars 2014 « *Protection des données à caractère personnel* », site web : https://eur-lex.europa.eu/legal-content/FR/TXT/?uri=LEGISSUM:l14012 (page visitée « 3 fois, dernière en date du 22 novembre 2022 à 10h01 min)

[63] Ainsi, pour mieux protéger la vie privée et les données personnelles des individus, la directive a posé sept (7) principes qui sont inspirés d'une publication de l'OCDE de 1980. Il s'agit : des principes de la limitation en matière de collecte ; de la qualité des données ; de la

Ces efforts de régulation consentis par la communauté européenne ont permis une meilleure protection des données dans l'espace européen. Cependant, selon **Maitre Alain BENSOUSSAN**, « *même si la directive s'applique à toute forme de traitement de données à caractère personnel, quelle que soit la technologie utilisée, elle a néanmoins été élaborée dans les débuts d'internet, et n'a donc pas pris en compte les évolutions technologiques majeures intervenues depuis vingt ans* ».[64]

Ainsi, suite aux inégalités entre les pays européens, une réforme du cadre légal de la protection des données personnelles fut lancée en 2009.

b. La Directive 2002/58/CE vie privée et communications électronique

La directive 2002/58/CE « vie privée et communications électroniques » a été adoptée par le Parlement européen et le Conseil en date du 12 juillet 2002. Elle vise à garantir un niveau égal de protection des données à caractère personnel et de la vie privée aux utilisateurs de services de communications électroniques accessibles au public, indépendamment des technologies utilisées. Elle fait naitre de nouvelles obligations aux fournisseurs de services de communications électroniques, notamment pour assurer la sécurité et la confidentialité des communications, ainsi qu'en matière de communications non sollicitées à des fins de marketing direct.[65]

---

limitation de l'utilisation ; des garanties de sécurité ; de la participation individuelle et de la responsabilité.

Mieux, son article 29 institue un groupe de travail des vingt-sept (27) Commissions Nationales de l'Informatique et des Libertés européennes (le "G29") pour entre autres, « donner à la Commission européenne un avis autorisé sur les questions relatives à la protection des données et la conseiller sur toute mesure communautaire ayant une incidence sur les droits et libertés des personnes physiques à l'égard du traitement des données à caractère personnel et de la protection de la vie privée ; promouvoir l'application uniforme des principes généraux des directives dans l'ensemble des États membres au moyen de la coopération entre les autorités de contrôle de la protection des données ; émettre des recommandations destinées au grand public et, en particulier, aux institutions communautaires sur toute question concernant la protection des personnes à l'égard du traitement des données à caractère personnel et de la protection de la vie privée dans la Communauté européenne ». Tiré : Article 30 Ibidem. de la directive 95/46, qui définit son mandat et à l'article 14 de la directive 97/66/CE.

[64] Alain Bensoussan, avocat à la cour de Paris, spécialiste en droit de nouvelles technologies avancées, fondateur et président du Réseau Lexing, premier réseau international d'avocats dédié au droit des technologies avancées, de l'Association Data Protection Officers (ADPO) pour accompagner les DPO.

[65] Conformément à ce texte, les États membre s'engagent à garantir dans leur législation interne, la confidentialité des communications et les données de trafic y afférentes. A ce titre,

c. La Directive (UE) 2016/680 sur la protection des données à des fins répressives

Pour mieux encadrer le traitement des données personnelles par la police et les autorités judiciaires, les pays de l'Union Européenne ont, en avril 2016, adopté la directive n°2016/680 portant protection des données à des fins répressives.

Cette directive, consécutive à la disparité qui existait entre les législations des membres de l'union prévoit un cadre commun pour tous les États. A ce titre, elle vise à améliorer la coopération entre les États dans la lutte contre le terrorisme et la criminalité transfrontalière dans l'espace européen, en dotant les autorités judiciaires et auxiliaires de justice notamment la police, en matière pénale, des moyens d'échanger les informations nécessaires aux enquêtes, et ce, de manière efficace.[66]

3. Le Règlement Général sur la Protection des Données personnelles (RGPD)

Le règlement n°**2016/679,** dit Règlement Général sur la Protection des Données (RGPD, ou encore GDPR, de l'anglais General Data Protection Régulation), abrogeant la directive 95/46/CE, est un règlement de l'Union européenne qui constitue le texte de référence en matière de protection des données à caractère personnel.[67] Il renforce

---

ils doivent interdire à toute personne « *autre que les utilisateurs l'écoute, l'interception, le stockage des communications et des données relatives au trafic y afférentes, ou l'utilisation de tout autre moyen d'interception ou de surveillance sans le consentement des utilisateurs concernées, sauf lorsque la personne y est légalement autorisée* ».
Instrument juridique important pour la protection de la vie privée à l'ère du numérique, et plus spécifiquement pour la confidentialité des communications et les règles concernant l'identification et la surveillance, l'entrée en vigueur du Règlement Général sur la Protection des Données a exigé du législateur de l'UE l'actualisation de ce texte. Ainsi, ce nouveau texte en gestation devra aborder le paysage technologique en évolution rapide, avec des questions telles que la confidentialité des communications de machine à machine (internet des objets) ou la confidentialité des communications des individus sur les réseaux accessibles au public.

[66] Aussi, parmi les principes faut-il noter la licéité et la loyauté du traitement, la détermination d'une finalité explicite et légitime, l'adéquation, la pertinence, l'exactitude et la fixation de la durée de conservation, entre autres.

[67] a b et c Conseil européen - 11 avril 2016

et unifie la protection des données pour les individus au sein de l'Union européenne.[68]

Ainsi, les principaux objectifs du RGPD sont d'accroître à la fois la protection des personnes concernées par un traitement de leurs données à caractère personnel et la responsabilisation des acteurs de ce traitement. Ces principes pourront être appliqués grâce à l'augmentation du pouvoir des autorités de régulation.[69]

En effet, dans le contexte international caractérisé par la **« globalisation »,** le Règlement européen sur la protection des données personnelles mérite une attention particulière, en raison notamment de l'intensité de nos échanges avec nos voisins européens (surtout les échanges entre les succursales et des banques ou établissements financiers ayant leurs maisons mères ou des filiales dans les pays européens), « de l'amplitude des modifications qu'il comporte et de l'amplification des sanctions. Ce qui importe plus de noter, avec l'entrée en vigueur de ce règlement, c'est que sous l'égide de l'ancienne directive 95/46, les entreprises maliennes étaient ***''relativement à l'abri des dispositions européennes en matière de protection des données''.*** Principalement inquiétées en cas de traitement de données effectué dans le cadre des activités d'un établissement sur le territoire d'un État membre ou, à défaut d'établissement, de recours à des moyens de traitement situés sur le territoire d'un État membre. Toutefois, l'entreprise malienne concernée ne se voyait pas appliquer une législation européenne unifiée. Aujourd'hui, la donne est tout autre. L'unification du droit

---

[68] Après quatre (04) années de négociations législatives, ce règlement a été définitivement adopté par le Parlement européen le 14 avril 2016. Ses dispositions sont directement applicables dans l'ensemble des vingt-huit (28) États membres de l'Union européenne à compter du 25 mai 2018. https://fr.wikipedia.org/wiki/R%C3%A8glement_g%C3%A9n%C3%A9ral_sur_la_protection_des_donn%C3%A9es (dernière visite 22 novembre 2022 à 10h16 min)
Comme ci-dessus évoqué, ce règlement remplace la directive sur la protection des données personnelles adoptée en 1995 (article 94 du règlement) ; contrairement aux directives, le règlement n'implique pas que les États membres adoptent une loi de transposition pour être applicables. Pierre-Antoine Rizk, « Le RGPD va-t-il ralentir l'Union européenne en matière d'intelligence artificielle ? - Actu IA », Actu IA, mars 2018 (lire en ligne [archive], 15 (consulté le 10 avril 2018

[69]Le droit et l'intelligence artificielle, novembrelire en ligne [archive], consulté le 12) 2017 .avril 2018

européen par le nouveau RGPD ne s'est pas contentée de renforcer la position des personnes concernées par un traitement de données, mais il a considérablement étendu son champ d'application territorial.[70]

Ainsi, les entreprises de droit malien concernées sont nombreuses et multiples. Par conséquent, elles vont devoir s'adapter rapidement aux nouvelles exigences du règlement, faute de quoi, des lourdes sanctions vont pleuvoir.

Par ailleurs, le Règlement général européen a prévu de lourdes sanctions en cas de non-conformité à ses principes. Alors, il est possible de distinguer différents types de sanctions applicables par les autorités de contrôle de conformité. Les sanctions seront proportionnelles et graduées selon la gravité du non-respect des exigences du RGPD. On distingue ainsi, en fonction de l'importance de la non-conformité, quatre (4) sanctions graduelles.

Tout comme beaucoup de textes africains notamment en matière de protection des données personnelles, la première sanction prévue par celui-ci correspond à une mise en demeure ou à un avertissement de l'entreprise (ou l'organisme privé ou public) et un rappel du devoir de mise en conformité au RGPD. S'ajoute à cela, la deuxième sanction qui est un ordre formel d'obéir sur-le-champ sous menace de sanction, et donc de cesser la violation.

La troisième sanction est applicable à des cas précis et consiste à suspendre ou à limiter temporairement les traitements de données. Enfin, la quatrième sanction, aux conséquences les plus lourdes, entraîne des sanctions administratives après injonction vaine de l'autorité de contrôle.

[70] Voici quelques-unes des nouveautés figurant dans ce texte : « *protection des données par conception et par défaut, nécessité dans certaines circonstances de conduire une analyse d'impact relative à la Protection des Données (AIPD), désignation obligatoire d'un Délégué à la Protection des Données (DPD) dans certaines situations, obligation de déclarer une violation des données à très brève échéance, etc* ». ; pour de plus amples informations sur les nouveautés introduites par le RGPD, cf. https://www.cnil.fr/fr/reglement-europeen-sur-la-protection-des données-ce-qui-change-pour-les professionnels.

Quant à la sanction pécuniaire, il est à noter que les amendes administratives, sont réparties en deux (02) catégories et dépendent de la nature, la durée et la gravité de la violation au RGPD.

Dans le cas de manquement aux obligations qui concerne : le sous-traitant et le responsable de traitement, l'organisme de certification, l'organisme chargé du suivi des codes de conduite, 10 millions d'euros d'amende ou une amende de 2% du Chiffre d'Affaire (CA) mondial (pour les entreprises)

Le non-respect du RGPD ou la mauvaise application de la mise en conformité entraine une amende allant jusqu'à 4% du Chiffre d'Affaire mondial (pour les entreprises) ou bien une amende qui s'élève à 20 millions d'euros si les infractions concernent :

- le partage d'informations sur des personnes physiques dans un pays tiers ou une organisation internationale.
- le non-respect du consentement transparent avant la collecte, la possession, le stockage et l'utilisation des données personnelles.
- le non-respect d'une limitation du traitement, d'une injonction ou de la suspension d'activités liées aux données à caractère personnel donné par une autorité de contrôle.
- les droits des personnes concernées (comme le droit d'opposition)
- les obligations qui découlent du droit des États membres.

La non-conformité entraîne donc une perte de notoriété importante aux yeux de nombreux clients et certainement un important manque à gagner pour les entreprises. Enfin, des dommages et intérêts peuvent être réclamés par les personnes ayant été victimes de la non-conformité de l'entreprise (ou de l'organisme public ou privé) au RGPD.[71]

---

[71] Le développement de l'intelligence artificielle limité par le RGPD », Le droit et l'intelligence artificielle, novembre 2017 (lire en ligne [archive], con 24 sulté le 12 avril 2018).

B. Les textes africains en matière de protection des données à caractère personnel

La protection des données personnelles est un droit également reconnu par les États africains. Cette reconnaissance est révélée par des instruments juridiques adoptés par l'Union Africaine notamment, la Charte africaine des droits de l'homme et des peuples (1), la convention sur la cyber sécurité et la protection des données à caractère personnel (2), par la Communauté économique des États de l'Afrique de l'Ouest (CEDEAO) à travers l'Acte additionnel de la CEDEAO relatif à la protection des données à caractère personnel (3), par la Communauté de développement de l'Afrique australe (**SADC**) (4) ainsi que par l'Union Economique Monétaire Ouest Africaine (UEMOA) (5).

1. La charte africaine des droits de l'homme et des peuples

La Charte africaine des droits de l'homme et des peuples, également appelée Charte de Banjul, a été adoptée en juin 1981 par la Conférence des États de l'Organisation de l'Unité Africaine (OUA). Elle est entrée en vigueur le 21 octobre 1986 après la ratification du Niger. Tous les États africains ont ratifié la Charte de Banjul, qui représente ainsi la plus grande organisation régionale de défense des droits humains. Cette Charte est un traité multilatéral de droit international qui engage les États signataires à mettre en œuvre son contenu dans leur droit national. La Commission africaine des droits de l'homme et des peuples est l'organe prévu par la Charte pour la promotion et la protection des droits qu'elle garantit.[72]

---

[72]Human rights.ch, mars 2022, « Charte africaine des droits de l'homme et des peuples », site web : https://www.humanrights.ch/fr/pfi/fondamentaux/sources-juridiques/autres-instruments-regionaux/systeme-africain-des-droits-humains/charte-africaine-droits-homme (dernière visite le 30 juin 2022).

De même, selon le même document, la Charte est structurée en trois parties principales et un préambule. La première partie porte sur le contenu matériel. Elle contient les droits individuels (art. 2-18) et les droits des peuples (art. 19-24) ainsi qu'un ensemble de devoirs individuels (art. 27-29). La seconde partie porte sur l'aspect institutionnel : elle fixe la compétence et le fonctionnement de la Commission africaine des droits de l'homme et des peuples, institution chargée de la mise en œuvre de la Charte (art. 30-61). La troisième partie comprend des dispositions concernant la ratification de la Charte, son entrée en vigueur et sa modification (art. 63-68).

En effet, même si elle ne traite pas spécifiquement la protection de la vie privée, elle a, au moins, offert à l'individu l'inviolabilité de sa personne. Conformément aux dispositions de son article 2 : « *la personne humaine est inviolable. Tout être humain a droit au respect de sa vie et à l'intégrité physique et morale de sa personne. Nul ne peut être privé arbitrairement de ce droit* ».[73]

2. La Convention de l'Union Africaine sur la Cyber sécurité et la Protection des données personnelles

La convention de l'Union Africaine sur la cyber sécurité et la protection des données personnelles ou convention de Malabo, adoptée le 27 juin 2014 à Malabo, en Guinée Equatoriale et dont l'entrée en vigueur requiert sa ratification par quinze (15) pays, vise à créer « *un cadre normatif approprié correspondant à l'environnement juridique, culturel, économique et social africain* » dans le respect des libertés fondamentales et des droits de l'homme, en vue de « *renforcer et harmoniser les législations actuelles des États de la Communauté* ».[74]

Aux dires des experts, elle est un instrument de protection *multidisciplinaire* dans la mesure où elle couvre plusieurs domaines ou secteurs des technologies de l'information et de la communication (TIC) : *les transactions électroniques, la Protection des Données à caractère Personnel (PDCP), la lutte contre la cybercriminalité et la cyber sécurité*. Son article 8 impose à chaque État partie à mettre en place un cadre juridique en vue de renforcer les droits fondamentaux et les libertés publiques, notamment la protection des données.[75]

A titre de rappel, selon le site web **''africa security''**, seuls treize (13) pays sur les cinquante-cinq (55) de l'Afrique avaient, au départ, signé cette convention. Il s'agit du Bénin, du Tchad, des Comores, du

---

[73] Charte africaine des droits de l'homme et des peuples, https://www.achpr.org/fr_legalinstruments/detail?id=49 (dernière visite, le 22 novembre 2022)

[74] Fawaz MOUSSOUGAN, « *État des lieux de l'accord de Malabo sur la Cybersécurité des pays africains* », novembre 2019, Africa Cybersecurity, site web : https://en.cybersecuritymag.africa/accord-de-malabo-sur-la-cybers%C3%A9curit%C3%A9-des-pays-africains (page visité 2 fois, la dernière en date du 22 novembre 2022 à 10h47 min)

[75] Ibidem

Congo, du Ghana, de la Guinée-Bissau, de la Mauritanie, de la Sierra Leone, du São Tomé-et-Príncipe, de la Zambie rejoint ensuite par le Sénégal, l'Ile Maurice et le Togo.[76]

3. L'Acte Additionnel de la CEDEAO relatif à la protection des données à caractère personnel

La Communauté Economique des États de l'Afrique de l'Ouest (CEDEAO) composée de quinze (15) États membres est une organisation intergouvernementale ouest-africaine créée le 28 mai 1975 pour promouvoir la coopération et l'intégration. En **février 2010,** elle a adopté un Acte additionnel régissant la protection des données à caractère.

Ce texte communautaire prévoit un dispositif notamment un cadre institutionnel et un cadre légal harmonisé visant à protéger les données à caractère personnel des individus dans l'espace CEDEAO.

Outre le Mali, le texte de la CEDEAO a servi à plusieurs États de son espace notamment, la Cote d'Ivoire,[77] le Niger[78] et continue à être une référence en matière de protection des données à caractère personnel au niveau de l'Afrique de l'Ouest.

Pour rappel, les sept (07) piliers de l'Acte additionnel sont :

1. la définition du cadre juridique de la protection des données à caractère personnel (Définitions de notions essentielles, objet et champ d'application)
2. les formalités nécessaires au traitement (déclarations, autorisations, les traitements pour le compte du service public)
3. le cadre institutionnel (autorité administrative indépendante pour garantir le respect des principes et droits consacrés)

---

[76] Ibidem

[77] Loi n°2013-0450 du 19 juin 2013 relative à la protection des données à caractère personnel,

[78] le Niger en 2017 a adopté la Loi n°2017-28 du 03 mai 2017, modifiée et complétée par la Loi n°2019-71 du 24 décembre 2019

4. les principes directeurs (consentement, légitimité, licéité, loyauté, finalité, pertinence, conservation, exactitude, transparence, confidentialité, sécurité, etc.)
5. les principes spécifiques (origine raciale, ethnique, l'état de santé, transfert vers un pays tiers, interconnexion de fichiers, etc.)
6. les droits des personnes fichées (droit à l'information, d'accès, d'opposition, de rectification ou de suppression)
7. les obligations du responsable du traitement (confidentialité, sécurité, conservation et de pérennité)

Ainsi, conformément à ses dispositions, chaque État membre de la CEDEAO est invité à mettre en place un cadre juridique et institutionnel de la protection des données à caractère personnel, en vue d'encadrer la collecte et le traitement des données personnelles.[79]

4. La Loi type de la SADC pour la protection des données de 2013

Cet instrument est une loi type qui peut être utilisée dans un contexte national par les États membres. Comme l'Acte Additionnel de la CEDEAO, la loi type de la SADC cherche à assurer l'harmonisation des politiques en matière de Technologies de l'Information et des Communications (TIC) et reconnaît que leur développement a un impact sur les droits et la protection des données à caractère personnel, y compris dans les activités gouvernementales et commerciales.[80] Outre la définition des conditions de traitement licite des informations personnelles et des droits des personnes concernées, elle traite également de la dénonciation, en prévoyant que : « *l'autorité chargée de la protection des données doit établir des règles autorisant et régissant le système de dénonciation qui*

---

[79] Article 14 de l'Acte additionnel A/SA.1/01/10 du 16 février 2010 relatif à la protection des données à caractère personnel

[80] La Communauté de développement de l'Afrique australe (SADC) est une communauté économique régionale composée de 16 États membres. Créée en 1992, la SADC a été fondée sur la nécessité de promouvoir l'intégration des marchés d'Afrique australe. Les États Membres sont : l'Angola, le Botswana, l'Union des Comores, la République démocratique du Congo, Eswatini, le Lesotho, Madagascar, le Malawi, Maurice, le Mozambique, la Namibie, les Seychelles, l'Afrique du Sud, la République-Unie de Tanzanie, la Zambie et le Zimbabwe. https://www.sadc.int

préservent les principes de protection des données, notamment les principes d'équité, de licéité, de finalité, de proportionnalité et d'ouverture ».[81]

5. La protection des données personnelles dans l'Union Economique et Monétaire Ouest Africain (UEMOA)

Bien avant la Communauté des États de l'Afrique de l'Ouest (CEDEAO), l'Union Economique et Monétaire Ouest Africaine avait, par le biais de la **Directive n°4/2006/CM/UEMOA du 23 mars 2006** relative au service universel et aux obligations de performance du réseau, invité ses États membres à mettre en œuvre les dispositions législatives et réglementaires applicables en matière de protection des données à caractère personnel en vue d'assurer, en leur sein, un niveau élevé de protection.

En application des dispositions de l'article 3 de la directive susmentionnée, « *les États membres de l'UEOMA s'engagent à mettre en œuvre les dispositions de la directive dans le respect des textes législatifs et réglementaires applicables en matière de protection des données à caractère personnel et de la vie privée. En particulier, les coordonnées des abonnés qui se seront expressément opposés à leur publication ne seront pas publiées dans les annuaires* ».[82]

6. Les initiatives de l'Organisation Internationale de la Francophonie (OIF)

L'Organisation Internationale de la Francophonie (OIF) est une personne morale de Droit International Public, créée en 1970 et regroupant, jusqu'en 2018, quatre-vingt-huit (88) États ou gouvernements. Elle a pour mission de promouvoir la langue française

---

[81] En plus de donner effet au droit à la vie privée, les lois sur la protection des données facilitent généralement le droit d'accès à l'information. À cet égard, la plupart des lois sur la protection des données prévoient que les personnes concernées peuvent demander et obtenir l'accès aux informations détenues à leur sujet par un responsable du traitement. Ce mécanisme peut permettre aux personnes concernées de vérifier si leurs informations personnelles sont traitées conformément aux lois applicables en matière de protection des données, et si leurs droits sont effectivement respectés.

[82] Directive n°1/2006/CM/UEMOA du 23 mars 2006 relative à l'harmonisation des politiques de contrôle et de régulation du secteur des télécommunications

et la diversité culturelle et linguistique, de promouvoir la paix, la démocratie et les droits de l'homme, d'appuyer l'éducation et la recherche et de développer la coopération.[83]

En effet, au cours de plusieurs de ses sommets, les chefs d'État et de gouvernement de la Francophonie ont souligné l'importance pour les États, d'adopter des règles pour la protection des données personnelles, de renforcer les dispositifs juridiques, la coopération au niveau national et international, en prenant en compte les enjeux de la protection des données personnelles qui sont :

- enjeu politique, d'une part, le droit fondamental à la protection des données étant indispensable au fonctionnement d'une société démocratique ;

- enjeu économique, d'autre part, le droit à la protection des données personnelles étant indispensable au développement économique numérique durable.[84] Ces déclarations bien que non contraignantes, ont judicieusement contribué à l'adoption des textes portant protection de la vie privée et des données personnelles.

Lors du sommet tenu à Ouagadougou au Burkina Faso, du 26 au 27 novembre 2004, les chefs d'États et de gouvernement de l'OIF ont exprimé leur volonté d'une part, d'attacher « *une importance particulière à la protection des libertés et des droits fondamentaux des personnes, notamment de leur vie privée, dans l'utilisation des fichiers et traitement de données à caractère personnel* »[85] et d'autre part, encourager « *la coopération internationale entre les autorités indépendantes chargées dans chaque pays de contrôler le respect de ces règles* ».[86]

---

[83] https://www.francophonie.org/lorganisation-internationale-de-la-francophonie-81

[84] Guide pour la Consolidation de l'état civil, des listes électorales et la protection des données personnelles de l'Organisation Internationale de la Francophonie.

[85] Mamadou LO, Protection des données à caractère personnel en Afrique : Réglementation et Régulation, Baol Editions, octobre 2017, p.41.

[86] Idem

Mieux, à Bucarest,[87] les participants au XIe sommet de l'OIF, tenu du 28 au 29 septembre 2006, ont invité les États et les chefs de gouvernements à l'intensification des tâches nécessaires à l'adoption de textes législatifs et règlementaires en vue d'assurer « *la protection des personnes, de leurs libertés et droits fondamentaux dans l'utilisation des fichiers et le traitement de données à caractère personnel* ». En outre, les chefs d'États et de gouvernement présents ont manifesté un grand intérêt « *pour examiner l'opportunité d'élaborer un instrument international garantissant, dans ces circonstances, le droit des personnes à la protection des données à caractère personnel, tout en tenant compte de nos objectifs légitimes en matière de lutte contre le crime, la corruption et le terrorisme* ».

Mieux encore, les chefs d'État et de gouvernement se sont engagés, lors du sommet tenu à Kinshasa en République Démocratique du Congo, à édifier une société de l'information « *ouverte, transparente et démocratique à travers l'adoption de la nouvelle stratégie numérique de la francophonie* ».[88]

Enfin, à Dakar,[89] tout comme à Kinshasa, les chefs d'État et de gouvernement n'ont cessé d'appeler les pays concernés à adopter des normes mondiales et de législations nationales fixant les principes d'une protection « effective des données personnelles ».

Section 2 : Les normes nationales régissant la protection des données à caractère personnel

Il importe, à ce niveau, de situer la protection des données dans le cadre global de la garantie et de la protection des droits humains. En effet, les normes nationales régissant les données à caractère personnel

---

[87] La Roumanie est le premier pays de l'Europe Centrale et Orientale à avoir été choisi comme hôte d'un Sommet des chefs d'État et de gouvernement ayant le français en partage. Avec sa spécificité de pays à la fois membre de l'OIF et de pays qui obtiendra, le 1er janvier 2007, le statut de membre de l'UE, la Roumanie entend jouer un rôle de pilier régional dans la structure des pays francophones européens.

[88] Les 13 et 14 octobre 2012 à Kinshasa, sous la présidence de M. Joseph. Kabila, président de la République démocratique du Congo.

[89] La déclaration de Dakar prononcée lors du sommet tenu à Dakar au Sénégal du 29 au 30 novembre 2014

au Mali sont composées d'une part, de normes principales (paragraphe 1) et d'autre part, de normes subsidiaires (paragraphe 2).

Paragraphe 1 : Les principales normes encadrant la protection des données à caractère personnel au Mali

Au Mali, le droit à la protection des données à caractère personnel tire son origine de la constitution du 25 février 1992 (A) ainsi que la loi n°2013-015 du 21 mai 2013 modifiée (B).

A. La consécration constitutionnelle du droit à la protection des données à caractère personnel

Le droit au respect de la vie privée brille dans le droit constitutionnel malien depuis l'évènement de la démocratie en 1991. Dans son préambule, la constitution du Mali proclame comme suit : « *Le peuple souverain du Mali, fort de ses traditions de lutte héroïque, engagé à rester fidèle aux idéaux des victimes de la répression et des martyrs tombés sur le champ d'honneur pour l'avènement d'un État de droit et de la démocratie pluraliste, ... souscrit à la Déclaration universelle des Droits de l'Homme et des Peuples du 10 Décembre 1948 et à la Charte Africaine des Droits de l'Homme et des Peuples du 27 Juin 1981...* ».[90]

La protection de la vie privée fournit d'abord une protection contre une intrusion dans l'intimité des personnes, qu'elle soit le fait de l'État ou des tiers. En effet, la vie privée est étroitement liée au domicile, à la correspondance, aux relations intimes, dont il faut préserver le secret, comme le rappelle l'article six (06) de la constitution du 25 février 1992 qui dispose : « *le domicile, le domaine, la vie privée et familiale, le secret de la correspondance et des communications sont inviolables. Il ne peut y être porté atteinte que dans les conditions prévues par la loi* ».

Cependant, il est à rappeler que la notion de données à caractère personnel, engendrée par la vie privée, va au-delà de la notion de la

[90] Constitution de la République du Mali du 25 février 1992 adoptée par scrutin Référendaire du 12 Janvier 1992 et promulguée par Décret N°92-073/P-CTSP du 27 Février 1992.

vie privée étant donné qu'elles intègrent à la fois des éléments du droit au respect de la vie privée mais aussi ceux du droit de la propriété de la personne sur les informations nominatives la concernant.

Ainsi compte tenu de l'importance que revêt les données dans l'économie numérique, les autorités maliennes ont estimé nécessaire de renforcer la confiance, surtout des investisseurs, en constitutionalisant également, le droit à la protection des données personnelles. En effet, alors même que cette protection, est consacrée par l'Acte Additionnel A/SA/1/01/10 relatif à la protection des données à caractère personnel dans l'espace de la CEDEAO[91], mais aussi dans les constitutions ou normes suprêmes de certains pays en Afrique, en Europe et même en Amérique, notre constitution l'abordait seulement à travers la protection accordée à la vie privée. C'est dans ce cadre que, saisi en 2018 par le Président de l'Autorité de Protection des Données à caractère Personnel, la Commission en charge de la révision de la constitution n'a pas une seconde, hésité à prendre en compte la proposition de reformulation de l'article six (6) de la constitution de 1992 comme suite : « *le domicile, le domaine, la vie privée et familiale, le secret de la correspondance et des communications ainsi que les données à caractère personnel sont inviolables* ». Ce droit, comme affirme le **Président de l'APDP, Monsieur Oumarou Ag Mohamed IBRAHIM**, une fois consacré, « *se verrait ériger en exigence constitutionnelle de valeur équivalente à d'autres, comme la liberté d'expression, d'aller et de retour* ».[92]

En outre, elle permettrait comme note **Isabelle Falque PIERROTIN**, lors de son audition « *d'afficher une protection de plus haut niveau dans ce domaine, ce qui serait très utile lors des négociations internationales* ».[93]

Enfin, la constitutionnalisation de la protection des données à caractère personnel approcherait le Mali des pays qui l'ont déjà

---

[91] Une norme supra législative mais infra constitutionnelle.
[92] Interview du Président de l'APDP, février 2019
[93]Pascal Alix, octobre 2012 « *La protection des données personnelles, un droit constitutionnel ?* », Audition de la Présidente de la CNIL, octobre 2012, site web : https://www.assemblee-nationale.fr/14/cr-cloi/12-13/c1213002.asp (dernière visite de la page le 1er décembre 2022)

constitutionnalisé notamment, l'Allemagne, la Suède, le Maroc, la Tunisie.

B. La loi portant protection des données à caractère personnel au Mali

Le Mali, à l'instar des autres États démocratique du continent, a adopté en 2013 un texte législatif portant protection des données à caractère personnel. Cette loi qui est une transposition de l'Acte additionnel de la CEDEAO relatif à la protection des données personnelles, institue un organe spécifique en charge de la protection des données à caractère personnel.

Fruit d'une longue réflexion et de plusieurs travaux de commission, la loi régissant les données à caractère personnel au Mali fixe les conditions de traitement des données à caractère personnel en vue de protéger :

- l'individu contre État en obligeant l'administration, les organismes personnalisés, les personnes morales de droit privé à adopter une attitude régulière en matière de traitement des données personnelles ;[94]

- le consommateur contre les professionnels sans entraver le développement de l'économie numérique ;[95]

- le salarié contre les agissements de son employeur, notamment en matière de surveillance.

Comme l'atteste son article 1er, l'État du Mali s'engage à travers cette loi d'assurer « *à toute personne, physique ou morale, publique ou privée, la protection de ses données à caractère personnel, sans distinction de race, d'origine, de couleur, de sexe, d'âge, de langue,*

---

[94] La confiance des pouvoirs publics contribue à la modernisation de l'administration (avec le e-gov) et sécurise la transition vers le e-citoyen (la publication en ligne des fichiers électoraux, comme ce fut le cas en 2018, lors des élections présidentielles, le vote électronique, etc.).

[95] En accompagnant le développement de l'Economie numérique, notamment le management des risques dans l'utilisation des informations personnelles.

de religion, de fortune, de naissance, d'opinion, de nationalité ou autre. La loi garantit que tout traitement, sous quelle que forme que ce soit, respecte les libertés et droits fondamentaux des personnes physiques. Elle prend également en compte les prérogatives de État, les droits des collectivités territoriales, les intérêts des entreprises et de la société civile ».

Aussi, l'article 2 de la loi susmentionnée, plus qu'une déclaration d'intention, est une affirmation de principe et même des principes qui dictent à la loi son esprit quand il dispose que : « *l'informatique doit être au service de chaque personne. Elle doit respecter l'identité humaine, les droits de l'homme, la vie privée, les libertés publiques et individuelles. Toute personne a droit à la protection des données personnelles la concernant. Aucune décision induisant des effets juridiques à l'égard d'une personne ne peut être prise sur le seul fondement d'un traitement informatique destiné à définir le profil de l'intéressé ou à évaluer certains aspects de sa personnalité* ».

A ce niveau, il importe de retenir à ce niveau que la protection accordée aux données à caractère personnel au Mali va au-delà du traitement électronique ou automatisé, elle englobe également les traitements effectués sur les données, dans les documents physiques.

A côté de la norme principale, il existe d'autres normes, qualifiées de *« subsidiaires ».*

Paragraphe 2 : Les normes subsidiaires relatives à la protection des données à caractère personnel

Outre les textes mentionnés supra, l'État du Mali dispose d'énormes autres instruments juridiques, non moins importants, qui accordent, indirectement, une très grande importance à la protection des données à caractère personnel à travers le respect du secret professionnel, à la confidentialité des documents, etc. Il s'agit de la loi portant statut général des fonctionnaires qui prescrit en son article 15 : « *indépendamment des règles instituées par le code pénal en matière de secret professionnel, tout fonctionnaire est lié par l'obligation de discrétion professionnelle pour ce qui concerne les documents, faits et informations dont il a eu connaissance dans l'exercice ou à l'occasion de l'exercice de ses fonctions* » [96], en passant par la loi n°98-012 du 19 janvier 1998 régissant les relations entre l'Administration et les usagers des Services publics qui protège « *les documents dont la consultation ou la communication peut porter atteinte au secret de la vie privée, des dossiers personnels et médicaux* ».[97]

Aussi, la loi n°02-052 du 22 juillet 2002 relative aux archives impose-t-elle à l'État et aux collectivités territoriales le respect les conditions de conservation et de communication qui peuvent être émises par les propriétaires lorsqu'ils reçoivent les archives privées à titre de don, de legs, de cession, de dépôt, entre autres.[98]

Parmi les normes subsidiaires, il est à noter, la loi sur les transactions, échanges et services électroniques (A) et le code pénal (B).

A. La loi relative aux transactions, échanges et services électroniques

De prime abord, on entend par commerce électronique : « *toute activité économique par laquelle une personne propose ou assure la fourniture des biens et services par voie électronique* ».[99] Dans cette activité, de nombreuses et diverses transactions sont effectuées chaque jour et la collecte des données à caractère personnel des clients par les plateformes et les fournisseurs ne cessent de s'accroitre.

Aujourd'hui, les personnes concernées par ce business s'inquiètent de l'utilisation et de la divulgation de leurs informations.[100] Pour mieux l'encadrer et de tirer profit de ce phénomène qui rapporte déjà des milliards aux caisses de certains pays,[101] l'État du Mali s'est, en 2016, doté d'une nouvelle loi qui régit ledit secteur.

---

[96] Loi n°02-053 du 16 décembre 2002, modifiée, portant Statut général des Fonctionnaires.
[97] Plan Stratégique de Développement de l'APDP 2020-2023
[98] Article 13 de la loi n°02-052 du 22 juillet 2002 relative aux archives.
[99] Article 2 de la loi du 6 mai 2016 relative aux transactions, échanges et services électroniques.
[100] Etant donné, que trop souvent, des données sensibles sont utilisées de manière abusive, de façon illégale ou à des fins publicitaires, ou sont même, parfois, revendues à des tiers.
[101] Alibaba, tabao et autres en chine ; bon coins, en France, etc.

Promulguée le 6 mai 2016, la loi n°2016-012 fixe « *les règles régissant les transferts et les échanges des données par voie électronique. Elle ne s'applique pas aux jeux de hasard, aux activités de représentation et d'assistance en justice, de notaire ainsi qu'aux professions équivalentes* ».[102]

Cette loi consacre plusieurs principes généraux dont la liberté de prestation de service de communication publique électronique, la liberté de communication électronique, l'accès à l'information. Elle soumet les prestataires de services du secteur à certaines règles notamment, *le respect de leurs obligations à l'encontre des souscripteurs.*

Ce texte fixe également les conditions d'implantions, de formations, de conclusion des contrats électroniques ainsi que les modalités liées à l'exécution et à la rupture dudit contrat. Elle reconnaît aux administrations le droit de fournir des renseignements par voie électronique, à la demande des particuliers ou des personnes morales, y compris les transmissions des contrats administratifs.[103]

La nouvelle loi prévoit un mécanisme de contrôle et de vérification en vue de s'assurer de l'identification des utilisateurs. Elle prévoit également la création d'un cadre institutionnel chargé de promouvoir la gestion de la certification et de la signature électronique.

Au regard de ce texte, les différends sont réglés par des mécanismes non juridictionnels. Par contre, les violations des dispositions de la loi sur les transferts et les échanges des données par voie électronique sont punies par le code pénal, conformément aux dispositions sur la cybercriminalité.

B. Le Code pénal du Mali et La loi portant répression de la cybercriminalité en République du Mali

1. Le Code pénal du Mali

Protection renforcée à travers des peines d'emprisonnement, les atteintes à la vie privée sont sanctionnées par les dispositions de la loi

---

[102] Article 4 de la loi du 6 mai 2016 relative aux transactions, échanges et services électroniques.

[103] Section 2, article 3 de la loi n°2016-012 du 06 mai 2016 relative aux transactions, échanges et services électroniques.

n°2001-079 du 20 août 2001 portant Code pénal en République du Mali. Ses articles 124 et suivants prévoient des peines d'emprisonnement et des amendes à l'encontre de : « *quiconque, en dehors de l'autorisation de la loi ou du juge, aura volontairement porté atteinte à l'intimité de la vie privée d'un citoyen, en écoutant, en enregistrant ou transmettant au moyen d'un appareil quelconque des paroles prononcées dans un lieu privé par une personne sans le consentement de celle-ci* ».

En outre, les articles 264 et suivants répriment également l'accès ou le maintien dans un système de traitement automatisé de données, l'entrave intentionnelle ou au mépris de la loi du fonctionnement d'un système, la falsification de documents informatisés.[104]

2. La loi portant répression de la cybercriminalité en République du Mali

N'a-t-on pas coutume de dire que dans toute société bien structurée, le besoin de définir ou de concevoir des règles juridiques est souvent lié aux comportements humains ?

La cybercriminalité désigne l'ensemble des infractions pénales tentées ou commises sur ou au moyen des réseaux informatiques et de l'internet. Ce phénomène, qui a longtemps été perçu comme un ''mythe'' en Afrique en raison de la faiblesse de la pénétration du numérique dans nos activités est devenu un véritable fléau pour les États, les entreprises et les citoyens avec l'augmentation de la connectivité sur le continent.

Le rapport de l'UNUCD relatif à l'étude détaillée sur la cybercriminalité a confirmé que les enquêtes ont démontré que la victimisation individuelle relative à la cybercriminalité est significativement plus élevée que les formes classiques de criminalité. Les taux de victimisation concernant les fraudes de cartes de crédit en ligne, les vols d´identité, les réponses aux tentatives d´hameçonnage et l´accès non autorisé à un compte email, varient entre 1 et 17 % de la population en ligne dans 21 pays du monde entier, *alors que les taux pour les délits classiques de cambriolage, de vol et de vol de voitures sont inférieurs à 5 % dans ces mêmes pays. Les taux de victimisation*

---

104 Ces dispositions sont aussi de la loi portant répression de la cybercriminalité au Mali.

relative à la cybercriminalité sont plus élevés dans les pays dont le niveau de développement est plus bas, et cela démontre qu'il est nécessaire de renforcer les efforts de prévention dans ces pays.[105]

Les mesures juridiques ont un éminent rôle dans la prévention et la lutte contre la cybercriminalité. Elles sont nécessaires dans tous les domaines, y compris en matière d'incrimination, de pouvoirs procéduraux, de juridiction, de coopération internationale et en ce qui concerne la responsabilité des prestataires de services internet. C'est ainsi qu'en juin 2016, le gouvernement du Mali, conformément à la directive C/DIR/1/08/11 du 19 août 2011 portant lutte contre la cybercriminalité dans l'espace CEDEAO, a adopté un projet de loi relatif à la répression de la cybercriminalité qui ne sera adopté par l'Assemblée Nationale que lors de sa séance du 21 novembre 2019.

Également, en octobre 2016, la Commission de la CEDEAO et le Conseil de l'Europe à travers un échange de lettres, ont convenu d'aider les États membres de la CEDEAO pour le renforcement de leur législation interne sur la base de la *"Convention de Budapest sur la cybercriminalité"* et de la *"Convention 108 sur la protection des données"* du Conseil de l'Europe, de la *"directive C/DIR 1/08/11 de la CEDEAO sur la lutte contre la cybercriminalité au sein de l'espace de la CEDEAO"* et d'autres textes comme *"l'Acte additionnel A/SA.1/01/10 sur la protection des données à caractère personnel au sein de la CEDEAO"* et *"l'Acte additionnel A/SA.2/01/10 sur les transactions électroniques au sein de la CEDEAO* ainsi que pour l'élaboration de politiques et stratégies de lutte contre la cybercriminalité.[106] C'est pourquoi les États africains ont, depuis un certain temps, commencé à inscrire la lutte contre cette nouvelle forme de banditisme au centre de leur politique criminelle.

En effet, la loi n°2019-056 du 05 décembre 2019 portant répression de la cybercriminalité au Mali détermine les infractions d'atteinte aux

---

[105] Rapport de United Nations Office on Drugs and Crime (UNODC), février 2013 « sur l'étude détaillée sur la cybercriminalité », Ebauche, page xviii

[106] Source : Conférence régionale conjointe entre la CEDEAO et le Conseil de l'Europe, avec la Participation des États membres de la CEDEAO 11-13 septembre 2017 à Abuja, Nigeria avec l'appui du projet GLACY + (activité 3.2.3).

infrastructures essentielles et au système d'information, les sanctions y afférentes ainsi que la procédure pénale suivie en la matière.

La cybercriminalité recouvre des agissements très vastes. Qu'il s'agisse d'atteinte aux biens : escroquerie, transactions sur les contrefaçons, fraude aux moyens de paiement, espionnage des sociétés, piratage d'ordinateur ou de site internet : vol de données sensibles et de données personnelles telles que les données bancaires, les données de santé, téléchargement illégal, intrusion non autorisée dans un système informatique, etc. ou aux personnes (diffusion d'images pédophiles, incitation au suicide, à la haine raciale, au terrorisme, atteinte à la vie privée), ces agissements infractionnels se diversifient et se complexifient au même rythme que des innovations technologiques.

Criminalité atypique, les auteurs de cyber-infractions sont variés. Il peut s'agir de ''hacker'' isolé, de réseaux organisés, de salarié peu scrupuleux ou mu par une idée de revanche, de services de renseignement, etc.). Ils peuvent être guidés par des motivations diverses : *lutte contre le terrorisme, vol de données personnelles à des fins lucratives, acte à portée idéologique ou symbolique, simple défi entre hackers*, etc.

Ainsi, quel que soit, le mode opératoire des cybercriminels, les données personnelles sont généralement concernées dans la mesure où leurs traitements sont de plus en plus automatisés à travers des appareils connectés à internet. Ces données à caractère personnel peuvent être la cible indirecte des actes cybercriminels visant principalement l'intégrité des systèmes informatiques. Il s'agit ici des attaques qui tendent soit à déstabiliser un système soit à le paralyser temporairement ou définitivement. Dès que l'intégrité d'un système est entamée, cela entraine, *ipso facto,* la compromission des données personnelles qu'il contient.[107]

---

[107] Arouna KEITA, Directeur des Affaires Juridiques et du Contentieux de l'APDP, avril 2020 « *Interview accordée au journal malien ''Info matin''* » disponible sur le site web de l'APDP accessible à l'adresse suivante : www.apdp :ml et https://malijet.co/interviews/le-magistrat-arouna-keita-sur-la-protection-des-donnees-personnelles-notre-loi-est-lune-des-plus-permissives (dernière visite de la page 22 novembre 2022 à 16h15 min)

Par ailleurs, les cybercriminels peuvent cibler directement les données personnelles, à travers des actes de « hacking » ou d'accès illégal à des ordinateurs pour y soustraire des données, l'interception illégale d'informations, l'espionnage des données personnelles, ou les atteintes à leur intégrité par effacement, altération ou limitation de l'accès.

CHAPITRE II :

UNE LARGE CONSÉCRATION INSTITUTIONNELLE DE LA PROTECTION DES DONNÉES À CARACTÈRE PERSONNEL

Le Mali ayant ratifié les principaux instruments juridiques internationaux relatifs aux Droits de l'Homme a, au fil du temps, procédé à l'incorporation des dispositions de certains de ces instruments dans sa législation nationale.

Pour assurer le respect de ses obligations internationales en matière de Droits de l'Homme, le Mali, à l'instar de certains États démocratiques, a institué un organe spécifique en charge de la protection des données personnelles. Cet organe dénommé « *Autorité de Protection des Données à caractère Personnel (APDP)* » bénéficie entre autres, de *pouvoirs d'enquête et d'adoption de mesures correctrices.*

En plus de prodiguer, aux personnes morales et physiques, de conseils d'experts sur les questions relatives à la protection des données, elle est également chargée de traiter les réclamations liées à d'éventuelles violations y afférentes.[108]

Ainsi, pour mener à bien les missions qui lui sont confiées, l'Autorité dispose d'un statut juridique qui la diffère des structures classiques (section 1), des missions qui ne sont exercées que par elle seule, ainsi que des pouvoirs qu'elle ne partage avec aucune autre autorité (section2).

---

[108] De par les actions susmentionnées, l'APDP régule le secteur de traitement des données personnelles en veillant à trouver un équilibre entre, d'une part, l'efficacité qu'offre le traitement des données à caractère personnel et d'autre part, le souci de protéger la vie privée des personnes concernées en veillant à ce que les données les concernant soient utilisées de façon légale.

Section 1 : Le statut juridique de l'Autorité de Protection des Données à caractère Personnel (APDP)

Instituée par la loi n°2013-015 du 21 mai 2013 modifiée, l'Autorité de Protection des Données à caractère Personnel (APDP) est une Autorité Administrative Indépendante, en abrégée, (AAI) exerçant une mission de service public sans pour autant être placé sous l'autorité du gouvernement ou d'un ministère.

Elle est chargée de veiller à ce que l'informatique soit au service de chaque personne et qu'elle ne porte atteinte ni à l'identité humaine, ni à la vie privée ni aux droits de l'homme, ni aux libertés publiques et individuelles.

Contrairement à une Institution classique qui est un organe au fonctionnement régi par le droit et dont les attributions, le rôle sont organisés par la Constitution, par exemple : Assemblée Nationale, le Conseil Economique et Social, le Haut Conseil des Collectivités,[109] l'Autorité Administrative Indépendante (AAI) est un organisme étatique, relativement indépendant du pouvoir exécutif et doté d'une certaine autonomie. A cet effet, elle peut prendre les initiatives qui vont dans le sens de l'intérêt général ainsi qu'aux missions qui lui sont assignées conformément aux textes qui la crée. Autrement dit, l'Autorité de Protection des Données à caractère Personnel n'a pas à attendre des instructions de la part des plus hautes autorités du Mali pour déclencher les actions qu'elle considère indispensables à son bon fonctionnement.[110]

Par ailleurs, en application des dispositions de la loi susmentionnée, les décisions de l'APDP sont des actes administratifs susceptibles de recours administratif et juridictionnel. Le recours gracieux est exercé au niveau du Président de l'Autorité.[111]

---

[109] Constitution du 25 Février 1992 Mali.

[110] Article 27 de la loi de 2013 modifiée : « Dans le cadre de ses missions, l'Autorité ne reçoit ni d'injonction, ni d'instruction, directement ou par l'intermédiaire de ses membres, d'aucune autre autorité ».

[111] Article 44 de la loi n°2013-015 modifiée,

A titre de rappel, en France, c'est la loi du 6 janvier 1978 instituant la Commission Nationale de l'Informatique et des Libertés (CNIL), qui a abordé pour la première fois la notion d'Autorité Admirative Indépendante. [112] Elle sera longtemps, dans l'organisation administrative française, la seule à être qualifiée ainsi. Pour paraphraser **Catherine Teitgen-COLLY**[113]l'institution des Autorités Administratives Indépendante « *constitue une innovation dans la mesure où elle est une réponse récente donnée par les pouvoirs publics à des problèmes nouveaux posés dans certains secteurs* ».[114]

Selon **Abdoulaye DIARRA** [115] les Autorités Administratives Indépendantes *« sont souvent soit constitutionnelles soit législatives »*. Pour preuve, l'Assemblée Nationale du Mali [116] a adopté, conformément à l'article 7 de la Constitution du 25 février 1992, la loi organique portant institution du Comité National de l'Egal Accès aux Médias d'État.[117]

Les Autorités Administratives Indépendantes bénéficient, depuis un certain temps, d'une légitimité dans le paysage institutionnel du Mali. Pour mieux appréhender le statut, il serait judicieux d'aborder dans cette partie, l'Indépendance de l'APDP (Paragraphe 1) l'organisation et le fonctionnement (paragraphe 2).

Paragraphe 1 : L'indépendance de l'Autorité de Protection des Données à caractère Personnel

Structures étatiques, mais « *relativement* » indépendantes des pouvoirs exécutif, législatif et judiciaire, les Autorités Administratives

---

[112] Article 8 de la loi de 1978, portant Loi Informatique et des Libertés, LIL

[113] Professeur émérite de droit public de l'université Paris-I Panthéon-Sorbonne et membre de la Commission Nationale Consultative des Droits de l'Homme (CNCDH), Catherine Teitgen-Colly a été juge de l'asile de 1990 à 2007 comme représentante du Haut-Commissariat pour les réfugiés. Elle est chargée du suivi des questions d'asile et d'immigration.

[114] Note de synthèse : les Autorités administratives indépendantes de Evelyne Dieckhoff, sous la direction de Michel Gentot, conseil d'État 1991, 58 pages.

[115] Article sur l*es* Autorités Administratives Indépendantes dans les États Francophones d'Afrique Noire : Cas du Mali, du Sénégal et du Bénin, disponible sur le site web : http://afrilex.u-bordeaux.fr.

[116] Au Mali on a assisté à la naissance d'une nouvelle catégorie juridique qui ne rentre pas dans le schéma classique de nos institutions politiques à la fin des années 90.

[117] Loi 93-001 du 06 janvier 1993 portant loi organique relative à la création du comité national de l'égal accès aux médias d'état.

Indépendantes au Mali, malgré leur abondance, n'ont pas, le même statut.

Qu'il s'agisse de la Commission de Régulation de l'Electricité et de l'Eau (CREE),[118] de l'Autorité de Régulation des Marchés Publics et des Délégations de Service Public,[119] de la Haute Autorité de la Communication (HAC)[120], de l'Autorité Malienne de Régulation des Télécommunications, TIC et Poste (AMRTP),[121] de l'Autorité de Protection des Données à caractère personnel (APDP)[122], ou de l'Office Centrale de Lutte contre l'Enrichissement Illicite (OCLEI)[123],[124] etc. Toutefois, elles présentent un certain nombre de caractéristiques communes parmi lesquelles, figure en première ligne, ***« l'indépendance ».***[125]

Le droit de l'Union européenne et celui du Conseil de l'Europe exigent que chaque autorité de contrôle exerce en toute indépendance les missions et les pouvoirs dont elle est investie. A cet effet, l'indépendance de l'Autorité et de ses membres, ainsi que de son

---

[118] Instituée par l'Ordonnance n°0-021/P-RM du 15 mars 2000, chargée de réguler le secteur de l'électricité et le service public de l'eau potable dans les centres urbains

[119] Chargée d'assurer la régulation du système de passation des Marchés Publics et des conventions de délégation de service public en vue d'en accroître la transparence et l'efficacité

[120] La loi organique L/2010/003/CNT/ du 23 juin 2010, Portant Attributions, Organisation, Composition et Fonctionnement de La Haute Autorité de la Communication Révisant La Loi Organique L/91/006/CTRN/ du 23 décembre 1991 Portant Création charge la HAC de la régulation du secteur de la communication dans les domaines de la communication audiovisuelle, de la presse écrite, de la publicité par voie de presse audiovisuelle et écrite et de la presse en ligne

[121] Institué par l'ordonnance n°2016 -014/du 31 mars 2016 relative à la Régulation du secteur des Télécommunications, des Technologies de l'Information et de la Communication et des Postes.

[122] Loi n°2013-015 du 21 mai 2013 portant protection des données à caractère personnel au Mali.

[123] Décret N° 2015 /0634/PM-RM en date du 15 octobre 2015, portant répartition des services publics entre la Primature et les départements ministériels.

[124] Ordonnance n°2015-032/P-RM du 23 septembre 2015 portant création de l'Office Central de lutte contre l'enrichissement illicite a pour mission de mettre en œuvre l'ensemble des mesures de prévention, de contrôle et de lutte envisagées au plan national, sous régional, régional et international contre l'enrichissement illicite. L'Office central de Lutte contre l'Enrichissement illicite peut, sur la base d'informations graves, concordantes et fiables en sa possession, saisir le Procureur du Pôle économique et financier compétent.

[125] France (2010), Droits fondamentaux : défis et réalisations en 2010, Rapport annuel 2010, p.59 ; FRA (2010), La protection des données à caractère personnel dans l'Union européenne : le rôle des autorités nationales chargées de la protection des données, mai 2010.

personnel, par rapport aux influences extérieures, qu'elles soient directes ou indirectes, est fondamentale pour garantir son objectivité pleine et entière lorsqu'elle se prononce sur des questions.[126]

Également, la jurisprudence de la Cour de justice de l'Union européenne, n'affirme-t-elle pas que « *l'exigence d'indépendance imposée aux autorités de protection des données s'explique par le souci de permettre à celles-ci d'être en mesure d'effectuer un examen objectif et impartial de l'équilibre à atteindre entre la circulation des données à caractère personnel et la protection de la vie privée des personnes concernées* ».[127]

Cette interprétation de la CJUE exclut « *non seulement toute influence exercée par les organismes contrôlés, mais aussi toute injonction et toute autre influence extérieure, que cette dernière soit directe ou indirecte, qui pourraient remettre en cause l'accomplissement, par lesdites autorités, de leur tâche consistant à établir un juste équilibre entre la protection du droit à la vie privée et la libre circulation des données à caractère personnel* ».[128]

En effet, à titre de rappel, cette affirmation de la Cour de justice de l'Union Européenne résulte d'une interprétation de la directive **95/46** à laquelle elle s'est prêtée dans deux (02) arrêts. Le premier arrêt concerne les Autorités de Protection des Données Personnelles instituées dans les *Länder* allemands[129] tandis que le second vise l'Autorité de Protection des Données autrichienne.[130]

---

[126] Jacques CHEVALIER disait à ce propos que cette exigence est mise en avant concernant certains secteurs sensibles, tels que celui de l'information et de la communication, touchant aux droits fondamentaux et exposés à la pression de pouvoirs de toute nature, publics et privés. Il avança en ces termes : « *la création dans ces secteurs d'autorités dégagées de tout lien d'allégeance à l'égard des gouvernants, déconnectées du reste de l'appareil administratif, vise à assurer une protection plus efficace que celle résultant de la seule intervention d'un juge* ». Autorités administratives indépendantes et État de droit ; IRENEE, Université de Lorraine, « Civitas Europa », page 5.

[127] C.J.U.E., gde ch., 9 mars 2010, République fédérale d'Allemagne c. Commission, C-518/07. Pour un commentaire de cet arrêt, voy. Aubert, Broussy et Donnat, 2010, pp. 938-939 ; Kranenborg.

[128] https://journals.openedition.org/pyramides/990?lang=fr.

[129] C.J.U.E., gde ch., 9 mars 2010, République fédérale d'Allemagne c. Commission, C-518/07. Pour un commentaire de cet arrêt, voy. Aubert, Broussy et Donnat, 2010, pp. 938-939

S'agissant de l'Autorité de Protection des Données à caractère Personnel au Mali, celle-ci tire son indépendance du mode de désignation des commissaires ou membres[131] la composant et de son mode de gestion.

A. Le mode de désignation des Commissaires de l'Autorité

Les commissaires formant l'organe collégial de l'APDP sont composés entre autres, d'hommes politiques, de magistrats, de députés, d'élus nationaux, de représentants de la société civile, de la commission des droits de l'homme, entre autres.[132]

En effet, le législateur malien, à l'instar de celui de la France, a choisi de donner à l'Autorité de Protection des Données à caractère Personnel une capacité de décision rapide, un collège quasi-large composé de quinze (15) membres nommés par décret présidentiel pour une durée de sept (7) ans non renouvelable[133] .

; Kranenborg, 2010, pp. 421-423 ; Debaets, 2010 ; European Union Agency for fundamental rights, 2010, p. 19 ; De Schutter, 2011, pp. 113-114.

[130] C.J.U.E., gde ch., 16 octobre 2012, République d'Autriche c. Commission, C-614/10.

[131] Commissaires ou membres, les appellations varient selon les législations.

[132] Il s'agit de deux (2) personnalités qualifiées désignées par le Président de la République ; deux (2) députés désignés par l'Assemblée nationale à raison d'un député pour la majorité et un député pour l'opposition ; deux (2) Conseillers nationaux désignés par le Haut conseil des collectivités territoriales ; une (1) personnalité qualifiée désignée par le Ministre chargé de l'état civil ; une (1) personnalité qualifiée désignée par le Ministre chargé de la Sécurité intérieure; une (l) personnalité qualifiée désignée par le Ministre chargé de l'Informatique ; deux (2) magistrats dont un (1) de l'ordre judiciaire et un (1) de l'ordre administratif, désignés par la Cour suprême ; deux (2) représentants qualifiés désignés par la Commission nationale des droits de l'homme ; une (1) représentante qualifiée désignée par la Coordination des associations et ONG féminines ; un (1) représentant qualifié désigné par le Conseil national de la Société civile.

[133] En droit français, conformément aux dispositions de l'article 5 de la Loi n°2017-55 du 20 janvier 2017 portant statut général des autorités administratives indépendantes et des autorités publiques indépendantes, « *la durée du mandat des membres d'une autorité administrative indépendante ou d'une autorité publique indépendante est comprise entre trois et six ans. Par dérogation, le mandat des députés ou des sénateurs membres d'une de ces autorités prend fin avec la cessation de leur mandat de député ou de sénateur. Il est pourvu au remplacement des membres huit jours au moins avant l'expiration de leur mandat. En cas de décès ou de démission volontaire ou d'office d'un membre, il est pourvu à son remplacement dans les soixante jours. A défaut de nomination d'un nouveau membre à l'expiration de ces délais, le collège de l'autorité, convoqué à l'initiative de son président, propose, par délibération, un candidat à l'autorité de nomination, dans un délai de trente jours* ».

Cependant, « *la qualité de membre de l'Autorité de Protection des Données à caractère Personnel est incompatible avec celle de membre du gouvernement ou de toute fonction de direction au sein d'une structure publique ou privée. Si un membre de l'Autorité de protection des données à caractère Personnel se trouve dans l'une des incompatibilités prévues à l'alinéa précédent, l'intéressé dispose d'un délai de trente (30) jours pour opter entre son ancienne fonction et celle de membre de l'Autorité. A défaut de cette option, le Président de l'Autorité prend les mesures nécessaires en vue du respect des présentes dispositions* ».[134]

B. Le mode de gestion de l'Autorité

Il est de principe que pour bien assurer son indépendance, l'Autorité Administrative Indépendante (AAI) doit bénéficier, des pouvoirs publics, des moyens nécessaires pour l'exercice de ses missions. Cette position fut confortée par la jurisprudence de la CJUE et le droit de l'union européen dans l'affaire ''union européenne contre la République Fédérale d'Allemagne''.

En effet, dans cette affaire, évoquée supra, la commission européenne avait demandé à la CJUE de déclarer que l'Allemagne avait incorrectement transposé l'exigence d'une action « *en toute indépendance* » des autorités de contrôle chargées de garantir la protection des données et, partant, avait manqué à ses obligations découlant de l'article 28, paragraphe 1, de la Directive relative à la protection des données.[135]

Cette position est également celle du législateur malien qui dote les Autorités Administratives Indépendantes de l'autonomie et de la

---

[134] Article 22 de la loi n°2013-015 du 21 mai 2013 modifiée, portant protection des données à caractère personnel

[135] La Cour avait souligné que les autorités de contrôle étaient « *les gardiennes* » *des droits liés au traitement de données à caractère personnel ; que par conséquent, leur institution dans les États membres est considérée comme « un élément essentiel de la protection des personnes à l'égard du traitement des données à caractère personnel. Enfin, conclue-t-elle, « lors de l'exercice de leurs missions, les autorités de contrôle doivent agir de manière objective et impartiale. A cet effet, elles doivent être à l'abri de toute influence extérieure, y compris celle, directe ou indirecte, de l'État ou des Lander, et pas seulement de l'influence des organismes contrôlés* ».

garantie d'indépendance nécessaires à la réalisation des missions qui leur sont confiées, « *sans pour autant les dotées de la personnalité juridique propre* ».[136]

En effet, les effets de la personnalité morale accordée à une autorité indépendante se manifestent essentiellement dans la gestion administrative et budgétaire. Avec la personnalité morale, les autorités indépendantes doivent disposer d'un patrimoine, de la possibilité d'arrêter leur budget, de passer des contrats, de recouvrer une ressource fiscale, d'employer des personnels de droit public comme de droit privé…

L'Autorité de Protection des Données à caractère Personnel bénéficie d'une large autonomie surtout concernant sa gestion budgétaire. En effet, son Président est l'ordonnateur de son budget. [137] Ce qui explique qu'il (le président de l'APDP) peut utiliser, en fonction des besoins, le budget mis à sa disposition. [138]

Outre l'autonomie de gestion, l'APDP ne reçoit ni d'injonction, ni d'instruction, directement ou par l'intermédiaire de ses membres, d'aucune autre autorité.[139]

Paragraphe 2 : L'organisation et le fonctionnement de l'Autorité de Protection des Données à caractère Personnel

Les règles régissant le fonctionnement de l'APDP sont d'abord issues de la loi n°2013-015 du 21 mai 2013 modifiée, et de la délibération n°2017 026/APDP du 16 aout 2017 portant Règlement Intérieur (RI) de l'APDP.

---

[136] Article 48 de la Loi n°2013-015 du 21 mai 2013 modifiée,

[137] Article 28 de LDP : « *Il est alloué annuellement à l'Autorité des ressources nécessaires à son fonctionnement. Ces ressources sont inscrites au budget de l'État. L'Autorité peut recevoir des subventions de la part d'organisations internationales dont l'État est membre. Le Président de l'Autorité est ordonnateur du budget. Un décret pris en Conseil des Ministres fixe le mode de rémunération des membres de l'Autorité, sur proposition du Premier ministre* ».

[138] Toutefois, conformément aux dispositions de l'article 29 de la loi portant protection des données à caractère personnel, « *les comptes de l'Autorité sont soumis aux contrôles administratifs et juridictionnels prévus par la réglementation en vigueur* ».

[139] Loi n°2013-015 du 21 mai 2013 modifiée portant protection des données à caractère personnel.

Le Règlement Intérieur encadre les procédures relatives à l'instruction des dossiers, à la délivrance des récépissés ou autorisations selon les cas ainsi qu'aux sanctions relatives à la violation des données personnelles. Nous analyserons successivement l'organe de l'APDP et les services techniques.[140]

A. Les modalités de formation ou session

L'Autorité de Protection des Données à caractère Personnel se réunit de plein droit, en session ordinaire, deux (2) fois par an. Toutefois, elle peut se réunir en session extraordinaire à la demande de son Président ou de la moitié de ses membres. Les séances ne sont pas publiques.[141]

Par ailleurs, faut-il signaler que conformément à la loi de 2013, la durée de la session ordinaire ne peut excéder dix (10) jours et celle de la session extraordinaire, cinq (05) jours.

Les sessions ordinaires de l'APDP se tiennent deux (02) fois par an, le 1er lundi du mois de février et le 1er lundi du mois d'aout de l'année. Cependant, en application de l'article 19 du Règlement Intérieur, si ce jour est férié, la session se tiendra le jour suivant.

Les sessions ordinaires et extraordinaires sont préparées par le secrétaire général de l'APDP sous l'autorité de son président. A cet effet, les documents ainsi que l'ordre du jour sont transmis aux membres au moins quinze (15) jours avant la session, sauf en cas d'urgence.[142]

Au début de chaque séance, le rapporteur expose oralement son rapport ainsi que le projet de délibération, s'il y a lieu. [143] En

[140] En France, le Règlement Intérieur de la CNIL adopté à l'issue des modifications apportées à LIL par la loi du 6 aout 2004, prévoyait que le Président de la commission attribuait à chaque commissaire un ou plusieurs secteurs concernés, en fonction de son expérience des technologies de l'information. Ainsi, à ce jour, les commissaires interviennent sur les différents secteurs suivants : banque, crédit, assurance et fiscalité ; police, immigration, coopération internationale ; santé (assurances maladie/recherche/e-santé) ; distribution, commerce, marketing, lutte contre la fraude et impayés ; justice et Eurojust ; recherches, statistiques, archives et données publiques ; affaires culturelles et sportives, jeux, tourisme ; international ; santé ; collectivités territoriales, vidéo protection et télé services, entre autres.

[141] Art.34 de la loi de 2013

[142] Article 19 du Règlement Intérieur de l'APDP.

[143] Article 20 du RI de l'APDP.

application des dispositions de la loi de 2013 modifiée : « *les décisions de l'Autorité de Protection des Données à caractère Personnel sont constatées par délibérations ou par procès-verbaux. Toutefois, les décisions à caractère règlementaire sont constatées uniquement par délibération de l'Autorité qui dispose de toutes les prérogatives de puissance publique reconnue à l'administration* ».[144]

Sous peine de nullité, les décisions prises par l'APDP se font à la majorité des 2/3 des commissaires présents à la séance, et à cet effet, les séances ne doivent se tenir que lorsqu'au moins les 2/3 des membres sont présents. Toutefois, par exception à ce principe, certaines décisions peuvent être prises à la majorité simple des commissaires présents à la séance, notamment celles relatives à l'adoption du budget, l'adoption du règlement intérieur, l'avertissement en cas de manquement à la législation sur les données personnelles, les autorisations délivrées.[145]

Le vote est personnel et secret. Cependant, en toutes matières, un membre de l'Autorité absent ou empêché peut donner à un collègue une procuration dument légalisée.[146] Les membres et agents de l'APDP sont tenus au « secret professionnel pour les faits, actes ou renseignements dont ils ont pu avoir connaissance, en raison de leurs fonction ».

B. Les Services Techniques de l'Autorité de Protection des Données à caractère Personnel

Toute Autorité Administrative Indépendante dispose de services placés sous l'autorité de son président. A cet égard, l'État peut mettre à sa disposition des fonctionnaires qu'elle peut par des agents contractuels.

En effet, la délibération n°2017-026/APDP du 16 août 2017 portant Règlement Intérieur de l'APDP dispose en son article 28 que les structures de l'Autorité sont constituées par : « *le Secrétariat général,*

144 Article 44 de la loi n°2013-015 modifiée.
145 Article du RI de l'APDP.
146 Article 30 de la loi n°2013-015 modifiée.

la Direction des Affaires Juridiques et du Contentieux, la Direction de la Technique et du Contrôle, la Direction Administrative et Financière, la Direction de la Communication et des Relations Publiques ».

1. Le Secrétariat Général de l'Autorité de Protection des Données à caractère Personnel

Dirigé par un cadre supérieur de niveau maîtrise au minimum, qui prend le titre de Secrétaire Général. Il est en effet, placé sous l'autorité du Président qui le nomme et met fin à ses fonctions.

Aussi, le Président détermine par décision ses attributions ainsi que celles de tous les autres services. Le Secrétaire Général prend toutes les mesures que nécessitent la préparation et l'organisation des activités de l'Autorité. A cet effet, il assure la tenue et la conservation de ses dossiers et archives, établit les ordres de mission pour les déplacements à l'intérieur et à l'extérieur. Toutefois, les ordres de mission sont signés par le Président de l'Autorité.

Outre le personnel dont il dispose, le Secrétaire Général peut demander au Président d'intervenir auprès des administrations publiques, en vue de la mise à disposition de l'Autorité de ressources humaines qualifiées.[147]

2. La Direction des Affaires Juridiques et du Contentieux

Département chargé de réaliser les études, de fournir l'information et l'expertise juridique nécessaire à l'exercice de ses fonctions confiées par l'Autorité, la Direction des Affaires Juridiques et du Contentieux (DAJC) est dirigée par un magistrat ou un juriste de la catégorie "A", qui prend le titre de Directeur des Affaires Juridiques et du Contentieux. [148]

---

[147] Article 29 du RI.

[148] En application de l'article 32 du Règlement Intérieur, la Direction des Affaires Juridiques et du Contentieux est composée de deux divisions : la Division des Affaires Juridiques et la Division du Contentieux. A ce titre, elle est notamment chargée : d'instruire les dossiers relatifs à l'examen des formalités préalables relatives aux déclarations, aux demandes

3. La Direction de la Technique et du Contrôle (DTC)

En application des dispositions de l'article 33 de la délibération n°2017-026/APD du 16 août 2017 portant modification du règlement intérieur de l'Autorité de Protection des Données à caractère Personnel (APDP) dispose : « *La Direction de la Technique et du Contrôle est chargée d'opérer les contrôles et de réaliser les études, de fournir l'information et l'expertise technique et technologique nécessaires à l'exercice de ses fonctions confiées par l'Autorité.*

Elle est dirigée par un ingénieur ou un spécialiste en technologie de l'information et de la communication qui prend le titre de Directeur de la Technique et du Contrôle ».[149]

---

d'autorisation, aux demandes d'avis, aux demandes de modification et de suppression de déclaration, aux plaintes afférentes aux traitements des données à caractère personnel, ainsi qu'aux demandes de transfert vers un pays étranger ; de préparer, en vue de leur validation par l'Autorité, tout document nécessaire et tous modèles de formulaires pour la mise en œuvre de la loi n°2013-015 du 21 mai 2013 et de ses textes d'application ; de tenir le registre national de la protection des données à caractère personnel, et en assurer la mise à disposition du public ; de contribuer à la préparation des missions de contrôle et de participer en tant que de besoin à ces missions ; d'assurer la mise en œuvre des procédures diligentées par l'Autorité, et veiller à l'exécution des décisions prises à l'issue de ces procédures ; de contribuer à la promotion du cadre légal de la protection des données à caractère personnel ; d'assurer la veille juridique nationale et internationale.

[149] La Direction la Technique et du Contrôle est composée de deux divisions de la division de la technique et de la division du contrôle. Elle est chargée de mettre en place et d'assurer la gestion des systèmes d'information de l'Autorité ; de préparer et d'exécuter les missions de contrôle ; d'élaborer et de réaliser les projets pour supporter la collecte ; d'assister les services techniques pour améliorer leur procédé de gestion et leur prise de décision ; d'assurer :

- ✓ la gestion, la maintenance du matériel et des applications informatiques ;
- ✓ l'administration technique du site web ;
- ✓ la veille technologique afin de mesurer leurs impacts sur la protection des données à caractère personnel ;

de participer notamment, et en tant que de besoin, à l'examen des formalités préalables relatives aux déclarations, aux demandes d'autorisation, aux demandes d'avis, aux demandes de modification et de suppression de déclaration, aux plaintes afférentes aux traitements des données à caractère personnel, ainsi qu'aux demandes de transfert vers un pays étranger ; de participer à la préparation de tout document technique ou comportant des éléments techniques en vue de leur validation par l'Autorité ; de participer à la préparation, en vue de leur validation par l'Autorité, de tout document nécessaire et tous modèles de formulaires pour la mise en œuvre de la loi N° 2013-015 du 21 mai 2013 et de ses textes d'applications ; de contribuer à la mise en œuvre des procédures diligentées par l'Autorité, de même qu'à l'exécution des décisions prises à leur issue ; d'assurer les missions d'expertise relevant de la compétence de l'Autorité.

4. La Direction Administrative et Financière

Parmi les services techniques qui composent l'APDP, figure également la Direction Administrative et Financière (DAF). Cette direction a pour missions entre autres, de gérer les moyens humains, financiers et logistiques nécessaires à son bon fonctionnement et de veiller à l'exploitation efficace de ses ressources.[150]

5. La Direction de la Communication et des Relations Publiques (DCTRP)

Dirigée par un spécialiste en communication qui prend le titre de Directeur, la direction de la communication et des relations publiques est chargée d'assurer la communication externe aux fins d'explication et de sensibilisation aux mécanismes juridiques, techniques, opérationnels et aussi aux valeurs qui caractérisent toute démarche de protection des données à caractère personnel.[151]

---

[150] En application des dispositions de l'article 36, la Direction Administrative et Financière est composée de trois divisions et d'une régie. Il s'agit de la division des ressources humaines, de la division financière et comptable, de la division des moyens généraux et une régie spéciale d'avances. Dirigée par un Administrateur civil ou un Inspecteur des Finances ou du Trésor qui prend le titre de Gestionnaire Comptable de l'Autorité, elle est chargée conformément aux dispositions de l'article 35 du Règlement Intérieur : de mettre en œuvre la politique des ressources humaines telle que validée par le Président ; d'établir, en coordination avec les autres entités les plans de recrutement et de formation et en assure l'exécution ; d'assurer la gestion administrative du personnel en conformité avec les dispositions légales et réglementaires en vigueur ; de mettre en œuvre les procédures d'évaluation du rendement et des performances du personnel ; de prendre en charge la communication interne ; d'assister le Secrétaire Général dans l'élaboration du projet de budget, programme et d'en assurer l'exécution après son approbation ; d'assurer le suivi du budget et en établit les situations mensuelles, trimestrielles et annuelles ; d'assurer et coordonner la situation du patrimoine immobilier et mobilier, des matériels et des équipements et apporter aux différentes entités les prestations nécessaires à l'accomplissement de leurs missions ; de proposer et mettre en œuvre toute mesure susceptible d'optimiser la gestion des ressources humaines.

[151] En application des dispositions de l'article 38 du Règlement Intérieur de l'APDP, la Direction de la Communication et des Relations Publiques est composée de deux divisions à savoir, la division chargée de la communication et celle chargée des relations publiques. Elle est aussi chargée de participer notamment, en tant que de besoin à l'explication des formalités préalables relatives aux déclarations, aux demandes d'autorisation, aux demandes d'avis, aux plaintes afférentes aux traitements de données à caractère personnel ainsi qu'aux demandes de transfert de telles données vers un pays étranger ; de préparer les activités de communication de l'Autorité (points et conférences de presse, colloques et séminaires) ; d'assurer la gestion des contenus du site ; d'assurer les relations publiques avec les services et institutions extérieurs ; de préparer les voyages et déplacements du Président et des membres de l'Autorité.

Section 2 : Les missions et les pouvoirs de l'Autorité de Protection des Données à caractère Personnel

La compétence d'une autorité de régulation n'est pas générale, elle est toujours définie dans un domaine particulier. Ainsi, en application des dispositions de la loi n°2014-049 : « *les missions et attributions des autorités administratives indépendantes s'exercent à titre principal dans les domaines suivants : la médiation ; la régulation ; la vérification et le contrôle ; la protection des libertés et droits individuels* ».[152]

En effet, instituée par les dispositions de la loi n°2013-015 modifiée, l'APDP est chargée de veiller à la protection des données à caractère personnel et de participer à la règlementation du secteur.

Constituée par le législateur malien autour d'un domaine de compétence précis qui requiert des connaissances techniques et spécialisées, l'Autorité de Protection des Données à caractère Personnel, de par sa mission de régulation participe aux trois (03) fonctions constitutionnelles de État ***: exécutif, législatif et judiciaire.***

Par son pouvoir réglementaire, elle participe au pouvoir exécutif. Tandis que, par les avis qu'elle donne sur des projets de texte en rapport avec les données à caractère personnel ou les recommandations, elle participe également au pouvoir législatif. Enfin, par son pouvoir de sanction, elle participe au pouvoir judiciaire.

Successivement, seront abordés dans cette deuxième section, les missions assignées à l'Autorité (paragraphe 1) ainsi que les pouvoirs qui lui sont conférés par la loi (paragraphe 2).

Paragraphe 1 : Les missions assignées à l'Autorité de Protection des Données à caractère Personnel

Le législateur malien a chargé l'Autorité de Protection des Données à caractère Personnel d'un certain nombre de missions parmi lesquelles

[152] Article 47 de la Loi n°2014-049/ du 19 septembre 2014 portant principes fondamentaux de la création, de l'organisation et du contrôle des services publics.

figurent, l'information et la sensibilisation (A) ainsi que le contrôle des traitements de données à caractère personnel (B).

En outre, l'APDP doit susciter de l'État, la prise de tout acte règlementaire ou législatif en faveur de la protection des données à caractère personnel. Elle donne également son avis sur tout projet de textes en rapport avec les données personnelles.

A. Les missions d'information et de sensibilisation

L'État du Mali à l'instar des autres a, à travers la loi n°2013-015 du 21 mai 2013 modifiée, portant protection des données à caractère personnel, investi l'APDP d'une mission générale d'information des personnes sur les droits et les obligations que leur reconnaît la loi susmentionnée, sans exception aucune.

Qu'il s'agisse, des professionnels ou des particuliers, l'Autorité ne cesse d'accompagner les personnes souhaitant son aide, dans la mise en œuvre de leurs traitements automatisés ou non de données à caractère personnel. L'objectif est d'amener les populations à s'imprégner suffisamment de la problématique afin qu'elles prennent conscience des dangers et dérives inhérents à l'utilisation abusive du numérique.[153]

Aussi, s'agira-t-il pour l'Autorité d'expliquer à toutes les personnes (physique et morale) amener à effectuer des traitements, les formalités préalables pour la mise en conformité à la loi de leurs opérations portant sur les données personnelles. Ainsi, la mise en œuvre de cette mission spécifique impose naturellement une intense activité de communication que l'APDP s'attèle à matérialiser à travers un plan opérationnel.[154]

---

[153] Les services techniques de l'Autorité, sous la supervision du secrétariat général, mènent des actions de communication en vue d'entretenir de vives relations professionnelles avec les responsables de traitement. A ce titre, ils assurent entre autres, l'orientation, la permanence téléphonique, l'élaboration et la mise à disposition des modèles de clauses de protection des données personnelles, de confidentialité, d'affiches relatives à l'information des personnes en matière de vidéosurveillance sur les lieux publics, privés et les lieux de travail.
Egalement, dans le cadre de l'instruction des dossiers, l'APDP utilise le courriel pour recevoir des structures, les compléments d'informations demandés. Elle est aussi présente dans la presse, sur Internet, sur les réseaux sociaux où elle met à disposition des outils pédagogiques.

[154] Rapport annuel d'activités 2017 de l'APDP : Courant 2017, de nombreuses activités ont pu être menées

Pour accomplir cette mission générale d'information, l'Autorité a mené d'intenses actions de communication tant à travers son site web, sa page Facebook, son compte twitter et les médias traditionnels que par des conférences-débats et des sessions de formation.[155]

Directement sollicitée par de nombreux organismes, sociétés ou institutions pour conduire des actions de formation et de sensibilisation, l'Autorité de Protection des Données à caractère Personnel participe aussi à des colloques, des salons ou des conférences pour informer et s'informer. Elle a animé plusieurs séminaires à l'intention des jeunes et d'autres couches socio-professionnelles « *sur les enjeux de la protection des données personnelles* » lors de la célébration du 28 janvier relative à la journée mondiale de la protection des données personnelles, de la célébration, le 10 mars 2019, de la journée anniversaire du lancement des activités de l'Autorité.[156]

Depuis le lancement de ses activités en mars 2016, l'Autorité a mené des actions de sensibilisation, d'accompagnement, d'information, de conseil du grand public et des professionnels, de mise en conformité des traitements de données personnelles, de protection des personnes contre les abus dont elles peuvent être victimes à travers leurs données personnelles, de contrôle des traitements de données personnelles et sanction des manquements à la loi et de coopération tant au niveau national, régional, qu'international. [157]

---

[155] Les réseaux sociaux, offrant une très grande audience auprès des personnes actives sur internet, ont fréquemment été utilisés pour informer et sensibiliser sur la protection des données personnelles. Sur Facebook et twitter, l'accent est mis sur des bonnes pratiques afin de permettre aux « followers » d'adopter une bonne hygiène numérique dans leur quotidien.
Le site web de l'APDP, accessible https// : www.apdp.ml, contient plusieurs rubriques destinées à informer le public non seulement sur les activités qu'elle mène, mais aussi des démarches à entreprendre pour la mise en conformité des traitements de données personnelles. Il permet, en outre, à travers un formulaire de contact, au grand public et aux professionnels de se renseigner auprès de l'Autorité sur toutes les questions en rapport avec les données personnelles et de porter plainte en cas d'atteinte aux données personnelles.

[156] L'idée qui sous-tend cette célébration est de parvenir à l'institutionnalisation d'une journée nationale de protection des données personnelles au Mali pour imprégner davantage nos concitoyens des défis et les enjeux de la protection des données personnelles. Elle procède également d'une volonté de l'Autorité de rendre pérenne cette date, symbole de l'attachement profond du Mali à la promotion des droits humains à travers la protection de la vie privée.

[157] Au cours de sa participation à la 2ème édition de la Journée du réseau des Télé communicants et Informaticiens au Mali (RTIM) en 2019, l'Autorité a animé un panel sur « *le cadre législatif et institutionnel de la protection des données à caractère personnel* ». Cette

Animée toujours de la volonté d'informer les acteurs sur ses missions, ses procédures, et du désir d'appréhender la notion de protection des données à caractère personnel qui demeure toujours un sujet d'actualité indispensable pour le respect des droits et des libertés des citoyens, l'Autorité a, courant 2020, sillonné six (06) régions du Mali et le District de Bamako. Il s'agit des régions de Ségou, Koutiala, Sikasso, Bougouni, Diola et Koulikoro.[158]

---

journée a été une occasion pour l'APDP d'aborder les règles encadrant la protection des données personnelles en vue de mieux appréhender les principes en la matière.
Lors de sa participation à la première édition de la semaine du barreau tenue le 24 juillet 2019 sur invitation de l'Ordre des Barreaux, l'Autorité a animé une séance de formation au Centre Internationale de conférence de Bamako autour de deux (02) thématiques suivantes : Cadre juridique et institutionnel de la protection des données à caractère personnel et la Sécurité et confidentialité des données : quelques bonnes pratiques. En effet, les avocats mettent en œuvre divers traitement de données personnelles entrant notamment dans le cadre de la gestion des relations avec leurs clients, leurs employés, leurs dispositifs de vidéosurveillance.
L'Autorité a présenté une communication portant sur la *« Protection des données à caractère personnel : quelle responsabilité pour les pharmaciens ? »* L'objectivité de cette communication était de toucher le maximum de pharmaciens et de les éclairer sur le cadre légal de la protection des données personnelles.
L'APDP a intervenu en tant que panéliste, lors de la conférence sur le thème : « *protection des données à caractère personnel sur internet* », organisée par Droit direct SARL, une startup spécialisée dans la promotion de l'accès au droit à la justice au Mali, en partenariat avec l'institut Français du Mali.
L'Autorité a aussi co-animé une conférence débat avec l'Autorité Malienne de Régulation des télécommunications/TIC et Postes (AMRTP) et l'Agence des technologies de l'Information et de la Communication (AGETIC) autour du thème : « *produits intelligents et de confiance* ». Cette conférence s'inscrit dans le cadre de la célébration de la journée mondiale des droits du consommateur, célébrée chaque 15 mars par le Regroupement pour la Défense des Consommateurs du Mali (REDECOMA). Source : Rapport annuel d'activités de l'APDP 2020.

[158] Ces rencontres dans les régions susmentionnées fut l'occasion pour l'assistance de poser entre autres, la problématique portant sur la protection juridique accordée aux mineurs quant aux traitements de leurs données personnelles au niveau des établissements scolaires ; la publication des images des accidents de circulation qui souvent, heurtent la sensibilité des individus ; la durée du mandat des commissaires ; le rôle de l'APDP dans la répression de la cybercriminalité au Mali ; la représentation de la jeunesse parmi l'organe délibérant ; l'ancrage institutionnel de l'Autorité ; les voies de recours en cas d'atteinte aux données à caractère personnel; l'organigramme de l'APDP ; la durée de conservation des informations recueillies par les responsables de traitements ; la relation entre l'APDP et les médias ; les rapports entre l'APDP et les réseaux sociaux ; la déconcentration des services de l'Autorité, entre autres.
La réponse à ces différentes questions, fournie par la délégation de l'Autorité a permis à l'assistance d'avoir un aperçu sur la protection des données à caractère personnel au Mali, sur l'APDP, ses missions, ses rapports avec les réseaux sociaux, les médias, les autorités de répression notamment la justice, etc. Rapport annuel d'activités de l'APDP année 2020.

Aussi, l'Autorité, conformément aux dispositions de l'article 31 de la loi portant protection des données personnelles, tient le répertoire des traitements des données à caractère personnel qui permet au public de s'informer auprès d'elle, des traitements ayant fait l'objet de formalités déclaratives.

La mise à jour de ce répertoire est faite de façon périodique après chaque session de l'Autorité et il peut être consulté au siège ou sur le site web de l'APDP accessible à l'adresse suivante : https//:www.apdp.ml, pour toute personne physique ou morale désirant s'assurer de la régularité d'un traitement de données personnelles. Un autre intérêt de la consultation de ce registre est de permettre à toute personne de dénoncer à l'Autorité, un traitement irrégulier de données à caractère personnel ou de la saisir d'une plainte, dès lors que le constat est fait que le traitement ciblé n'a pas fait l'objet de formalités déclaratives préalables.

B. Les missions de contrôle des traitements de données à caractère personnel

L'une des missions confiées à l'APDP par les dispositions de la loi n°2013-015 du 21 mai 2013 modifiée, portant protection des données à caractère personnel est de : « *s'assurer que les traitements ne puissent comporter de menaces contre les données relatives à la vie privée* ». A cet égard, elle use de son pouvoir de contrôle.

En effet, les contrôles de l'APDP peuvent se dérouler sur place, sur pièces, sur audition ou en ligne. Les missions d'investigation sont un moyen d'action indispensable pour vérifier le respect de la loi susmentionnée ainsi que ses textes d'application.

Les missions de contrôle permettent aussi d'apprécier concrètement les enjeux émergents en matière de protection des données à caractère personnel et c'est à l'issue de ces contrôles que l'APDP peut décider de faire des recommandations à l'adresse de responsable de traitement concerné ou de mettre en œuvre les pouvoirs de sanction qui lui sont conférés par les articles 61 et suivants de la loi susmentionnée.[159]

---

[159] Pour le bon déroulement de ses missions, l'Autorité a adopté un guide du contrôle ainsi qu'une décision d'habilitation des commissaires et cadres. Ainsi, lors des opérations de contrôle, les contrôleurs peuvent procéder à toutes vérifications nécessaires, consulter tout

Dans le cadre de l'exécution de son programme de contrôle des traitements de données personnelles pour la période 2018 et 2019, l'Autorité a procédé au titre de l'exercice 2018, au contrôle de vingt-quatre (24) traitements de données sur dix-huit programmés, dont 23 sur place et un en ligne ; ce qui correspond à un taux de réalisation de 133,33% du plan de contrôle (source : rapport d'activités de l'APDP 2018).

Il y a lieu de signaler que onze (11) contrôles ont été effectués en 2017, année de démarrage des missions de contrôle ; il ressort d'une analyse des réalisations des deux années, que le nombre de contrôle de l'année 2018 est estimé à 2,4 fois celui de l'année de 2017 ; en d'autres termes, un taux de croissance de 240% en un an.[160]

Les contrôles menés ont porté sur des traitements variés, comme la gestion clientèle, la gestion du personnel, les dispositifs de vidéosurveillance, le système de contrôle d'accès par badge, empreinte et registre, le pointage des employés, le fichier électoral en ligne, les transferts à l'étranger. En outre, ces missions ont concerné **six (06)** structures évoluant dans différents secteurs, à savoir, des banques, des hôtels et des assurances.

Le contrôle peut d'ailleurs être mis en œuvre à la suite d'éventuelles plaintes des personnes concernées par un traitement, des défenseurs des droits humains. En avril 2020, l'Autorité de Protection des Données à caractère Personnel (APDP) a été saisie d'une plainte contre la Société Escort Sécurité Privée « *pour atteinte aux données personnelles en violation des dispositions de l'article 68 de la loi n°2015-013 du 21 mai 2013 modifiée, portant protection des données à caractère personnel par un de ses salariés* ».[161]

---

traitement, demander communication, quel qu'en soit le support utilisé ou prendre copie, par tous moyens, de tout document professionnel et recueillir, auprès de toute personne compétente, les renseignements utiles à la mission. En outre, l'Autorité peut accéder aux programmes informatiques et en demander la transcription, par tout traitement approprié, dans des documents directement utilisables pour les besoins de contrôle.

[160] Rapport annuel d'activités de l'APDP 2018.

[161] Site web de l'APDP accessible : https://apdp.ml

L'Autorité dispose du pouvoir de s'autosaisir dans le cadre de la protection des données à caractère personnel des individus. En janvier 2021, suite à la publication des données judiciaires d'un inculpé sur la toile, l'Autorité s'est saisie du dossier en procédant, à la lecture à la télé nationale (ORTM 1) et à la publication dans des journaux, d'un communiqué rappelant aux intéressés que le traitement de telles données en l'occurrence, celles relatives aux infractions et condamnations relève de la compétence des autorités légalement habilitées notamment les juridictions et autorités publiques gérant un service public agissant dans le cadre de leurs attributions légales, les auxiliaires de justice, pour le strict besoin de l'exercice des missions qui leur sont confiées par la loi et les autres personnes morales, pour le strict besoin de la gestion des contentieux relatifs aux infractions dont elles ont été victimes.

D'une manière générale, l'Autorité peut aussi effectuer des enquêtes et procéder à des vérifications pour contrôler la conformité d'un traitement automatisé aux dispositions de la loi de 2013 relative à la protection des données à caractère personnel.[162]

Par ailleurs, en 2019 l'Autorité a mis un accent particulier sur un autre type de missions. Il s'agit du suivi de la mise en œuvre des recommandations issues des contrôles précédents. Ce suivi a concerné les contrôles de traitement effectués en 2017, année de démarrage de ses contrôles.[163] C'est ainsi que la Direction Nationale de État civil (DNEC), le Centre de Traitement des Données d'État Civil (CTDEC), la Société Mali Solutions Numériques (MSN) concessionnaire du Ministère de la Sécurité en charge de la production des passeports

---

[162] C'est pourquoi, en raison de l'essor de la vidéosurveillance et du risque d'atteinte à la vie privée que la vidéosurveillance peut engendrer sur la vie privée et des libertés publiques, l'Autorité a, courant 2019, opté pour un contrôle à priori, sur place, dès la phase de l'instruction des dossiers de tous les traitements portant sur ces dispositifs. Trente-neuf (39) missions de contrôles ont été effectuées, au cours desquelles, les contrôleurs se sont assurés du respect des droits à l'information, d'accès, de suppression et d'opposition des personnes, du nombre de caméras fixées, des mesures de sécurité et de confidentialité mises en œuvre pour protéger l'accès du dispositif de stockage, de l'architecture du dispositif, de la durée de conservation des images enregistrées et des zones filmées. Rapport annuel d'activités 2019 de l'APDP.

[163] Rapport d'activités de l'APDP 2019.

biométriques, Azalai Hôtel Salam, Hôtel Laico Amitié, les Assurances NSIA et SAHAM, entre autres, ont été visités.[164]

Paragraphe 2 : Les pouvoirs conférés à l'Autorité de Protection des Données à caractère Personnel

N-a-t-on pas coutume de dire qu'une Autorité Administrative Indépendante sans commandement est un organe purement consultatif. En effet, l'AAI doit avoir un pouvoir de réglementation autonome dans le domaine où elle a vocation à agir. Comme annonce **Marie-José GUEDON** *« le terme autorité signifie l'exercice d'un pouvoir de commandement, de décision »*[165]. Cette thèse est également soutenue par **Jacques CHEVALIER** [166] qui relève que les Autorités Administratives Indépendantes sont des autorités dans les deux (02) sens du terme. *« D'abord, parce que leur fonction n'est pas de gestion mais de régulation (...). Ensuite, parce qu'elles disposent pour remplir la fonction qui leur est assignée de pouvoirs de décision qui leur donnent la possibilité de modifier l'ordonnancement juridique et les situations individuelles »*.[167]

Le RGPD décrit les compétences et la structure organisationnelle des autorités de contrôle et exige qu'elles soient compétentes et disposent du pouvoir d'exercer les missions dont elles sont investies. Outre la surveillance, les autorités de contrôle sont investies d'un large éventail de missions et de pouvoirs, incluant des activités de contrôle

---

[164] Rapport annuel d'activités 2019 de l'APDP.

[165] G.Dupuis, cité par M.-J. Guedon, op. cit.,p.49 : source : article du feu Professeur Abdoulaye Diarra, janvier 2020, sur « les Autorités administratives indépendantes dans les États Francophones d'Afrique Noire », site web : http://afrilex.u-bordeaux.fr/les-autorites-administratives-independantes-dans-les-États-francophones-dafrique-noire-cas-du-mali-du-senegal-et-du-benin; https://studylibfr.com/doc/457130/les-autorit%C3%A9s-administratives-ind%C3%A9pendantes

[166] Jacques Chevalier, né à Cérilly (Allier) le 13 mars 1882 et mort le 19 avril 1962 dans la même ville, est un philosophe catholique français. Agrégé de philosophie, normalien, Jacques Chevalier a été professeur de philosophie à l'Université de Grenoble. Son œuvre majeure est l'Histoire de la Pensée. Il a été secrétaire d'État à l'Instruction publique, puis à la Famille en 1940-1941, dans les gouvernements Flandin et Darlan du Régime de Vichy. En philosophie, il est le disciple de Bergson.

[167] La mission de régulation qui leur est assignée permet aux AAI de réunir entre leurs mains un ensemble de pouvoirs traditionnellement dissociés, allant de l'édiction de règles de portée générale jusqu'à un pouvoir d'investigation et de sanction, en passant par la prise de décisions individuelles et la solution de certains litiges.

proactives et préventives. Aussi, les autorités de contrôle doivent disposer des pouvoirs d'enquête, d'adoption de mesures correctrices et des pouvoirs-consultatifs appropriés.[168]

En effet, l'Autorité de Protection des Données à caractère Personnel (APDP) dispose d'un pouvoir réglementaire (A) et des pouvoirs de sanction (B).

A. Le pouvoir de règlementation

A titre de rappel, le pouvoir réglementaire est le pouvoir dont disposent les autorités exécutives pour édicter des règlements, c'est-à-dire des actes exécutoires, de portée générale et impersonnelle. [169]

Conformément à l'article 31 de la loi de 2013 modifiée, l'APDP a pour mission d'assurer la protection des données à caractère personnel et de participer à la règlementation du secteur. A ce titre, elle est chargée entre autres, de fixer les normes et finalités de la collecte du traitement ou de la conservation de ces données. En vertu de ces missions, l'Autorité peut prendre deux (02) types d'actes juridiques : les décisions et les normes.

1. Le pouvoir de décisions

Comme ci-dessus évoquée, l'Autorité peut prendre des décisions de sanction infligeant des sanctions administratives à l'égard de tout responsable de traitement en cas de manquement à ses obligations (la partie ci-dessous développée).

Elle peut en outre, prendre des décisions individuelles accordant ou non une suite favorable dans le cadre de l'accomplissement des formalités préalables. C'est sur cette base qu'elle a, en 2019, donné *une suite favorable* aux demandes de mise en conformité à la loi n°2013-015 du 21 mai 2013 portant protection des données à caractère personnel, de la Société « Total Mali SA », suite à sa demande de mise en œuvre du n traitement portant sur la gestion des données de sa

[168] Manuel de droit européen en matière de protection des données, Edition 2018.
[169] http://www.toupie.org/Dictionnaire/Pouvoir_reglementaire.htm.

clientèle, [170] à la Pharmacie OMVS pour son système de vidéosurveillance,[171] à la société « Sacko et frères Cosmétiques » pour la mise en conformité de son dispositif de vidéosurveillance,[172] à la « Société Malienne de Gestion de l'Eau Potable » (SOMAGEP)[173] pour la mise en œuvre du logiciel ERP-SIGA, et à beaucoup d'autres responsables de traitement.[174]

Elle peut, comme mentionnée supra, également émettre des décisions de refus quand elle le juge nécessaire. En 2019, l'Association Professionnelle des Banques et Etablissements Financiers (APBEF Mali) s'est vue refuser par l'APDP, la prorogation de la durée de conservation des images enregistrées par la vidéosurveillance fixée à un (1) mois par la délibération n°2017-024 du 11 avril 2017 portant sur les conditions de mise en place de système de vidéosurveillance sur les lieux privés et les lieux de travail.[175]

---

[170] Délibération n°2019-001/APDP du 13 février 2019 autorisant Total Mali à mettre son traitement de données personnelles portant sur la gestion clientèle.

[171] Délibération n°2019-002/APDP du 13 février 2019 autorisant la pharmacie OMVS à poursuivre son traitement de données relatif à la vidéosurveillance.

[172] Délibération n°2019-003/APDP du 13 février 2019 autorisant la société « Sacko et frères cosmétiques » à mettre en place leur système de vidéosurveillance.

[173] Délibération n°2019-005/APDP du 13 février 2019 autorisant la Société Malienne de Gestion de l'Eau Potable SOMAGEP-SA à mettre en place son Système Informatique et de Gestion dénommé : ERP-SIGA.

[174] Voir le répertoire des déclarations disponibles sur le site web de l'APDP accessible au https://apdp.ml

[175] En l'espèce, à l'appui de sa demande, l'Association Professionnelle des Banques et Etablissements Financiers soutenait que les institutions bancaires, dans le cadre de la gestion des cartes bancaires, sont soumises à la réglementation dite « PCI DSS (Payment CardIndustry-Data Security Standard) » ; et qu'à cet égard, une des conditions de la certification est de conserver les enregistrements de la vidéosurveillance pendant trois (03) mois.

Après analyse, par l'équipe technique de l'APDP, du document PCI DSS relatif aux *« conditions et procédures d'évaluation de sécurité »* version 3.0 de novembre 2013, il ressort des constats, qu'effectivement les conditions 9.1.1 prévoient une durée minimum de conservation de trois (03) mois, sauf stipulation contraire de la loi. Contrairement aux arguments avancés par l'APBEF, il ressort des conditions 9.1.1 du chapitre relatif aux « *conditions et procédures d'évaluation de sécurité* » version 3.0 de novembre 2013 du PCI DSS que la durée de conservation minimale de trois (3) mois prévue, s'applique par défaut lorsqu'aucune durée maximale n'est fixée par les pouvoirs publics du pays d'installation de l'institution financière concernée.

Or, en l'espèce, l'APDP, conformément à ses pouvoirs légaux de fixation des normes des traitements de données personnelles a, par délibération n°2017-024 du 11 avril 2017, fixé un

De même, saisie par la Société OUF,[176] le 31 mai 2021, d'une demande d'autorisation de mise en conformité du traitement de données à caractère personnel portant sur la recherche « *des documents administratifs perdus ou oubliés* », l'Autorité, après instruction de ladite demande, a relevé que « la recherche ou la collecte des documents ou objets perdus est du ressort des autorités publiques notamment, les collectivités territoriales conformément aux dispositions de l'article 66 de la loi n°2017-051 du 02 octobre 2017 portant Code des Collectivités Territoriales; qu'à cet égard, il y a lieu de rappeler à la requérante que s'agissant d'une matière dévolue à une entité administrative, que son autorisation ne peut être donnée qu'au vu d'une convention de délégation entre les autorités compétentes et la Société Ouf ; qu'ainsi, il y a lieu de renvoyer ladite société à mieux se pourvoir ».[177]

2. Le pouvoir d'adopter des normes

L'Autorité, organisme de contrôle institué par la loi n°2013-015 du 21 mai 2013 modifiée, peut dans l'exercice des missions qui lui sont confiées, aussi adopter des recommandations, de fixer des normes et des finalités relatives à la collecte ou au traitement de données personnelles.[178]

Cette disposition est également confortée par l'article 69 de la même loi qui dispose : « *les dispositions pratiques de mise en œuvre des données à caractère personnel non prévues par la présente loi seront suppléées par délibération de l'Autorité de Protection des Données à*

---

délai maximum d'un (1) mois pour la conservation des données issues des dispositifs de vidéosurveillance.

En raison de ce constat, il appert que le moyen selon lequel « *l'une des conditions de la certification est de conserver les enregistrements de la vidéosurveillance pendant trois (3) mois* » n'est nullement fondé ; qu'en tout état de cause, il n'appartient pas à une Autorité de Régulation de se conformer aux normes d'application volontaire d'un organisme privé, fut-il de certification. (Voir la Délibération n°2019-048/APDP du 19 octobre 2019 portant demande de dérogation de l'Association Professionnelle des Banques et Etablissements Financiers du Mali (APBEF)).

[176] Une personne morale de droit privé malien évoluant dans la prestation de service.

[177] Il résultait de la demande que le traitement consiste à collecter auprès des administrations publiques ou les établissements privés, *les pièces d'identité, les permis de conduire, les cartes NINA ou tout autre document permettant l'identification des personnes*, oubliés ou perdus et les remettre à leurs propriétaires. (Voir la délibération n°2021-177APDP du 11 août 2021 relative à la demande d'autorisation de la Société OUF portant sur la gestion des documents administratifs perdus ou oubliés).

[178] Article 31 de la loi n°2013-015 du 21 mai 2013 modifiée.

caractère Personnel, en conformité avec l'esprit de la loi ». En effet, sur la base des dispositions ci-dessus évoquées, l'Autorité a, compte tenu de la spécificité de certains traitements, adopté par délibération des normes pour encadrer entre autres, *les formalités nécessaires au traitement de données personnelles, la vidéosurveillance sur les lieux publics, la vidéosurveillance les lieux privés et les lieux de travail, la biométrie, le contrôle d'accès, la gestion des systèmes de géolocalisation.*[179]

Actes juridiques nécessaires dans l'application de la loi portant protection des données à caractère personnel, les normes de l'Autorité facilitent la compréhension des conditions de la mise en œuvre de la loi, l'APDP a, au cours du premier semestre 2020, adopté les délibérations n°2020-034/APDP du 12 février 2020 portant adoption du référentiel relatif aux mesures de sécurité et de confidentialité des données à caractère personnel, et n°2020-118/APDP du 12 aout 2020 portant institution de Correspondant à la Protection des Données à caractère Personnel (CPD) auprès de certains responsables de traitement.[180]

B. Les pouvoirs de sanction conférés à l'Autorité de Protection des Données à caractère Personnel en cas d'atteinte

Puisqu'elle a en charge la régulation d'un secteur bien spécifique et sensible, les pouvoirs qui lui sont conférés distinguent l'Autorité de protection des Commissions de réflexion, des commissions

---

[179] Site web de l'APDP : www.apdp.ml.

[180] Il a été constaté qu'avec l'essor du numérique, la plupart des traitements de données à caractère personnel s'effectue dans les secteurs public et privé de manière automatisée ce qui, très souvent, pourrait présenter des risques graves d'atteinte aux données à caractère personnel, à la vie privée et aux libertés des personnes concernées. Pour minimiser ces risques, l'Autorité, en application des dispositions de l'article 69 susmentionnée, a, par délibération n°2020-118/APDP du 12 aout 2020, institué auprès des responsables de traitement des secteurs public et privé un poste de « Correspondant à la Protection des Données (CPD) » en vue d'une veille permanente sur la gestion des données à caractère personnel.
Le Correspondant à la Protection des Données à caractère personnel (CPD), de par les missions qui lui sont assignées par la délibération ci-dessus référencée, intervient en amont de la mise en œuvre des traitements de données et prévient dans son organisation d'éventuels manquements qui pourraient résulter de mauvaises pratiques. Son intervention permet ainsi, dès la conception des traitements, de prendre en compte la protection des données portant institution de Correspondant à la Protection des Données à caractère Personnel (CPD);

consultatives qui, dans leur généralité en sont souvent dépourvues. **Marie-ANNE et Frison-ROCHE** soutiennent que « *les autorités sont instituées comme des sortes de petits États sectoriels, en quasi-lévitation par rapport à État traditionnel à la fois unifié et conçu sur la séparation des pouvoirs* ».[181]Par contre, cette position de Marie ne semble pas être partagée par **Marcel WALINE** qui juge l'émergence du pouvoir de sanction administrative « *assez grave par ce qu'elle contribue, avec les sanctions fiscales, à la création et au développement de ce que l'on peut appeler* ***un pseudo-droit pénal*** ».[182]

Pourtant, il est de la jurisprudence constitutionnelle française que le législateur peut attribuer un pouvoir de sanction à toute autorité administrative « *dès lors, d'une part, que la sanction susceptible d'être infligée est exclusive de toute privation de liberté et, d'autre part, que l'exercice du pouvoir de sanction est assorti par la loi de mesures destinées à sauvegarder les droits et libertés constitutionnellement garantis* ». De cette jurisprudence, le Conseil constitutionnel français semble ainsi consacrer l'émergence de ce qu'il est convenu d'appeler : « *l'administration-juge* ».[183]

En effet, ayant à se prononcer pour la première fois sur cette question à propos des pouvoirs de sanction du Conseil Supérieur d'Audiovisuel, le Conseil constitutionnel français a jugé que « *l'attribution d'un pouvoir de sanction à une Autorité Administrative Indépendante ne porte pas atteinte au principe de séparation des pouvoirs dès lors : qu'on se situe dans le cadre d'un régime d'autorisation administrative rendu nécessaire par l'obligation de prendre en compte des contraintes techniques et des objectifs de*

---

[181] M. Patrice GÉLARD, 2005-2006, Travaux parlementaires « *Autorités Administratives Indépendantes : évaluation d'un objet juridique non identifié* » n° 404, de Tome 2 : Annexes. Site web : https://www.senat.fr/rap/r05-404-2/r05-404-2_mono.html

A titre de rappel, Marie Anne est Professeur de droit économique à l'Institut d'études politiques de Paris (« Sciences Po ») et spécialiste du droit de la régulation dont elle a contribué à fonder la doctrine en France.

[182] Benjamin Lavergne, Mehdi Mehdi Mezaguer, : « *Les AAI et l'émergence du droit au procès équitable dans la procédure de sanction d'objets juridiques non-identifiés* », Presses de l'Université Toulouse 1 Capitole, p. 117-136 site web : https://books.openedition.org/putc/587?lang=fr et le site : https://www.senat.fr/rap/r05-404-1/r05-404-14.html (dernière visite : 26/11/21)

[183] Décision 248 DC du 17 janvier 1989, CSA.

valeur constitutionnelle ;et que ce pouvoir est exercé par une autorité administrative indépendante ».[184]

Les sanctions prononcées par les AAI se divisent en deux catégories : il y a celles qui ont un *caractère professionnel* et celles qui *sanctionnent financièrement les acteurs adoptant un comportement déviant*. Si les premières sont assimilables à des *sanctions disciplinaires*, la deuxième catégorie à savoir les amendes semble nécessiter l'adoption d'une procédure adoptant les principes du droit au procès équitable, par son impact sur la situation patrimoniale des personnes sanctionnées.[185]

Ainsi, l'Autorité de protection peut, en application des dispositions de l'article 59 de la loi n°2013-015 du 21 mai 2013 modifiée, infliger des sanctions *administratives et pécuniaires*. Ces sanctions peuvent varier suivant la gravité de l'atteinte. Le législateur malien a prévu deux (02) types de sanctions administratives à savoir, les sanctions dites, du premier degré et celles dites, du second degré.

Cependant, ne serait-il pas utile, bien avant d'aborder les sanctions, de parler de la procédure contradictoire qui les précède. Etant entendu qu'en application des dispositions de l'article 57 du Règlement Intérieur, les sanctions prévues par la loi n°2013-015 du 21 mai 2013 portant protection des données à caractère personnel ne peuvent être prononcées par *l'Autorité que sous réserve de l'observation de la procédure contradictoire.*

- **La description la procédure contradictoire au niveau l'APDP**

Conformément à la procédure mise en œuvre à l'Autorité, la personne mise en cause par une procédure de sanction est informée, par lettre

---

[184] https://www.cairn.info/revue-courrier-hebdomadaire-du-crisp-2010-9-page-5.htm.

[185] Il est nécessaire de retenir qu'une sanction administrative est « *une décision administrative émanant d'une autorité administrative qui vise à réprimer un comportement fautif* ». Elle se distingue des mesures de police administrative en ce qu'elle *vise à punir une personne qui a enfreint une réglementation préexistante et non à prévenir des troubles à l'ordre public.* Pour plus d'informations sur cette question, https://www.conseil-État.fr/ressources/etudes-publications/dossiers-thematiques/le-juge-administratif-et-les-sanctions administratives.

recommandée avec accusé de réception ou par voie d'huissier, qu'une procédure contradictoire sera ouverte pour statuer sur les faits qui lui sont reprochés. Cette lettre recommandée susvisée, doit inviter la personne physique ou morale concernée à se présenter à une date déterminée, à une séance organisée par l'Autorité, assistée, le cas échéant, d'un conseil, pour présenter ses arguments et explications et exposer ses moyens de défense.

La séance de l'Autorité, organisée à cet effet, ne peut être tenue qu'à l'expiration d'un délai au moins égal à quinze (15) jours à compter de l'envoi de la lettre recommandée avec accusé de réception.

Au cours du délai imparti, il appartient au mis en cause ou à son conseil, le cas échéant, justifiant d'un pouvoir spécial à cet effet, à moins que ce conseil ne soit un avocat, de prendre connaissance des éléments du dossier auprès des services de l'Autorité. L'intéressé, ou son conseil, le cas échéant, peut se faire remettre copie de tous les documents.

Au cours de la séance organisée par l'Autorité, le comparant, assisté de son conseil, le cas échéant, après l'exposé des éléments du dossier par le rapporteur, fournit toutes les explications et développe tous les moyens de défense. Avant la clôture des débats par le Président, le mis en cause et son conseil le cas échéant, auront la parole en dernier lieu. Les membres de l'Autorité délibèrent à huis clos. La délibération peut intervenir en fin de séance ou à une date ultérieure fixée par le Président.[186]

1. Les sanctions de premier degré en cas de manquement à la loi

En vertu des dispositions de la loi n°2013-015 du 21 mai 2013 modifiée, et du Règlement Intérieur de l'APDP, les sanctions de premier degré sont : *l'avertissement, la mise en demeure et l'injonction.*[187]

a. L'avertissement

En droit du travail, « *l'avertissement est une sanction disciplinaire mineure qui prend généralement la forme d'une lettre, dite lettre d'avertissement, ou d'un courriel reprochant diverses erreurs imputables*

[186] Délibération n° 2017-026/APD du 16 AOÛT 2017 portant modification du règlement intérieur de l'Autorité de Protection des Données à Caractère Personnel (APDP)

[187] Article 61 de la loi n°2013-015 du 21 mai 2013 modifiée, portant protection des données à caractère personnel et article 57 du Règlement Intérieur de l'APDP.

au salarié et le mettant en demeure de faire un effort conséquent pour redresser la situation ».[188]

Suivant l'article 61 de la loi susmentionnée, l'Autorité peut infliger « *l'avertissement à l'encontre de tout responsable de traitement de donnée de bonne foi qui n'a pas observé les formalités administratives de collecte, de traitement et de gestion des données prévues par la présente loi ou par les actes règlementaires de l'Autorité de Protection des Données à caractère Personnel* ».

Un point non moins important est à souligner, « *la décision portant avertissement en cas de manquement à la législation sur les données personnelles relève de la compétence de l'Autorité réunie en séance plénière* ».[189] Cette compétence, conférée à l'organe collégial, exclut de la compétence du Président de l'Autorité, la possibilité d'infliger ***aussi minimum*** qu'il soit, *un simple avertissement* aux responsables de traitement qui n'observent pas les formalités préalables au traitement de données à caractère personnel.

b. La mise en demeure

La mise en demeure, une sanction prise suivant la même procédure que l'avertissement, permet à l'APDP d'amener le responsable de traitement de données fautif, à se conformer aux textes régissant la protection des données à caractère personnel notamment, la loi, les délibérations.[190]

En général, une mise en demeure intervient soit après une plainte ou après un contrôle spontané de l'APDP. Elle énumère les manquements reprochés à l'organisme mis en cause ainsi que les mesures qu'il doit prendre, pour se mettre en conformité dans un délai fixé. [191]

---

[188] https://www.editions-legislatives.fr/sanction-disciplinaire.

[189] Article 69 du Règlement Intérieur de l'Autorité.

[190] ARTICLE 70 : Les délibérations sur les mises en demeure sont adoptées par l'Autorité réunie en séance plénière. Le Président procède à leur signature.

[191] L'Autorité de Protection des Données à caractère Personnel suite à une plainte a, lors de sa session ordinaire d'août 2020, infligé *''une mise en demeure''* à l'encontre de la Société « Escort Sécurité Privée », à l'effet de l'amener à procéder, dans un délai d'un (01) mois, à la mise en conformité de son système de vidéosurveillance.

A titre de rappel, depuis le lancement de ses activités, l'Autorité n'a cessé d'intensifier ses activités d'information et de sensibilisation à l'endroit des responsables de traitement de données à caractère personnel aussi bien du secteur public que privé afin de les amener à accomplir leurs formalités déclaratives.

c. L'injonction

L'injonction de cesser les activités de traitement des données à caractère personnel peut être prononcée à l'encontre de tout responsable de traitement de donnée, en cas de faute. Dans certains cas, la loi prévoit que si la personne mise en cause ne se conforme pas à l'injonction, il peut se voir infliger une amende administrative ou une sanction pénale. [192]

d. Le retrait d'agrément

La loi de 2013 relatif à la protection des données autorise l'APDP, lorsqu'elle le juge nécessaire, à retirer à tout responsable de traitement de données l'agrément qu'elle lui avait accordé.[193]

D'une manière générale, si un organisme de contrôle ne remplit plus les exigences relatives à l'agrément ou si les mesures prises par l'organisme constituent une violation des textes encadrant la protection de la vie privée et des données à caractère personnel, l'Autorité peut prononcer la

---

De même, une mise en demeure fut infligée à la Caisse Nationale d'Assurance Maladie (CANAM), à l'effet de procéder, dans un délai d'un (01) mois, à la mise en conformité de son de son système de vidéosurveillance.
Egalement, lors d'une session extraordinaire tenue en mai 2021, l'Autorité a prononcé des mises en demeure à l'encontre des sociétés, des assurances, des établissements universitaires, des hôtels et autres n'ayant pas répondu à l'invitation de mise en conformité qu'elle leur avait adressée depuis 2019 pour certains et 2020 pour d'autres. Voir sur le site web de l'APDP les délibérations N°2020-0119/APDP du 12 août 2020 relative à la plainte du Sieur AT contre la Société Escort Sécurité Privée ; n°2020-117/APDP du 12 aout 2020 relative à la mise en demeure de la Caisse Nationale d'Assurance Maladie portant sur la vidéosurveillance de ses locaux ; n°2020-117/APDP du 12 aout 2020 relative à la mise en demeure de la Caisse Nationale d'Assurance Maladie portant sur la vidéosurveillance de ses locaux ; n°2020-117/APDP du 12 aout 2020 relative à la mise en demeure de la Caisse Nationale d'Assurance Maladie portant sur la vidéosurveillance de ses locaux ;

[192] Source : https://www.google.com/search

[193] Article 61 de la loi de 2013 modifiée ;

suspension ou le retrait simple de l'agrément c'est-à-dire du « Récépissé » ou de l' « Autorisation » suivant le type de régime.[194]

2. Les sanctions de deuxième degré infligées par l'Autorité de Protection des Données à caractère Personnel

L'Autorité peut aussi prononcer d'autres des sanctions financières. En effet, la sanction pécuniaire peut être infligée après une procédure contradictoire.

A titre de rappel, les principes du droit pénal tels que, ***la personnalité des peines, les principes de nécessité et de proportionnalité, d'impartialité, ou encore le principe de légalité des délits et des peines,*** s'appliquent également à ces sanctions administratives. Cela participe à l'assimilation des sanctions pécuniaires administratives, à des sanctions pénales.

Ainsi, en application des dispositions de l'article 64, sont punis d'une amende de cinq millions (5.000.000) à vingt millions (20.000.000) de francs :

- le fait de communiquer à des tiers non autorisés ou d'accéder sans autorisation ou de façon illicite aux données personnelles mettant en cause les droits fondamentaux et les libertés individuelles ou la vie privée ;[195]
- le détournement de finalité ou toute modification de finalité d'une collecte ou d'un traitement de donnée personnelle, sans autorisation expresse et motivée de l'Autorité de Protection des Données à Caractère Personnel ;

---

[194] Article 61 de la loi de 2013 modifiée portant protection des données à caractère personnel

[195] Dans l'hypothèse où un organisme tiers se prévaut de sa qualité de tiers autorisé pour obtenir la transmission de données personnelles traitées, il convient que le responsable de traitement procède à certaines vérifications.
En effet, le droit de la donnée exige que la demande soit écrite, motivée et circonstanciée. Dès lors, la demande de communication doit préciser le fondement juridique de cette communication ainsi que les catégories d'information sollicitées. En pratique, le responsable de traitement doit vérifier que le fondement textuel invoqué à l'appui de la demande de communication. Source : https://www.avocats-mathias.com/donnees-personnelles/communication-donnees-personnelles-destinataire-tiers-autorise).

- le fait de collecter des données par un moyen frauduleux, déloyal ou illicite ou de procéder à un traitement d'informations nominatives concernant une personne physique malgré son opposition, lorsque cette opposition est fondée sur des raisons légitimes liées à ses droits fondamentaux ou à sa vie privée ;
- le traitement automatisé de données à caractère personnel nominatives ayant pour fin la recherche dans le domaine de la santé, en violation des lois et règlements ;
- le fait, hors les cas prévus par la loi, de mettre ou de conserver en mémoire informatisée des données nominatives concernant des infractions, des condamnations ou des mesures de sureté nationale.

La présente infraction est applicable aux fichiers non automatisés ou mécanographiques dont l'usage ne relève pas exclusivement de l'exercice du droit à la vie privée ;

- le fait, par toute personne, de recueillir, à l'occasion de l'enregistrement, du classement, de la transmission ou d'une autre forme de traitement, des informations nominatives dont la divulgation a pour effet de porter atteinte à l'honneur et à la considération de l'intéressé ou à l'intimité de sa vie privée, de porter sans autorisation de l'intéressé lesdites informations à la connaissance d'un tiers qui n'a pas de qualité pour les recevoir;

- le fait d'entraver l'action de l'Autorité de Protection des Données à Caractère Personnel;

    - soit en s'opposant aux vérifications sur place ;

    - soit en refusant de communiquer à ses membres ou à ses agents les renseignements et documents utiles à la mission qui leur est confiée, en dissimulant ou en faisant disparaitre lesdits documents.

Également, sont punis d'une amende de deux millions cinq cent mille (2.500.000) à dix millions (10.000.000) de francs CFA :

- le fait de procéder ou de faire procéder à un traitement automatisé d'informations nominatives sans prendre toutes les précautions pour préserver la sécurité desdites informations, notamment en évitant qu'elles ne soient déformées ou endommagées ;[196]
- le fait de mettre ou de conserver en mémoire informatisée, sans l'accord préalable de l'intéressé, des données nominatives qui, directement ou indirectement, font apparaitre les origines raciales, ethniques, les opinions politique, philosophique, religieuse ou l'appartenance syndicale.[197]

Titre II : Une implication pour un traitement licite de données à caractère personnel

Tout traitement de données à caractère personnel, pour être licite, doit satisfaire des conditions de fond (chapitre I) et des conditions de forme (chapitre II).

A ce niveau, un point très important est à préciser, la territorialité de la loi. En effet, la loi n°2013-015 modifiée, est applicable si le responsable du traitement est établi au Mali, s'il exerce une activité dans le cadre d'une installation quelle que soit sa forme juridique ou s'il recourt à des moyens de traitement s'y trouvant notamment humains, matériels.[198]

---

[196] Puisque le responsable du traitement est tenu de prendre toute précaution utile au regard de la nature des données et, notamment, pour empêcher qu'elles soient déformées, endommagées, ou que des tiers non autorisées y aient accès. La non observation de cette obligation peut entrainer la nullité du traitement.

[197] En 2017, suite à une plainte pour accès illicite aux données personnelles d'un étudiant de nationalité étrangère domicilié à Bamako, l'Autorité de Protection des Données à caractère personnel a déclaré responsable, de la violation des dispositions de l'article 8 de la loi n°2013-015 du 21 mai 2013 portant protection des données à caractère personnel, la Société Orange Mali SA. En conséquence, elle a prononcé à son encontre, une sanction pécuniaire de quinze millions de Franc (15 000 000) CFA.

[198] Article 4 de la Loi portant protection des données à caractère personnel dispose : « *la loi s'applique à tout traitement de données à caractère personnel opéré en tout ou en partie sur le territoire national* »

CHAPITRE I :

UNE EXIGENCE DES CONDITIONS DE FOND RELATIVES AU TRAITEMENT DE DONNÉES À CARACTÈRE PERSONNEL

Seront abordés dans ce chapitre, l'obligation faite aux responsables de traitement de respecter les principes de protection des données à caractère personnel et l'obligation générale de sécurité et de confidentialité d'une part, (section 1) et les droits dont bénéficient les personnes concernées (section 2), d'autre part.

Section 1 : Une obligation de respecter les principes de protection des données à caractère personnel et une obligation générale de sécurité et de confidentialité

Parmi les conditions de fond qui encadrent la *licéité* de traitement des données à caractère personnel, la loi malienne relative à la protection des données à caractère personnel exige le respect des dispositions de l'art.7 de la loi sur les données à caractère personnel (paragraphe 1) et le respect des droits des personnes concernées (paragraphe 2).

Paragraphe 1 : L'obligation de respecter les principes de protection édictés par l'article 7 de la loi portant protection des données

Aux termes de la loi susmentionnée, « *les données à caractère personnel doivent être collectées de manière loyale, licite et non frauduleuse pour des finalités déterminées, explicites et légitime* ».[199] Ce qui signifie qu'un traitement doit trouver sa source dans une cause licite, c'est-à-dire, s'appuyer sur une ou (des) finalité (s) déterminée (s) et légitime (s), être transparent et porter sur un objet proportionné (c'est-à-dire des données nécessaires à la poursuite de la finalité). Les dispositions en la matière exigent que tout traitement de données à caractère personnel, quelle qu'en soit la forme ou la finalité, respecte *les conditions susmentionnées*.

Les obligations pesant de ce point de vue sur les responsables de traitement ont d'ailleurs été rappelé par le Conseil d'État français, qui a énoncé que l'exercice du droit de toute personne au respect de sa vie

---

[199] Art.7 de la loi n°2013-015 du 21 mai 2013 portant protection des données à caractère personnel.

privée que constituent la collecte, la conservation et le traitement, par une autorité publique, d'informations personnelles, nominatives, ne peut être légalement autorisé que *s'il répond à des finalités légitimes et que le choix, la collecte et le traitement des données sont effectués de manière adéquate et proportionnée au regard de ces finalités.*[200]

Selon **Matthieu BOURGEOIS**, le responsable du traitement doit répondre à la question « *pourquoi ce traitement* ? » par une raison, *la finalité claire* et s'appuyant sur l'un des fondements prévus par les textes ; et à la question « *sur quoi porte ce traitement ?* », par *des données proportionnées à la finalité poursuivie.*[201]

A. Obligation de déterminer une finalité explicite et légitime au traitement de données à caractère personnel et l'obligation de respecter la transparence dans le traitement

1. La détermination d'une finalité

La loyauté de la collecte exige de tout responsable de traitement de traiter les données à caractère personnel sur la base des ***« finalités déterminées, explicites et légitimes »***. Le législateur malien, à l'instar de ses homologues, a œuvré pour que le traitement respecte les données à caractère personnel des individus en obligeant les responsables de traitement à la détermination d'une *finalité explicite et légitime.* La déloyauté avérée est sanctionnée par l'Autorité comme ce fut le cas dans l'affaire opposant un salarié à la Société Baobab Mali, où l'Autorité a relevé que caractérisent « *les moyens frauduleux, déloyaux et illicites »,* l'accès et la collecte de données à caractère personnel auprès d'un tiers à l'insu de la personne concernée.[202]

---

[200] CE, 26 Oct.2011, n°317827, Association pour la promotion de l'image et a ; AJDA 2012, p.35 chron. Guyomar M.et Domino X. ; Tchen V., La base de données du passeport biométrique, D.adm.2012, n°1, comm.1 ; Chltiel F., le passeport devant le conseil d'état, LPA, 14 décembre 2011 n°248, p.10, AJDA 2011, p.2036, note Grand R ; (tiré du Guide Pratique, le Lamy Droit du Numérique, édition 2015.

[201] Matthieu Bourgeois : Droit de la donnée : Principes théoriques et approche pratique, Lexis Nexis, page 57 ;

[202] Délibération n°2020-0156/APDP du 04 décembre 2020 portant sanction de la Société Baobab Mali.

Dans cette affaire, le plaignant, à l'appui de sa demande a exposé que courant 2020, il a été sollicité par téléphone par une de ses collègues de service, afin de lui donner des conseils dans le cadre de la rédaction de la réponse à une demande d'explication adressée à elle par leur employeur ; qu'à sa grande surprise, il a constaté que sa communication téléphonique avec la

Ainsi, pour revenir au principe de finalité, il est utile de rappeler que lorsque vous déclarez un fichier auprès de l'Autorité de Protection des Données à caractère Personnel avec une **''finalité précise''**, celle-ci devra être respectée tout au long de la mise en œuvre du traitement.

Appelée par la doctrine « ***principe de finalité*** »[203], cette notion si importante ne fait, pour le moment, l'objet d'aucune définition en droit malien. Dans la pratique, les Autorités de protection se réfèrent, en général, à la définition donnée par le G29 dans son avis **n°06/2014 adopté le 9 avril 2014, p.26**[204] qui en ces termes la définit comme : « *la raison spécifique pour laquelle les données sont traitées : le but ou l'intention de leur traitement* ».[205]

---

collègue fut enregistrée par cette dernière sans son consentement et transmise au Directeur de la société Baobab. Que celui-ci (le directeur de la société), après avoir pris connaissance du contenu de l'enregistrement, le fit parvenir au commissariat de police du 14ème Arrondissement du District de Bamako avant de le communiquer ensuite à l'inspection du travail afin d'obtenir un avis favorable pour son licenciement.
Suite à cette pratique, le plaignant a estimé que cette divulgation constitue une atteinte à son honneur et à sa considération et c'est pourquoi il porte plainte contre Baobab Mali pour traitement illicite de ses données personnelles et sollicite que justice lui soit rendue.
Sur ces faits, l'Autorité a rappelé que le principe de loyauté du traitement de données personnelles s'oppose à la collecte et à l'utilisation d'informations personnelles sans l'accord préalable de la personne concernée et par des procédés déloyaux ; qu'en l'espèce, la direction de Baobab Mali a non seulement accédé au contenu de l'enregistrement, mais aussi en a fait une copie qu'elle a transmise à l'inspection du travail afin d'obtenir l'autorisation de licenciement de son employé. Qu'ainsi, la copie, la conservation et la transmission à une autorité administrative d'un fichier audio d'une communication téléphonique illégalement constituée, caractérise la collecte de données illicites prévues et punies par l'article 65 de la loi n 02013-015 du 21 mai 2013 modifiée, portant protection des données à caractère personnel. C'est ainsi qu'après avoir délibéré, elle a infligé une sanction pécuniaire de dix-huit millions (18.000.000) de francs CFA à la Société Baobab Mali, pour l'accès et *la collecte illicites de données à caractère personnel d'autrui.*

[203] Régis Perray :JCI. Administratif, Fasc.274-20, n°12 et s. (mise à jour mai 2016), rapporté par Matthieu Bourgeois : Droit de la donnée : Principes théoriques et approche pratique, Lexis Nexis, page 56

[204] Le G29 ou Groupe de travail Article 29 sur la protection des données (en anglais Article 29 Data Protection Working Party, abrégé en WP29) est un ancien organe consultatif de l'Union européenne indépendant sur la protection des données et de la vie privée. Son organisation et ses missions sont définies par les articles 29 et 30 de la directive 95/46/CE, dont il tire sa dénomination, et par l'article 14 de la directive 97/66/CE : Source wikipédia.org.

[205] Par ailleurs, il est clairement précisé par l'article 7 de la loi n°2013-015 modifiée, que les données personnelles ne doivent être traitées que pour des « *finalités déterminées, explicites et légitimes* ». De ces dispositions de l'article 7, il est à retenir les points suivants :

- pour qu'un traitement soit fondé sur une cause licite, cette cause doit être déterminée, légitime et en cas d'un traitement ultérieur être compatible avec le traitement initial ;

La détermination de la finalité permet aux personnes concernées[206] d'être *au diapason* de l'objectif poursuivi par le traitement de leurs données, notamment les effets qui en découleront. Elle permet également aux personnes concernées d'exercer ultérieurement leurs droits *d'accès, d'opposition, de rectification, de suppression, entre autres.*[207]

La finalité annoncée doit, en somme, être suffisamment explicite pour que la personne concernée comprenne l'intention du responsable de traitement.[208] Ainsi, l'Autorité de Protection des Données à caractère Personnel du Mali, dans une de ses délibérations, a été amenée à demander au ministère de la sécurité ***l'harmonisation de la finalité*** de sa demande d'avis sur le projet d'arrêté interministériel *portant authentification des données à caractère personnel des demandeurs de passeport biométrique* avec celle fixée par le ministère en charge de l'administration territoriale.[209]

- si des données personnelles sont traitées à des fins autres que celles pour lesquelles elles ont été collectées, le responsable du traitement doit s'assurer que cela ne se fait pas d'une manière incompatible avec l'objectif premier de leur traitement et prendre toutes les mesures nécessaires pour éviter les erreurs d'interprétation qui pourraient résulter de leur utilisation dans un autre contexte.

[206] Article 3 de la loi n°2013-015 du 21 mai 2013 modifiée, définit la « Personne concernée » comme toute personne qui fait l'objet d'un traitement de donnée à caractère personnel.

[207] CE, 30 déc.2009, n°306173, Rec. CE, Comm. com. électr. 2010, comm 36, note déc.2009, n°312051, Rec. CE ; voir aussi, sur la collecte déloyale en vue de l'établissement d'une liste noire d'adjudicataires défaillants, CNIL, délibération n°2012-079 du 24 mai 2012, portant avertissement : comm.com. électr.2012, n°9, comm.93, note Loiseau G).

[208] La détermination de la finalité est son caractère « *explicite* » qui exige que celle-ci soit formulée de la façon la plus simple, non équivoque. A cet effet, l'utilisation *d'un jargon n'est pas souhaitée.*

[209] Elle a considéré que la finalité envisagée d'une part, par le ministère en charge de la sécurité porte : « *sur l'exploitation et les recherches rapides et précises sur les données personnelles des demandeurs de passeports en vue de confirmer leur identité conformément aux données se trouvant sur leur carte NINA lors de la confection de leurs passeports* », et, d'autre part, par le ministère en charge de l'administration territoriale, « *sur le contrôle et la vérification des données personnelles des demandeurs de passeports en vue de confirmer leur identité lors de la confection de leurs passeports conformément aux données se trouvant sur leur carte NINA ou sur leur fiche descriptive individuelle*». A cet effet, l'Autorité note une différence dans la formulation des deux finalités, cependant, elle relève qu'elles sont explicites et précises qu'il y a seulement lieu de les harmoniser » (voir la délibération n°2018-050/APDP du 23 novembre 2018 portant sur la demande d'avis relative au projet d'arrêté interministériel portant authentification des données à caractère personnel des demandeurs de passeport biométrique).

En revanche, elle a estimé que la finalité déterminée par l'Agence Nationale d'Assistance Médicale (ANAM) relative à son Régime d'Assistance Médicale (RAMED) portant notamment sur *la prise en charge médicale des indigents, des admis de droit, les pensionnaires des établissements pénitenciers et SOS d'enfants, les personnes sans domicile fixe, les personnes blessées au cours ou à l'occasion de conflits armés ou de catastrophe, sans contribution aucune de leur part, à l'effet de contribuer à plus d'équité et de justice sociale en matière d'accès aux soins de santé* est explicite et légitime par rapport au traitement envisagé.[210]

La légitimité invoquée par l'article 7 de la loi de 2013 relative à la protection des données à caractère personnel n'est nullement définie par le législateur malien. Par ailleurs, le G29 rappelle pour que la finalité d'un traitement de données soit légitime, *« il est nécessaire que, à tous les stades et à tout moment, celui-ci repose soit sur le consentement de la personne concernée, soit sur l'un des cas prévus par dérogation à l'exigence de consentement ».* [211]

L'exigence de légitimité impose la conformité des finalités du traitement à la loi. Il peut donc s'agir du respect d'autres dispositions légales différentes de celle posée par la loi relative à la protection des données à caractère personnel. Pourront ainsi être pris en compte, le droit du travail, la jurisprudence, la coutume, la déontologie.[212]

---

[210] Délibération n°2019-024/APDP du 31 mai 2019 autorisant l'Agence Nationale d'Assistance Médicale (ANAM) à poursuivre son traitement relatif au Régime d'Assistance Médicale (RAMED)

[211] Squire Patton Boggs, mai 2013 « avis du Groupe de l'article 29 sur la finalité », https://larevue.squirepattonboggs.com/l-opinion-03-2013-du-groupe-de-l-article-29-sur-la-finalite_a2073.html et le https://aurelienbamde.com/2018/12/14/rgpd-le-principe-de-finalite

[212] L'article 6 de la *délibération n°2017-045/APDP du 16 octobre 2017 portant sur la mise en place de dispositifs de contrôle d'accès sur les lieux de travail* fixe comme conditions de légitimité et de légalité du traitement de données portant sur le dispositif de contrôle d'accès sur les lieux de travail à des fins de surveillance, les points ci-dessous :

- « *pour les besoins de sécurité et de santé des travailleurs, sous réserve d'avoir obtenu préalablement l'accord du comité mixte, le cas échéant institué, ou pour les besoins de protection des installations de l'entreprise ;*
- *pour le pointage* ».

Le traitement de données à caractère personnel portant sur les tiers ne pourra être effectué que:

S'agissant de la légitimité de la catégorie des données sensibles, il ressort de l'article 9 de la loi n°2013-015 modifiée, que ces données peuvent faire l'objet d'un traitement présentant des garanties appropriées définies par l'Autorité en charge de la protection des données à caractère personnel, si le traitement est :

- « *nécessaire ou mis en œuvre pour la sauvegarde de la vie de la personne concernée ou d'un tiers, lorsque la personne concernée ne peut donner son consentement, du fait d'une incapacité juridique ou d'une impossibilité matérielle ;*

- *mis en œuvre par une association ou tout autre organisme à but non lucratif et à caractère religieux, philosophique, politique ou syndical qui ont pour seule finalité la gestion de leurs membres,*

- *nécessaire à la constatation, à l'exercice ou à la défense d'un droit en justice* ».[213]

Concernant l'existence d'une base légale, il ressort de l'avis n°06/2014 adopté par le G29 le 9 avril 2014 que le recours à ce fondement n'est possible qu'à condition de respecter deux critères à savoir : « *la légalité de la source notamment les normes internes, le droit communautaire à effet direct, excluant ainsi les accords contractuels et les obligations résultant de la réglementation d'un*

- « *si la personne concernée est informée des caractéristiques du traitement notamment la finalité et a donné son consentement ;*
- *aux abords ou dans tout lieu accessible ou non au public, pourvu que le lieu en question présente de par sa nature, sa situation, sa configuration ou sa fréquentation, un risque rendant le traitement nécessaire à la sécurité des installations* ».

213 A la différence du législateur malien qui n'a retenu les fondements susmentionnés, que pour le traitement des données sensibles, la doctrine occidentale à travers le Règlement Général sur la Protection des Données personnelles (RGPD) dispose que chaque traitement de données doit respecter et être basé uniquement sur un des six critères de légitimité: « *le consentement, l'exécution d'un contrat, une obligation légale, la sauvegarde des intérêts vitaux, une mission d'intérêt public ou encore l'intérêt légitime* ».
Si le traitement de données s'avère nécessaire à l'exécution d'un contrat auquel la personne concernée est partie, *le recueil du consentement n'est pas le fondement approprié pour le traitement de données.* Par exemple, pour exécuter le contrat de travail d'un salarié d'une association, le recueil de diverses données est en principe nécessaire : *le nom, prénom, adresse, date de naissance, numéro d'identification national et le compte bancaire.*

pays tiers ; l'explicité de l'obligation légale quant à la nécessité de la mise en œuvre d'un traitement ».[214]

S'agissant des traitements basés sur une mission d'intérêt public, le Groupe 29 a, dans le même avis n°06/2014, rappelé que la seule et unique condition qui permet à un responsable de traitement d'utiliser ce fondement est qu'il soit investi d'une mission de service public et que le traitement envisagé soit effectivement nécessaire à l'exécution de cette mission.[215]

Le principe de finalité et ses sous principes, sus évoqués, constituent les racines d'un traitement licite qui doivent, sous peine de sanctions administratives ou pécuniaires, être respectés par tout responsable du traitement.

Lorsqu'il est procédé à un traitement de données, celui-ci doit poursuivre une finalité, laquelle finalité doit être portée à la connaissance de la personne concernée. Ainsi, le principe de finalité est étroitement lié à **l'exigence du consentement** de la personne concernée qui préside au traitement de données à caractère personnel.[216]

L'obligation de loyauté répond à un souci de *''transparence''*. A cet effet, elle ne doit pas, ''si l'expression est permise, *être prise à la légère* dans la mesure où elle a été considérée par une jurisprudence française, comme : *« l'une des garanties légales du droit au respect de la vie privée et des données à caractère personnel ».*[217]

2. L'obligation de respecter la transparence

En droit de la donnée, outre l'accomplissement des démarches préalables auprès de l'Autorité qui constitue le premier élément de

---

[214] G29 avis n°06/2014 du 9 avril 2014

[215] Idem

[216] Groupe de travail « Article 29 », novembre 2017, « Lignes directrices sur le consentement au sens du règlement 2016/679 », version révisée et adoptée le 10 avril 2018 site web : https://www.cnil.fr/sites/default/files/atoms/files/ldconsentement_wp259_rev_0.1_fr.pdf https://aurelienbamde.com/2018/12/14/rgpd-le-principe-de-finalite.

[217] Conseil Constitutionnel, déc. N°2007-557, DC, 15 nov.2007, Loi française relative à la maitrise de l'immigration, à l'intégration et à l'asile ; Cons. Const., déc. N°2008-562, DC, 21 févr. 2008, Loi relative à la rétention de sureté et à la déclaration d'irresponsabilité pénale pour cause de trouble mental

transparence, le responsable de traitement est tenu d'informer la personne concernée sur l'existence du traitement auquel il fait l'objet.

Par exemple, en matière de surveillance sur les lieux de travail, les textes régissant les relations de travail disposent *expressément* qu'aucune information concernant personnellement un employé ne peut être collectée par un dispositif qui n'a pas été porté *''préalablement''* à sa connaissance. C'est à ce titre qu'il a été rappelé par les juges de la Cour de Cassation française à plusieurs reprises que « *si l'employeur a le droit de contrôler et de surveiller l'activité de son personnel durant le temps de travail, il ne peut mettre en œuvre un dispositif de contrôle qui n'a pas été porté préalablement à la connaissance des salariés* ».[218]

A cet égard, suite aux dénonciations des syndicats de l'Agence pour la Promotion des Investissements au Mali (API-MALI), et du Centre National de la Cinématographie du Mali (CNCM), l'Autorité de protection a rappelé que la consultation des représentants du personnel ou du comité syndical, pour l'installation d'un dispositif de vidéosurveillance sur les lieux de travail résulte de l'application des prescriptions légales régissant les relations entre les travailleurs et l'employeur notamment les article L246[219] et L278 du Code de travail du Mali.[220]

---

[218] Soc.14 mars 2000, n°1270, n°98-40.090, Bull.ci.V, n°101. à propos d'un système d'écoute des conversations téléphoniques ; Tiré du livre de Christiane Féral-SCHUHL : Cyber-droit : le Droit à l'épreuve de l'internet, 6ème édition.

[219] Article L.246: Ils peuvent être consultés sur tous les différends et toutes les questions se rattachant à leur spécialité.

[220] Article L.278: Les délégués du personnel ont pour mission :

- de présenter aux employeurs toutes les réclamations individuelles ou collectives concernant les conditions de travail et la protection des travailleurs, l'application des conventions collectives, des classifications professionnelles et des taux de salaires réglementaires ou conventionnels;
- de saisir l'inspecteur du travail de toutes plaintes ou réclamations concernant l'application des prescriptions légales et réglementaires dont elle est chargée d'assurer le contrôle;
- de veiller à l'application des prescriptions relatives à l'hygiène et à la sécurité des travailleurs et à la prévoyance sociale et de proposer toutes mesures utiles à ce sujet;
- de communiquer à l'employeur toutes suggestions utiles tendant à l'amélioration de l'organisation et du rendement de l'entreprise. site web de l'APDP : www.apdp.ml.

Comme évoqué supra, la transparence entend également que l'employeur mette en place une surveillance connue du personnel. À défaut, il faut considérer que l'élément de preuve obtenu à l'aide du dispositif de surveillance l'a été par un moyen ***illicite***, ce qui le rend ***irrecevable***.[221]

En effet, conformément aux dispositions de l'article 15 de la loi n°2013-015 relative à la loi portant protection des données à caractère personnel, tout responsable de traitement doit informer ses salariés sur l'existence d'un traitement de leurs données à caractère personnel. Peu importe la nature de ces traitements. Cette information comme prévue par les dispositions légales et réglementaires, peut se faire sur plusieurs supports.

En France, il a été relevé *déloyal* par le Tribunal de Grande Instance de Paris, 17 ch., 16 déc.1994, *la collecte d'informations d'agents de l'EDF qui faisaient passer à une société d'assurances des renseignements obtenus dans le cadre l'exercice de leur activité.*[222]

La qualification de collecte déloyale a également été reconnue à l'encontre de la mise en œuvre de logiciels destinés à « *aspirer* » sur l'internet (sur des sites, des annuaires ou des forums) des adresses électroniques de personnes physiques, aux fins de constituer des fichiers de prospects et ce, sans que les personnes concernées aient autorisé cette collecte, ni même en aient été informées.[223]

La collecte déloyale est également pressentie en doctrine, à propos de la pratique du « *phishing* » consistant dans « *l'envoi d'un courriel demandant à son destinataire de saisir ses numéros de compte ou de cartes, éventuellement sous prétexte de vérification, en usurpant l'identité et l'apparence de sociétés financières et commerciales à la notoriété certaine* ».[224]

---

[221] Soc. 20 nov. 1991, préc., note 20, n°88-43.120, Bull.civ.V, n°519

[222] CNIL, 1994, 15ème rapport d'activités, annexe 8, CA-Paris, 18 mai 2005, www.cnil.fr ; CA-Paris, 18 mai 2005, www.cnil.fr

[223] CA-Paris, 18 mai 2005, www.cnil.fr

[224] Père D. et Forest D. L'arsenal répressif du phishing. 2006, pp.2666

D'un point de vue pratique, outre l'obligation d'information de la personne concernée qui pèse sur le responsable du traitement, la collecte loyale implique également le recueil de consentement, l'existence d'une base juridique au traitement. [225]

B. Obligation de recueillir le consentement de la personne concernée par un traitement de données à caractère personnel et de respecter la proportionnalité dans le traitement des données à caractère personnel

1. Obligation de recueillir le consentement de la personne concernée par traitement de données à caractère personnel

Alors que la loi Informatique et Libertés (version avant RGPD) ne l'avait pas défini, le consentement est décrit par le législateur malien comme *« toute manifestation de volonté expresse, non équivoque,* [226] *libre, spécifique et informée par laquelle la personne concernée ou son représentant légal, judiciaire ou conventionnel, accepte que ses données à caractère personnel fassent l'objet d'un traitement ».* [227] Plusieurs conditions doivent être réunies pour pouvoir parler du consentement. Il s'agit des *règles générales et des règles spécifiques*.
S'appuyant sur la volonté de la personne concernée, le consentement doit être indubitable sans aucune possibilité d'attribution d'une autre signification. En outre, il doit être informé, ce qui implique que la personne concernée consente en connaissance de cause, étant en possession de toutes les informations nécessaires à sa décision. Toutefois, il est à retenir que la portée de la volonté ne suffit pas lui seul à rendre *licite* un traitement de données à caractère personnel. Pour être considéré valable, comme évoqué dans la définition donnée par la loi, le consentement doit être fourni de façon *''univoque, libre, spécifique et éclairé''.* [228]

---

[225] Groupe de l'article 29, avis n°1/2000, 3 févr.2000 ; Groupe de l'article 29, recomm. ; 17 mai 2001, WP 43 ;

[226] S'agissant du caractère non équivoque, le RGPD dispose qu'il ne saurait (…) y avoir de consentement en cas de silence, de case à cocher par défaut, ou d'inactivité (considérant 32).

[227] Article 3, alinéa 3 de la loi n°2013-015 du 21 mai 2013 portant protection des données à caractère personnel au Mali.

[228] Dans l'affaire opposant le Sieur COTK à la Société Baobab Mali, l'Autorité a considéré qu'en matière de traitement de données à caractère personnel, les droits fondamentaux, protégés par l'article 65 de la loi susmentionnée portant protection des données à caractère

Maitre **Alain BENSOUSSAN** mentionne que lorsqu'un traitement est fondé sur le consentement de la personne concernée, « *le responsable du traitement doit être en mesure de prouver que la personne a consenti l'opération. La charge de la preuve repose donc sur le responsable du traitement* ».[229]

L'explication donnée au ''*caractère univoque*'' par **Matthieu BOURGEOIS** est qu'un « *simple silence, suivi d'aucun comportement particulier ne peut constituer un consentement valable* ». Autrement dit, le principe « *du silence vaut accord* » ne fonctionne pas, et les cases à cocher prevalidées ne valent pas assentiment.[230]

Le consentement doit être exprimé positivement, soit de la *manière tacite,* autrement dit, résultant d'un comportement comme le fait d'opter, « *pour certains paramètres techniques, pour des services de la société de l'information* », ou d'adopter « *un autre comportement indiquant clairement dans ce contexte que la personne concernée accepte le traitement proposé de ses données* ».[231]

Le consentement peut être exprimé de manière expresse (écrite ou orale) conformément aux dispositions de la loi n°2013-015 modifiée, et le considérant 32 du RGPD qui dispose : « *le consentement devrait être donné par un acte positif clair (...) par exemple, au moyen d'une déclaration écrite, y compris par voie électronique, ou d'une déclaration orale* ».[232]

En ce qui concerne le ''*caractère libre du consentement*''*,* il est à retenir que les principes généraux du droit ne reconnaissent que le consentement

---

personnel au Mali « *s'entendent de l'obligation pour tout responsable de traitement de recueillir le consentement préalable de la personne concernée avant tout traitement la concernant, de sa possibilité de s'opposer à un traitement de données la concernant, de celle d'exercer son droit d'accès, de rectification de ses données et de l'opportunité de pouvoir porter plainte en cas de violation de ses droits* » : Délibération n°2020-0156/APDP du 04 décembre 2020 portant sanction de la Société Baobab Mali.

[229] La protection des données personnelles de « A à Z » novembre 2017 de la collection des Abécédaires, édition Lexing-Technologies avancées & Droit page 47

[230] Matthieu Bourgeois, 2017 « Droit de la Donnée : principes théoriques et pratiques », édition LexisNexis, pages 66 et suivants

[231] Ibidem

[232] Considérant 32 du RGPD

donné de façon « *libre* », autrement dit, un consentement donné, s'il est possible de s'exprimer ainsi, *sans tromperie, ni intimidation ou de menace, en un mot, sans aucune forme de « coercition »*[233].

Le caractère spécifique du consentement explique que « le consentement ne peut avoir *une portée générale ».*[234] Ce qui signifie qu'un *consentement donné ne peut servir qu'à un seul traitement, précis.*[235]

De même, le consentement ne peut pas être donné pour un ensemble de traitement de type « tout ou rien ». Lorsque les finalités sont les mêmes mais que les données diffèrent, un consentement pour chacune est nécessaire.[236]

Par ailleurs, faut-il retenir de la jurisprudence de la Cour de Justice de l'Union européenne que, le renouvellement du recueil de consentement n'est pas nécessaire, pour le traitement de données à caractère personnel d'abonnés ayant consenti à la publication de leurs

---

[233] Avis n°15/2011 du 13 juillet 2011 du G29.

[234] Matthieu Bourgeois, 2017 « Droit de la Donnée : principes théoriques et pratiques », édition LexisNexis, page 71

[235] Le caractère spécifique oblige le responsable du traitement à ne pas viser plusieurs traitements à la fois. A cet effet, chaque traitement doit être individualisé. C'est à ce prix que la personne concernée par le traitement peut donner, pour « *toute ou en partie* » son consentement spécifique. Tant que les données continuent d'être traitées pour la finalité spécifique sur la base de laquelle a été recueilli le consentement, *nul n'est besoin de renouveler ce recueil.*

Courant 2020, l'APDP a proposé, son modèle de clauses de protection, à plusieurs entreprises et Organisations Non Gouvernementales (ONG), ''*pour le recueil du consentement des personnes concernées par le traitement*''. En effet, ce modèle d'outil de collecte de consentement dénommé : « clauses de protection des données » permet non seulement d'informer la personne concernée de l'identité du responsable du traitement, des catégories de données collectées, des destinataires de ces données collectées, de la durée de conservation, mais aussi des modalités d'exercice des différents droits, la personne ou le service à contacter en cas d'exercice de ces droits ainsi que le délai de communication en cas d'exercice du droit d'accès.

Moyen permettant de recueillir de façon loyale le consentement des personnes, le modèle de clauses de protection adoptées par l'Autorité est aussi utilisé par la quasi-totalité des banques du Mali à travers leur convention d'ouverture de compte, etc.

[236]Charlotte Galichet, novembre 2020 « un consentement valide au sens du RGPD », édition village-justice, site web : https://www.village-justice.com/articles/consentement-valide-sens-rgpd,30428.html (dernière visite en date du 03 novembre 2022)

données dans un annuaire, lors du transfert de celles-ci à un tiers, les utilisant pour une finalité identique. [237]

Le *''caractère éclairé''* exige du responsable du traitement de fournir à la personne concernée les informations relatives aux caractéristiques essentielles du traitement, avant d'avoir exprimé son consentement.[238]

La personne concernée doit disposer du droit de retirer son consentement à tout moment. Ce retrait ne compromet pas la licéité du traitement fondé sur le consentement effectué à son amont. La personne concernée en est informée avant de donner son consentement. Il résulte de ce passage que, le retrait n'a, en principe, d'effet que sur le futur traitement et non sur les opérations de traitement réalisées antérieurement à ce retrait : ainsi, les processus engagés dans le passé « *ne peuvent donc pas être purement et simplement annulés* ».[239]

Par ailleurs, des dispositions spéciales s'appliquent lorsqu'il s'agit des traitements mis en œuvre à des fins de prospection commerciale. Ainsi, aux termes de l'article 19 de la loi de 2013 sur les données personnelles : « *toute personne physique ou morale a le droit de s'opposer, pour des motifs légitimes, à ce que des données à caractère personnel la concernant fassent l'objet d'un traitement. Elle a le droit, d'une part, d'être informée avant que ces données ne soient pour la*

---

[237] Selon elle, la transmission de ces données n'exige pas de nouveau recueil de consentement de la part de l'abonné, *« s'il est garanti que les données concernées ne seront pas utilisées à des fins autres que celles pour lesquelles elles ont été collectées, en vue de leur première publication* ». CJUE, 5 mai 2011, aff.C-543/09. Contrairement à cette jurisprudence, le G29 a recommandé, à titre de bonnes pratiques, de renouveler, au fil du temps, le recueil de consentement. Afin de tenir compte de l'évolution du contexte : « *les responsables du traitement devraient s'efforcer de réexaminer, au bout d'un certain temps, le choix d'une personne, en l'informant par exemple, de son choix actuel, et en lui offrant la possibilité de le confirmer ou de l'infirmer. La fréquence dépendrait naturellement du contexte et des circonstances* ». Pour sa défense, le G29 estime qu'au fil du temps, des doutes peuvent survenir quant à la question de savoir si le consentement initial fondé sur des informations valides et suffisantes reste valable. Les gens changent souvent d'avis pour diverses raisons, par ce que leur choix initial a été opéré sans y prendre garde, ou parce que les circonstances ont changé, comme un enfant qui grandit et gagne en maturité Source : G29, avis n°15/2011 du 13juillet 2011, p.2.

[238] Article 15 de la loi n°2013-015 du 21 mai 2013 modifiée, portant protection des données à caractère personnel

[239] Source : G29, avis n°15/2011 du 13juillet 2011, p.2

première fois communiquées à des tiers ou utilisées pour le compte de tiers à des fins de prospection et, d'autre part, d'être expressément informée sans frais, de son droit de s'opposer à ladite communication ou utilisation ».[240] Cette faculté d'opposition, (que nous verrons dans les droits conférés à la personne concernée), s'exerce à l'encontre de tout traitement de données à caractère personnel. La personne concernée doit pouvoir retirer à tout moment son consentement, elle doit avoir un choix réel de refuser le traitement par la mise en place de différentes cases à cocher. Une personne doit avoir la possibilité d'accepter un traitement (p.ex. : recevoir la newsletter) tout en refusant un autre (p.ex. l'utilisation des données à des fins de marketing). Les cases cochées par défaut sont interdites.[241]

Cependant, force est de constater que si le traitement de données s'avère nécessaire à l'exécution d'un contrat auquel la personne concernée est partie, dans ce cas, le recueil du consentement n'est pas le fondement approprié pour le traitement de données.[242]

- **Le consentement des mineurs en matière de recueil du consentement ?**

Les textes régissant le numérique au Mali n'ont, à ce jour, posé aucune disposition particulière quant à la *« majorité numérique »* des mineurs. Cependant, le RGPD a aménagé la possibilité pour ses États assujettis de « *prévoir par la loi un âge inférieur* » qui ne devrait pas être « *en dessous de treize ans* ».

---

[240] Idem

[241] Par exemple, pour exécuter le contrat de travail d'un salarié d'une association, le recueil de diverses données est nécessaire (en principe le nom, prénom, adresse, date de naissance, numéro d'identification national et le compte bancaire).
Encore, l'appartenance à une association peut dans certains cas et en fonction des statuts et des activités poursuivies (prestations de services offertes) être considérée comme relation contractuelle entre les membres et l'association elle-même. Or, les traitements des données concernant les différents membres ne doivent pas dépasser ce qui est nécessaire pour exécuter ledit contrat (en principe limité au nom, prénom, adresse, année de naissance et le compte bancaire)
Site web de la Commission Nationale pour la Protection des Données Personnelles Grand-Duché du Luxembourg (dernière visite de la page visitée, 5 avril 2022)

En vertu des dispositions de l'article 8.1 du RGPD en ce qui concerne l'offre directe de services de la société de l'information aux enfants, « *le traitement des données à caractère personnel relatif à un enfant est licite lorsque l'enfant est âgé de moins de 16 ans, ce traitement n'est licite que si, et dans la mesure où, le consentement est donné ou autorisé par le titulaire de la responsabilité parentale à l'égard de l'enfant* ».

Le responsable du traitement s'efforce raisonnablement de vérifier, en pareil cas, que le consentement est donné ou autorisé par le titulaire de la responsabilité parentale à l'égard d'un enfant, compte tenu des moyens technologiques disponibles ».

2. L'obligation de respecter la proportionnalité dans le traitement des données à caractère personnel

Le principe de la proportionnalité suppose que les données à caractère personnel qui ont été collectées sont bien en adéquation avec la finalité du traitement.

En effet, la proportionnalité est le lien permanent entre la collecte et la finalité. Une collecte sans finalité ou une finalité sans collecte ne saurait aucunement être acceptée par l'APDP.

Dans la *délibération régissant la vidéosurveillance sur les lieux privés et les lieux de travail*, l'Autorité de Protection des Données à caractère Personnel a rappelé aux responsables de traitement « *que la mise en œuvre d'un système de vidéosurveillance doit obligatoirement respecter le principe de proportionnalité* ».[243]

Pour la préservation du droit de la personne, l'Autorité rappelle que la vidéosurveillance ne peut, spécifiquement, concerner un employé déterminé ou un groupe d'employés. A ce titre, elle proscrit l'installation de dispositif de vidéo-protection notamment, sur les lieux mis à la disposition des salariés tels que *« les vestiaires, les*

[243] Délibération n°2021-150/APDP du 11 août 2021 modifiant la délibération n°2017-024/APDP portant sur les conditions de mise en place de système de vidéosurveillance sur les lieux privés et les lieux de travail

cabinets d'aisance, les salles de bains ; les bureaux, les chambres ainsi que sur tous lieux privatifs mis à la disposition des employés de maison à des fins de détente ou de pause ».[244]

En dehors du lien direct et nécessaire avec l'emploi proposé, ''*même l'accord exprès du salarié recueilli par écrit ne saurait, à lui seul, justifier la collecte de telles données''.*[245]

La proportionnalité implique que le traitement doit se limiter aux données pour lesquelles il existe un rapport direct avec la finalité du traitement. Ces données doivent non seulement être utiles, mais aussi nécessaires pour celui qui les traite. A ce titre, les données traitées ne doivent pas être excessives par rapport au but poursuivi.[246]

L'APDP a, suite à sa saisine par le Programme Filets Sociaux Jigisemejiri dans le cadre de son traitement de données à caractère personnel relatif au *« Cash transfert aux ménages pauvres et vulnérables »*, considéré que les informations relatives à l'identification et à l'état civil à savoir, *les nom et prénoms, la date et le lieu de naissance, le numéro NINA ; aux données utilisées sur la « carte bénéficiaire » établie au nom du chef de ménage ; aux transactions à partir des transferts effectués ; à l'envoi de la monnaie électronique sur les SIM des*

---

[244] Délibération N°2017-024/APDP portant sur les conditions de mise en place de système de vidéosurveillance sur les lieux privés et les lieux de travail

[245] En principe, tout responsable de traitement est tenu de respecter le principe de proportionnalité. L'application de cette disposition implique nécessairement la restriction du type de données à collecter aux catégories nécessaires à la mise en œuvre du traitement et d'éviter, bien naturellement, la collecte des données qui ne sont pas en rapport avec la finalité. Ce principe, aux dires des spécialistes en la matière, doit être appliqué de manière d'autant plus rigoureuse que les autorités de protection ainsi que les juridictions y prêtent une attention particulière.

[246] Ainsi, en France, conformément au Guide Pratique de la Fédération des Industries, Electriques, Electroniques et de Communication (FIEEC), la collecte de certaines informations est interdite dans le cadre du recrutement, bien entendu, sauf cas particuliers justifiés par la nature très spécifique du poste à pourvoir où par une obligation légale. Il s'agit : de la date d'entrée en France ; de la date de naturalisation ; des modalités d'acquisition de la nationalité française ; de la nationalité d'origine ; du numéro de sécurité social ; du détail de la situation militaire : « sous la forme « objecteur de conscience, ajourné, reformé, motifs d'exemption ou de réformation, arme, grade », adresse précédente ; de l'entourage familial du candidat (nom, prénom, nationalité, profession et employeur du conjoint ainsi que nom, prénom, nationalité, profession, employeur des parents, des beaux-parents, des frères et sœurs et des enfants) ; de l'état de santé, la taille, le poids, la vue ; des conditions de logement (propriétaire ou locataire) ; de la vie associative, entre autres.

bénéficiaires, collectées et traitées pour la mise en œuvre de son traitement, « sont adéquates et pertinentes par rapport à la finalité du traitement ».[247]

Par contre, il a été jugé contraire au principe de proportionnalité par l'Autorité, l'installation d'un dispositif biométrique par la Banque Atlantique du Mali pour le « pointage », c'est-à-dire la « gestion des horaires et des temps de présence ».[248]

De même, lors de ses sessions extraordinaires tenues respectivement aux mois de mai et juillet 2022, l'APDP a rejeté les demandes d'autorisation des Assurances Bleues et de la Cellule d'Appui à l'Informatisation des Services Fiscaux et Financiers (CAISFF) portant sur la collecte et le traitement des données biométriques pour assurer le contrôle d'accès et la gestion de temps de présence des salariés sur les lieux de travail.
Dans les délibérations n°2022-083/APDP du 20 mai 2022 et celle n°2022-141/APDP du 15 juillet 2022, l'Autorité a rejeté lesdites demandes au motif qu'en application des dispositions de la délibération n°2017-020 du 11 avril 2017 portant sur les conditions nécessaires à l'utilisation des dispositifs biométriques pour le contrôle d'accès aux locaux, aux appareils et aux applications informatiques sur les lieux de travail, ***le traitement des données biométriques en l'occurrence, l'empreinte digitale, ne peut avoir pour finalité « la gestion du temps de travail ».***

Aussi, a-t-elle ajouté que : « *le dispositif biométrique doit alors être limité au contrôle de l'accès à une zone bien définie pour un nombre déterminé de personnes, afin de protéger les biens, les installations ou les informations sensibles* », ce qui exclut donc, son extension à tout le personnel. [249]

---

[247] Délibération n°2020-076/APDP du 17 juillet 2020 autorisant le Programme Filets Sociaux Jigisemejiri à mettre en œuvre son traitement de données à caractère personnel relatif au « Cash transfert aux ménages pauvres et vulnérables ».

[248] Délibération n°2018-018/APDP du 09 avril 2018-ORABANK-Mali relative à la collecte de l'empreinte digitale pour le pointage.

[249] https://apdp.ml et la page Facebook accessible : https://www.facebook.com/apdpofficiel

a. Les règles générales en matière de proportionnalité applicables à tous les traitements de données à caractère personnel

Parmi les exigences encadrant la proportionnalité, il y a lieu de retenir, la minimisation des données collectées et leur accès ainsi que la minimisation des destinataires de ces données traitées.

- **La minimisation des données**

Cette première règle exige une adéquation entre la finalité poursuivie et les données traitées. Elle est intimement liée à la finalité poursuivie par le traitement. C'est au regard de celle-ci que l'Autorité de Protection des Données Personnelles apprécie la proportionnalité des données.[250]

Dans les cas où la poursuite de la finalité n'exige pas le traitement de certaines données, déjà existantes dans le système, l'APDP déclare non conforme au principe de proportionnalité et demande en général, le retrait immédiat de celles-ci de la liste des catégories de données collectées. Ce fut le cas, lors d'une session extraordinaire tenue en avril en 2020, où l'organe délibérant de l'Autorité de Protection des Données à caractère Personnel a demandé à un cabinet, « *la cessation de toute collecte de données relatives à l'appartenance syndicale* de ses salariés». [251]

- **La minimisation des destinataires**

Elle s'explique par la limitation des personnes ayant accès aux données traitées d'une part, et la minimisation des services habilités à recevoir la communication des données, d'autre part. L'objectif de cette minimisation est d'empêcher le *vol des données ou le détournement de finalités*.[252]

---

[250] Dans le cadre des traitements portant sur la gestion du personnel, l'Autorité conseille très souvent les entreprises de ne pas collecter « *les informations relatives à la vie sexuelle des salariés, les opinions politiques, religieuses, les condamnations pénales, l'appartenance ou l'activité syndicale entre autres, sauf si ces données sont directement liées à une décision en matière d'emploi, et ce, conformément à la législation nationale* ».

[251] Procès-verbal de la session extraordinaire d'avril 2020 de l'APDP-Mali.

[252] La règle relative à la minimisation des destinataires prévue par les dispositions juridiques, exige du responsable du traitement de limiter l'accès aux données traitées. C'est sur le fondement de ce principe qu'a été déclaré non conforme au principe de proportionnalité, le dispositif de vidéosurveillance installé par une société de commerce générale qui avait fixé à

L'APDP a rappelé, dans le cadre de certaines déclarations de mise en conformité des systèmes de vidéosurveillance, que les autorités judiciaires et auxiliaires de justice peuvent, dans le cadre de l'exercice de leurs habilitations légales, recevoir communication des données enregistrées.[253]

Egalement, dans sa délibération n°2020-061/APDP du 25 avril 2020,[254] l'Autorité a relevé que la communication des données par le cabinet déclarant, dans le cadre de la gestion du personnel, à l'Institut National de Prévoyance Sociale (INPS), à la Caisse Nationale d'Assurance Maladie (CANAM), pour immatriculation et souscription à l'assurance, aux impôts pour prélèvement des impôts, aux autorités judiciaires et aux auxiliaires de justice, en cas de contentieux « *est nécessaire à l'accomplissement des missions légitimes des services destinataires de ces données* ». Cependant, elle avait, en 2018 par correspondance mis en garde l'Office Malien de l'Habitat (OMH) de la publication dans les journaux de la liste dite « *liste des mauvais payeurs* » faisant apparaitre ainsi toutes leurs cordonnées notamment, les noms et prénoms, leurs adresses, numéro de la maison.[255]

- **La limitation dans le temps**

La limitation dans le temps des données traitées renvoie à la fixation d'une durée de conservation des informations collectées. Ce qui signifie que les données traitées ne doivent être conservées que

---

l'intérieur d'une de ses boutiques, un écran de visualisation permettant *au personnel de la société, aux clients et aux visiteurs* de suivre, en live, les images enregistrées.
Suite à cela, l'Autorité a relevé que l'accès du public aux données collectées n'est pas conforme aux principes de la protection des données à caractère personnel ; que par conséquent, la société responsable a été invitée à décrocher l'écran destiné au public et à le mettre dans un endroit plus discret. www.apdp.ml.

[253]Aussi, faudrait-il souligner que l'Inspection du Travail, l'Institut National de Prévoyance Sociale (INPS), la Caisse Malienne d'Assurance Maladie (CANAM), les Banques et les Impôts, peuvent recevoir la communication des données des employés respectivement pour le visa, l'immatriculations pour les allocations sociales, pour la souscription à l'assurance, pour le payement des salaires et le payement des impôts.
Cf : Délibération n°2018-019/APDP du 08 juin 2018 ; Délibération n°2018-020/APDP du 08 juin 2018 ; Délibération n°2018-021/APDP du 08 juin 2018)

[254] Autorisant le Cabinet International de Conseils de Recherche et d'Etudes Stratégiques (CICORES) à poursuivre son traitement de données personnelles relatif à la gestion administrative et financière de son personnel

[255] https://apdp.ml et la page Facebook accessible : https://www.facebook.com/apdpofficiel

pendant une durée n'excédant pas celle nécessaire à la finalité du traitement.[256]

La Commission Nationale de l'Informatique et des Libertés, dans sa délibération n°2013-420 du 03 juillet 2014 prononçant des sanctions à l'encontre de Google, a énoncé : « *la fixation des durées de conservation ne saurait avoir pour objet ni pour effet de supprimer des données des utilisateurs, alors qu'eux même en auraient encore l'usage* ».[257]

Paragraphe 2 : Une obligation générale de sécurité et de confidentialité des données à caractère personnel

Tout comme les dispositions de l'Acte additionnel de la CEDEAO, la loi relative à la protection des données à caractère personnel, prévoit aussi des obligations de sécurité à la charge des responsables de traitement. Il s'agit entre autres, de l'obligation de mettre en œuvre des mesures suffisantes pour assurer la sécurité et la confidentialité des données, d'encadrer le transfert.

A. L'obligation de mettre en place des mesures suffisantes pour la sécurité et la confidentialité des données à caractère personnel

1. L'obligation de mettre en place des mesures suffisantes pour la sécurité des données à caractère personnel

La loi portant protection des données à caractère personnel au Mali n'a pas fourni de détails suffisants relatifs à la sécurité des données. Cependant, la définition donnée dans la *Norme Afnor Iso/CEI27000 :2012* semble convenir à beaucoup de spécialistes.

En effet, l'Agence Française de la Sécurité des Systèmes d'Information (ANSSI) définit la sécurité comme un ensemble des mesures techniques et non techniques de protection permettant à un système d'information de résister à des évènements susceptibles *« de compromettre la disponibilité, l'intégrité ou la confidentialité des*

---

[256] Article 7 de la loi n°2013-015 du 21 mai 2013 modifiée,

[257] Matthieu Bourgeois, 2017 « Droit de la Donnée : principes théoriques et pratiques », édition LexisNexis, page 82

données stockées, traitées ou transmises et des services connexes que ce système offre ou qu'il rend accessibles ».[258]

Ne s'agit-il pas, à ce niveau, de l'obligation pour le responsable du traitement de mettre en œuvre des mesures techniques et organisationnelles appropriées ou nécessaires pour protéger les données contre *la destruction illicite, la perte accidentelle, l'altération, la diffusion ou l'accès non autorisés.*

En effet, la loi malienne susmentionnée, ne donne pas de précision, quant aux critères permettant d'apprécier « *la suffisance* » des mesures mises en place pour assurer la confidentialité des données. Cependant, elle ordonne, tout simplement, au responsable de traitement de prendre toutes les précautions utiles pour préserver la sécurité des données. Il doit empêcher notamment qu'elles soient déformées, endommagées ou que des tiers non autorisés y accèdent.

Ainsi, est-il utile de rappeler, que dans la pratique, les critères d'appréciation des mesures de sécurité peuvent varier selon le régime ou selon les données traitées, *données sensibles notamment, les données de santé, de la justice, les opinions politique, philosophique ou religieuse et les données dites classiques ou toute autre donnée.*[259]

Par ailleurs, face au caractère muet de la loi n°2013-015 du 21 mai 2013 modifiée, l'Autorité a élaboré un référentiel qui fut adopté par la délibération n°2020-034/APDP du 12 avril 2020. Ce référentiel prévoit des recommandations en vue d'assurer la sécurité et la confidentialité des données.[260]

2. L'obligation d'assurer la confidentialité des données à caractère personnel

En vertu des dispositions de l'article 42 de l'Acte Additionnel susmentionnée, le traitement de données est confidentiel. Il est

---

[258] Défense et sécurité des systèmes d'information-Stratégie de la France, ANSSI 2011, pp.21-22.

[259] L'Autorité, dans sa délibération n°2017-039/APDP du 16 Août 2017 autorisant l'Agence des Technologies de l'Information et de la Communication (AGETIC) à poursuivre le traitement portant sur la gestion administrative de son personnel, a relevé que les mesures de sécurité mises en œuvre par elle pour garantir la sécurité et la confidentialité des données sont suffisantes pour *assurer la sécurité et la confidentialité des données traitées.*

[260] Voir recueil des normes de l'APDP sur le site web accessible au www.apdp.ml

effectué exclusivement par des personnes qui agissent sous l'autorité du responsable du traitement et seulement sur ses instructions.

Également, en application des dispositions de l'article 8 de la loi n°2013-015 du 21 mai 2013 modifiée, lorsque le traitement est mis en œuvre pour le compte du responsable du traitement, celui-ci doit choisir un sous-traitant présentant des garanties suffisantes pour assurer la mise en œuvre des mesures de sécurité et de confidentialité.[261]En outre, le responsable du traitement doit limiter, l'accès aux données, par des personnes.[262]

Par ailleurs, le responsable du traitement doit aussi sensibiliser les personnes intervenant au traitement à une bonne utilisation des données traitées. A cet effet, dans sa délibération n°2020-119/APDP du 09 octobre 2020 relative à la mise en demeure de la Caisse Nationale d'Assurance Maladie CANAM portant sur la vidéosurveillance de ses locaux, l'Autorité a noté que des mesures suffisantes sont mises en œuvre par la CANAM pour garantir la sécurité et la confidentialité des données. Toutefois, elle a déploré « *l'absence de politique formalisée d'information et de sensibilisation du personnel par rapport à la protection des données à caractère personnel* ».[263]

Sont régulièrement sanctionnées par l'APDP conformément aux dispositions de la loi n°2013-015 du 21 mai 2013 modifiée, « *le fait de*

---

[261] Référentiel relatif à la sécurité et à la confidentialité des données à caractère personnel de l'APDP, disponible sur le site web accessible au www.apdp.ml.

[262] Dans sa délibération n°2016-007/APDP relative à la déclaration de traitements de données personnelles, et à la demande d'autorisation de transfert de données de la Société Nestlé Mali S.A.U, Ainsi, l'Autorité a relevé dans la délibération n°2016-007/APDP relative à la déclaration de traitements de données personnelles, et à la demande d'autorisation de transfert de données de la Société Nestlé Mali S.A.U, l'Autorité a relevé qu'aucune mesure n'a été précisée, pour garantir la sécurité et la confidentialité des données traitées. C'est pourquoi, elle a exigé de la Société Nestlé, l'adoption des mesures de sécurité et de confidentialité des données mises en œuvre

[263] Suite à cette insuffisance constatée, elle a estimé nécessaire, comme sanction complémentaire, la publication de la décision de mise en demeure « *compte tenu de la gravité des manquements constatés et en raison du caractère intrusif des systèmes de vidéosurveillance dans la vie privée des individus, en général, associée, à la négligence de la Caisse Nationale d'Assurance Maladie (CANAM) quant à l'accomplissement des formalités déclaratives malgré les multiples lettres de relance, en particulier* » (Délibération n°2020-119/APDP du 09 octobre 2020 relative à la mise en demeure de la Caisse Nationale d'Assurance Maladie CANAM).

communiquer à des tiers non autorisés ou d'accéder sans autorisation de façon illicite aux données personnelles mettant en cause les droits fondamentaux et les libertés individuelles ou la vie privée ».

En 2016, la Société Malienne de Gestion d'Eau Potable (SOMAGEP) et l'Energie du Mali (EDM) se sont vues sanctionner par l'Autorité de Protection des Données Personnelles d'une amende de cinq (5) millions chacune, ***''pour accès illicite aux données d'un abonné''***. [264]

En effet, le 20 juin 2016, le plaignant à travers son conseil avait saisi le Président de l'APDP d'une plainte contre la SOMAGEP-SA et l'EDM-SA pour **« communication illicite »** des données à caractère personnel de son client Monsieur T.D « *visant à porter atteinte à l'honneur et à la considération de celui-ci en violation des dispositions de l'article 65 alinéa 1 paragraphe 1 de la loi n°2013-015 du 21 mai 2013 portant protection des données à caractère personnel* ».

A l'appui de sa plainte, le conseil du plaignant expose que le lundi 23 mai 2016, les factures d'électricité et d'eau du mois d'avril de son client ont été publiées à la « Une » du numéro 162 du journal « La Dépêche » avec en page intérieure l'affirmation que le Sieur T.D devait plusieurs millions de redevances aux deux (02) sociétés susmentionnées. Que la même « Une » circulait déjà sur les réseaux sociaux depuis le 22 mai 2016 avant la parution même du journal.

Il ajoute que le mardi 24 mai 2016, le quotidien **« Info-Matin »** a repris les informations de « la Dépêche » en publiant à son tour, les factures d'eau et d'électricité du mois d'avril du Sieur T.D tout en y ajoutant son relevé de compte client d'EDM-SA de la période du 23 mai au 7 octobre 2015.

Qu'ainsi, les factures d'eau et d'électricité de son client ont été étalées dans la presse et sur les réseaux sociaux avant qu'elles ne soient remises à leur destinataire ;

---

[264] Délibération n°2016-005/APDP relative à la plainte pour atteinte à la vie privée, à l'honneur et à la considération de Monsieur Tiebile DRAME contre EDM-SA et SOMAGEP-SA.

Qu'en effet, il n'est pas indifférent de relever que les factures qui n'ont été reçues que les 24 et 30 mai 2016 et qui sont payables les 10 et 18 juin 2016 ont été diffusées dans la presse dès les 22, 23 et 24 mai 2016.

Qu'en procédant ainsi, EDM-SA et la SOMAGEP-SA ont contrevenu aux dispositions de l'article 65 alinéa 1 de la loi N° 2013-015 du 21 mai 2013 portant protection des données à caractère personnel.

Suite à ces investigations, l'Autorité de Protection des Données à caractère Personnel a considéré que l'accès des deux (02) journaux aux factures non encore distribuées et non échues, ainsi qu'aux données client du plaignant au niveau de SOMAGEP-SA et de EDM-SA avec toutes les précisions techniques, constitue, de la part desdites sociétés, « *un manquement grave et répété à l'obligation de sécurité et de confidentialité* » qui leur incombe, en tant que responsables de traitement des données à caractère personnel de leurs clients tel que réprimé par l'article 65 de la loi n°2013-015 du 21 mai 2013. A ce titre, elle a décidé, en conséquence, de prononcer à l'encontre, d'EDM-SA et de la SOMAGEP-SA, une sanction pécuniaire de cinq millions (5 000 000) de Francs CFA.

Aussi, ajoute-t-elle, la violation des dispositions de l'article 8 de la loi n°2013-015 du 21 mai 2013 ayant été matérialisée par voie de presse, « *l'Autorité décide de rendre publique sa décision* ».

Outre d'assurer la sécurité des données, le responsable du traitement doit aussi encadrer le transfert des données dont il détient.

B. L'obligation d'encadrer le transfert des données à caractère personnel à l'étranger

La notion de transfert n'a pas été définie par l'Acte Additionnel de la CEDEAO encore moins, par la loi n°2013-015 du 21 mai 2013 modifiée, portant protection des données à caractère personnel. Seule la Commission Nationale de l'Informatique et des Libertés (CNIL) en a donné une définition. Selon la CNIL, constitue un transfert à l'étranger :« *Toute communication, toute copie ou déplacement de données par l'intermédiaire d'un réseau, ou toute communication, toute copie ou déplacement de ces données d'un support à un autre, quel que soit ce support, dans la mesure où ces données ont vocation à faire l'objet d'un traitement dans le pays destinataire* ».[265]

La mondialisation des échanges et l'utilisation croissante des technologies tant dans la sphère privée que commerciale a fait augmenter le nombre de transfert de données à l'étranger, le Mali n'en a pas été épargné.

De principe, la loi n°2013-015 modifiée, relative à la protection des données à caractère personnel a posé une interdiction formelle de transfert des données à l'étranger.[266] Cependant, par dérogation à ce principe, le responsable du traitement peut être autorisé à transférer des données à caractère personnel vers un État étranger :

- « *lorsque l'État destinataire assure un niveau suffisant de protection des données personnelles constaté par l'Autorité en charge de la protection des données à caractère personnel, en raison de sa législation interne ou des engagements pris au niveau international et que ces mesures sont effectivement appliquées ;*

---

[265] https://www.cnil.fr/fr/definition/transfert-de-donnees.
Aussi, la Cour de Justice des Communautés Européennes a, dans un arrêt rendu le 06 novembre 2003, précisé que ne constituait pas un transfert vers un pays tiers, « *l'inscription de données personnelles relatives à des individus sur une page internet, rendant de ce fait, ces informations accessibles à des individus dans des pays tiers* ». Pour écarter la thèse du transfert de données dans l'affaire qui lui était soumise, la Haute juridiction européenne a observé que la mise en ligne de pages web nécessite, la transmission des données qui la constituent en un hébergeur qui « *les engendrent sur des serveurs souvent situés dans un ou plusieurs pays autres* » que celui de son domicile professionnel, « *sans que la clientèle de celui-ci en ait ou puisse raisonnablement en prendre connaissance* » ; « *les pages internet de Madame L...ne comportaient pas les mécanismes techniques qui auraient permis l'envoie automatique de ces informations à des personnes qui n'avaient pas délibérément cherché à accéder à ces pages* » ; les données ainsi transmises « *n'ont pas été transférées directement* » entre le responsable du traitement (madame L...) et un internaute situé dans un pays tiers « *mais au travers de l'infrastructure informatique du fournisseur de services d'hébergement où la page stockée* ». Pour cela, elle a conclu en ces termes : « *la mise en ligne de données à caractère personnel, sans mécanisme d'envoi automatique vers des personnes identifiables, ne constitue pas en elle-même un transfert vers un pays donné* ». CJUE 6 Nov.2003.

[266] Article 11 de la loi n°2013-015 modifiée portant protection des données à caractère personnel.

- *par décision de l'Autorité en charge de la protection des données à caractère personnel, lorsque le transfert et le traitement par le destinataire de données personnelles garantissent un niveau suffisant de la vie privée ainsi que des libertés et droit fondamentaux des personnes, notamment en raison des clauses contractuelles ou règles internes dont il fait l'objet* ».[267]

A cet égard, en 2020, lors d'une session extraordinaire, tenue du 21 au 25 avril 2020, l'Autorité de Protection des Données à caractère Personnel a adopté la délibération n°2020-042/APDP du 25 avril 2020 qui autorise Africa Technologie SAU à transférer *les données d'identification et d'état civil en l'occurrence, les nom et prénoms, l'adresse, le numéro du téléphone et les services utilisés par le client* à sa maison mère, sise à Dakar au Sénégal, pour l'amélioration des services offerts aux clients. Le traitement effectué par la maison mère avait déjà fait l'objet de formalités déclaratives auprès de la Commission des Données Personnelles du Sénégal sous les références suivantes : n°2019-00434/CDP du 21 novembre 2019. Par conséquent, en application des dispositions de l'article 11 de la loi n°2013-015 du 21 mai 2013 modifiée, l'Autorité a estimé que le transfert demandé par la filiale malienne de la Société « Africa Technologie SAU » pouvait être autorisé.[268]

Dans une autre demande concernant le transfert de données de la Banque Internationale pour le Commerce et l'Industrie au Mali (BICIM –Mali) à la BNP Paribas, des informations relatives à la lutte contre le blanchiment des capitaux et le financement du terrorisme en vue de centraliser les déclarations de soupçons transmises à la

[267] En 2018, l'Autorité de Protection des Données à caractère Personnel, saisi par Allianz-Mali Assurances d'une demande d'autorisation portant sur « la Gestion de ses relations clientèles » a, sur la base de l'alinéa 2 de l'article 11 ci-dessus évoqué, autorisé ladite assurance à transférer au siège du groupe ''Allianz'' sis à Abidjan RCI, pour la vérification des résultats et du travail effectué « des rapports trimestriels, semestriels ou annuels contenant les données d'identification des assurés ». Le pays destinataire, la Cote d'ivoire, disposant d'une législation en matière de protection des données personnelles et d'une structure qui veille à sa mise en œuvre, l'Autorité a estimé que le transfert envisagé pouvait être autorisé sur la base de l'article 11 ci-dessus mentionné.

[268] Délibération n°2020-042/APDP du 25 avril 2020 autorisant la société « Africa Technologie SAU » à poursuivre son traitement de données personnelles relatif à la gestion de sa clientèle.

CENTIF, l'Autorité a relevé que, le pays destinataire à savoir, la France dispose d'une autorité de protection des données personnelles, dénommée la CNIL et que le traitement envisagé avait déjà fait l'objet d'une déclaration auprès de cette dernière sous le numéro « Autorisation Unique AU-003 ». Que de suite, elle a autorisé ledit transfert conformément aux dispositions de l'article 11 de la loi susmentionnée.[269]

Les personnes dont les données sont transférées doivent être informées de l'existence du transfert, les moyens et modalités relatifs à l'exercice des droits d'accès et autres ainsi que de la durée de conservation des données par l'importateur conformément aux dispositions des article 12, 13 et 15 de la loi susmentionnée.

S'agissant des mesures de sécurité et de confidentialité, il ressort des dispositions de la loi, qu'en cas de transfert des données personnelles à l'étranger, le destinataire doit mettre en œuvre des mesures techniques de sécurité afin de protéger les données contre tout accès par un tiers non autorisé et contre toute destruction, altération ou diffusion non autorisées des données.

Section 2 : Une obligation de respecter les droits des personnes concernées par le traitement

Conformément aux dispositions des articles 12, 13, 15,18 et 19 de la loi n°2013-015 du 21 mai 2013 modifiée, les personnes dont les données font l'objet d'un traitement bénéficient de droits fondamentaux qu'elles peuvent exercer auprès du responsable du traitement. Il s'agit entre autres, des droits à *l'information préalable, d'accès, d'opposition, de rectification et de suppression.* Comme règle commune, la loi susmentionnée exige de la personne concernée, de justifier son identité pour exercer les droits susmentionnés.[270]

---

[269] Délibération N°2018-007/APDP du 14 février 2018, l'APDP relevé que le traitement a déjà fait l'objet d'une déclaration auprès de la Commission Nationale de l'Informatique et de Libertés (CNIL-France), (Autorisation Unique AU-003 des traitements mis en œuvre par les organismes financiers afin de leur permettre de répondre à leurs obligations légales de lutte contre le blanchiment des capitaux et le financement du terrorisme).

[270] Article 13 de la Loi n°2013-015 du 21 mai 2013 modifiée.

Aspect très important pour assurer la sécurité et la confidentialité des données, cette justification d'identité constitue *''une garantie pour les responsables de traitement d'éviter l'accès des tiers non autorisés aux informations personnelles d'autrui''*. Successivement nous aborderons, dans cette section, les droits mentionnés, supra.

Paragraphe 1 : L'obligation de respecter le droit à l'information préalable de la personne concernée par le traitement

Pour paraphraser **Maitre Alain BENSOUSSAN** « *l'information des personnes est une obligation générale en vertu de laquelle celui qui sait est tenu d'informer l'autre partie qui ignore* ».[271]

En droit de la donnée, l'information préalable constitue le premier droit dont dispose la personne concernée, « *le premier indice de confiance avant de transmettre les données personnelles à un organisme* ». Ce droit offre la possibilité à toute personne concernée par un traitement d'avoir *un regard sur ses informations*. Ce droit de regard sur ses propres données personnelles vise aussi bien *''la collecte des informations que leur utilisation ou traitement''*.

A travers ce droit, le législateur malien, oblige le responsable du traitement à fournir à la personne dont les données font l'objet de traitement, toutes les informations relatives au traitement utilisant ses données personnelles conformément aux dispositions légales exigeant la transparence.[272]

Cet exercice met en lumière deux hypothèses, à savoir *l'exercice relatif à la collecte directe des données et celui de la collecte indirecte*. Cette obligation n'est pas subordonnée à une demande de la personne, mais le responsable du traitement doit, de façon *''proactive''*, se conformer à cette obligation, que la personne concernée manifeste ou non son intérêt pour ces informations.[273]

---

[271] Protection des Données Personnelles de « A à Z » sous la direction de Alain Bensoussan ; Lexing page 127.

[272] Article 15 de la loi n°2013-015 du 21 mai 2013 modifiée, portant protection des données à caractère personnel

[273] Manuel de droit européen en matière de protection des données personnelles, édition 2018.

A été déclaré conforme au droit à l'information préalable, le fait par la "Société Eléphant Vert Mali SA", dans le cadre de son traitement de données portant sur *''le contrôle d'accès par badge''*, de fournir aux personnes concernées, à travers un email, *''les informations relatives aux caractéristiques ainsi qu'aux moyens et modalités d'exercice des droits à l'information préalable, d'accès, d'opposition, de rectification et de suppression''*.[274]

Par contre, l'Autorité a enjoint à la Banque Malienne de Solidarité (BMS SA) à respecter le droit à l'information préalables des individus concernant son dispositif de vidéosurveillance. En effet, dans sa déclaration de mise en conformité du dispositif de vidéosurveillance de ses locaux, la BMS avait souligné que les personnes concernées par les caméras, *les salariés, les clients et les visiteurs,* étaient informées de l'existence dudit dispositif à travers *''des affiches''*, comportant le pictogramme d'une caméra, les renseignements sur le responsable du traitement, les moyens et les modalités relatifs à l'exercice des différents droits, apposées à l'entrée des zones mises sous vidéosurveillance.

Contrairement au contenu de la déclaration, il avait été donné à l'APDP de constater que cette obligation n'était pas respectée. A cet effet, dans une correspondance, l'Autorité a demandé à la banque concernée, que sous peine de lui retirer le récépissé qu'elle lui avait accordé, conformément aux dispositions de l'article 61 de la loi n°2013-015 du 21 mai 2013 modifiée, portant protection des données à caractère personnel, de prendre toutes les dispositions utiles afin de se conformer aux dispositions de la loi susmentionnée.[275]

Par ailleurs, la Cour d'Appel de Dijon (France) a jugé le 14 septembre 2010 que l'information transmise par une note de service dont *les destinataires n'étaient pas personnellement identifiés, ne permet pas de s'assurer que tous les employés destinataires du traitement avaient bien été informés de la mise en place du dispositif de géolocalisation et des droits dont ils jouissent*. Ce défaut d'information du salarié

---

[274] Délibération n°2020-013/APDP du 12 février 2020 autorisant la société « Eléphant Vert Mali » à mettre en place son traitement de données à caractère personnel portant sur la gestion du contrôle d'accès à ses locaux par badge

[275] Secrétariat Général de l'APDP, archives 2020

viciait le licenciement (Pour une autre condamnation pour défaut d'information sur la finalité du traitement).[276]

A. Information en cas de collecte directe

A l'opposée de la collecte indirecte, qui consiste à collecter les données à travers une personne interposée qui les transmet à une autre personne, la collecte directe consiste en la situation dans laquelle, un responsable du traitement collecte directement, sans intermédiaire, auprès de la personne concernée, au moyen d'un dispositif notamment *des caméras, microphone, formulaire des informations personnelles les données à caractère personnel.*
Les données doivent donc être obtenues ou collectées auprès de la personne concernée, qu'elles soient sollicitées ou communiquées *« spontanément »*. En effet, comme déjà abordé au point concernant la transparence, dès l'entrée en relation, le droit malien en matière de protection des données à caractère personnel, exige au responsable du traitement de porter à la connaissance de la personne concernée, les informations concernant les caractéristiques du traitement dont elle fait l'objet.

Ces informations, en application des dispositions de l'article 15 de la loi n°2013-015 modifiée de façon systématique doivent, être communiquées à la personne concernée par le responsable du traitement et non à sa demande. Cette obligation qui procède d'un principe de loyauté est, le corollaire indispensable des droits dont disposent les personnes pour contrôler l'usage de leurs données, sans cette information, de tels droits resteraient *« lettre morte »*, son non-respect comme déjà évoqué, peut entacher *la loyauté et la licéité* du traitement.

Le traitement loyal des données suppose que les personnes concernées puissent connaitre l'existence des traitements, et bénéficier, lorsque les données sont collectées auprès d'elles, d'une information effective et complète (...). Le considérant 60 du RGPD a repris la même idée,

---

[276] Cour d'appel de Lyon, . 13 mars 2013, John X contre Société Y. Coulibaly Ibrahimhttps://www.village-justice.com/articles/Accomplissement-des-formalites,17064.html : Accomplissement des formalités préalables auprès de la Cnil, information du salarié et validité du licenciement.1638 lectures.

en énonçant que : « *le principe de traitement loyal et transparent exige que la personne concernée soit informée de l'existence de l'opération de traitement et de ses finalités* ».

Comme sus évoqué, le responsable du traitement peut soit, utiliser l'outil de la collecte ou un autre document, à condition que les informations mentionnées soient lisibles et compréhensibles.[277]

La Banque Internationale pour le Commerce et l'Industrie au Mali (BICIM) a, sur proposition de l'APDP, inséré, dans sa convention d'ouverture de compte, une rubrique dénommée ***« Clauses de protection des données personnelles »***. Cette rubrique informe les personnes concernées notamment, des caractéristiques du traitement, des moyens et des modalités d'exercice des différents droits.[278]

S'agissant du droit à l'information par rapport à des systèmes de vidéosurveillance, ont été déclarés conforme au droit à l'information préalable par l'Autorité, les systèmes de vidéosurveillance signalés par les responsables de traitement à travers des affiches ou des panonceaux comportant le pictogramme d'une caméra, les renseignements sur le responsable du traitement ainsi que les moyens et modalités relatifs à l'exercice des différents droits.[279]

B. Information en cas de collecte orale des données à caractère personnel

Lorsque la collecte a eu lieu oralement à distance, le responsable de traitement donne lecture de ces informations à l'intéressé en lui indiquant qu'il peut *« sur simple demande, même exprimée oralement, recevoir postérieurement ces informations par écrit. Cette communication écrite ultérieure peut être effectuée « par voie électronique », avec l'accord préalable des intéressés. Cette*

---

[277] Concernant la manière de communiquer l'information, il est à retenir que la personne concernée peut être informée oralement que par écrit.
Aussi, l'information collective est possible. Cette information peut être effectuée à travers une affiche, notamment.

[278] cf : Convention d'ouverture de compte de la BICIM ;
Par ailleurs, la CNIL recommande aux responsables du traitement d'informer, dans des délais

[279] Voir les délibérations de l'APDP autorisant les personnes à mettre en œuvre ou à poursuivre leurs traitements de données portant sur les systèmes de vidéosurveillance.

indication du droit à recevoir une information ultérieure (écrite et individuelle) doit également être mentionnée lorsque l'information initiale a été communiquée « par voie d'affichage ».

S'agissant de la collecte indirecte, la loi n°2013-015 du 21 mai 2013 modifiée, dispose que : « *lorsque les données à caractère personnel ne sont pas collectées auprès de la personne concernée, les informations sont transmises à l'intéressé conformément à l'article 15* ».[280] Ce qui sous-entend que même en cas de collecte indirecte, le responsable de traitement est tenu à l'information préalable des personnes concernées.

Cependant, faut-il noter que pour certains traitements de données, le droit à l'information est exclu. Cette disposition d'exceptions à l'obligation d'information est une conséquence de l'application des dispositions de l'article 17 de la loi portant protection des données à caractère personnel.[281]

Suite à sa saisine par le Ministère de la Sécurité et de la Protection Civile (MSCP) pour son traitement portant sur la prévention et la lutte contre la criminalité transfrontalière, mis en œuvre dans le cadre du contrat de concession relatif à la fourniture et à l'exploitation d'un système de sécurité de l'aviation civile et de l'immigration, conclu entre le gouvernement malien et la société américaine « Securiport LLC », l'Autorité a estimé, qu'au regard de la finalité, et conformément à l'article 17 sus évoqué, *le droit à l'information préalable et le droit d'opposition ne s'appliquent pas*.[282]

---

[280] Article 16 de la loi de 2013 relative à la protection des données à caractère personnel.

[281] En application des dispositions de l'article 18 de la loi n°2013-015 modifiée, le droit à l'information préalable des personnes concernées ne s'applique pas : « *aux données recueillies et utilisées lors d'un traitement effectué par l'État ou pour son compte et intéressant la sûreté de l'État, la défense nationale, la sécurité publique ou ayant pour objet l'exécution de condamnations pénales ou de mesures de sureté, dans la mesure où une telle limitation est nécessaire au respect des fins poursuivies par le traitement ; lorsque le traitement est nécessaire à la prévention, la recherche, la constatation et la poursuite de toute infraction ; lorsque le traitement est nécessaire à la prise en compte d'un intérêt économique ou financier important de l'État, y compris dans les domaines monétaires, budgétaire, douanier et fiscal, de façon générale toute mission d'intérêt public* ».

[282] Le système utilisé permet entre autres, au ministère en charge de la sécurité d'enrôler les passagers entrant ou sortant du territoire malien, d'identifier via la biométrique les passagers

Également, dans la délibération n°2020-036/APDP du 27 Février 2020 autorisant le Ministère de l'Administration Territoriale et de la Décentralisation à mettre en œuvre le traitement de données à caractère personnel relatif à la personnalisation des cartes des citoyens maliens, l'Autorité a relevé que conformément au dernier alinéa de l'article 17 de la loi ci-dessus mentionnée, ledit traitement n'est pas soumis au droit à l'information préalable « *car il intéresse l'exécution d'une mission de service public* ».[283]

C. Les dérogations pour les traitements de souveraineté

Des dérogations concernant le droit à l'information dans certaines catégories de traitement sont prévues par les dispositions légales en matière de protection des données. Il en est ainsi pour « 1. *les données recueillies et utilisées lors d'un traitement effectué par l'État ou pour son compte et intéressant la sûreté, la défense nationale, la sécurité publique ou ayant pour objet l'exécution de condamnations pénales ou de mesures de sûreté, dans la mesure où une telle limitation est nécessaire au respect des fins poursuivies par le traitement ; 2. lorsque le traitement est nécessaire à la prévention, la recherche, la constatation et la poursuite de toute infraction ; 3. lorsque le traitement est nécessaire à la prise en compte d'un intérêt économique ou financier important de État, y compris dans les domaines monétaire, budgétaire, douanier et fiscal, de façon générale toute mission d'intérêt public* ».[284]

A rappeler que l'information, peut, en effet, se révéler contraire aux objectifs poursuivis en matière de sureté de l'État, de la défense, de la

---

figurant sur une liste de surveillance au niveau national ou dans les bases de données de l'Interpol, mettre à jour la liste de surveillance. Eu égard à ce qui précède, l'APDP a relevé que le traitement envisagé intéresse : la sureté de l'État, la défense nationale et la sécurité publique ; la prévention, la recherche, la constatation, la poursuite de toute infraction, d'où l'application de l'article 17 de la loi portant protection des données à caractère personnel. (Délibération n°2017-034/APDP du 16 août 2017 autorisant le Ministère de la Sécurité et de la Protection Civile à poursuivre la mise en œuvre la mise en œuvre d'un traitement, ayant pour finalité la prévention et la lutte contre la criminalité transfrontalière et le terrorisme, dans les aéroports internationaux).

[283] Répertoire de déclaration de traitement des données à caractère personnel de l'APDP disponible sur le site web de l'APDP accessible à l'adresse suivante : https//www.apdp.ml.

[284] Art.17 de la loi n°2013-015 du 21 mai 2013 modifiée, portant protection des données à caractère personnel

sécurité publique ou de la répression des infractions, le cas du contrôle des passeports des passagers dans les aéroports par la police.

Aussi, le juge des référés du Conseil d'État (France) a rejeté la demande de suspension d'un arrêté portant création, par la direction générale des finances publiques, d'un fichier des comptes bancaires détenus hors de France par des personnes morales, dénommé EVAFISC. Dans cette affaire, le requérant a fait remarquer notamment que l'arrêté contesté méconnaissait les dispositions de l'article 32, V et VI de la loi de 1978, dès lors que le traitement des informations dans le cadre de l'assistance administrative ne relevait pas des dérogations au droit à l'information. Cette objection est rejetée par le juge, dans les limites de sa saisine en référé, au motif que le droit à l'information préalable ne s'applique pas au traitement qui a pour objet entre autres, *la prévention, la recherche, la constatation ou la poursuite d'infractions pénales*.[285]

L'information préalable doit aussi préciser les modalités et les moyens permettant l'exercice du droit d'accès.

Paragraphe 2 : L'obligation de respecter les autres droits en matière de traitement des données à caractère personnel

Le responsable de traitement est aussi tenu de respecter les droits d'accès, de rectification, de suppression et d'opposition en matière de prospection.

A. Le respect du droit d'accès et de rectification aux données traitées

1. Le respect du droit d'accès aux données à caractère personnel traitées

- **Exercice du droit d'accès direct**

Dispositions prévues par l'article 39 de l'Acte Additionnel A/SA.1/01/10 de la CEDEAO et reprises par la loi n°2013-015 du 21 mai 2013 modifiée, en vue de permettre à toute personne concernée d'interroger tout responsable du traitement de savoir s'il détient des données le concernant et d'avoir communication de ces données sous

[285] CE, 19 avril 2010, n°337458 tiré du livre de Lamy sur le Droit du Numérique, édition 2015

une forme intelligible, le droit d'accès est détaillé par l'article 12 de la loi susmentionnée.

En effet, conformément à cet article : « *toute personne a le droit d'obtenir du responsable d'un traitement : la communication, sous une forme compréhensible, de l'ensemble des données qui la concernent ainsi que de toute information disponible quant à leur origine ; les informations et les raisonnements utilisés dans les traitements informatisés dont les résultats lui sont opposés* ».[286]

Le droit d'accès aux données à caractère personnel précise que le détenteur des données doit permettre à toute personne qui en fait la demande, d'accéder aux informations qui la concerne et de faire modifier ou annuler certaines de ces informations conformément à l'article 12 de la loi n°2013-015 modifiée.

La communication des informations sous une forme compréhensible oblige le responsable du traitement de s'assurer que la personne concernée peut comprendre les informations fournies. Par exemple, il ne suffit pas d'inclure des abréviations techniques, des termes codés ou des acronymes en réponse à une demande à moins que la signification de ces termes soit expliquée

Véritable droit de contrôle *à posteriori*, le droit d'accès aux données, comme disent certains spécialistes, est une « *arme puissante* » aux mains de la personne concernée par le traitement. Il s'agit pour celle-ci (la personne concernée) de savoir, si ses données à caractère personnel sont ou non traitées, sans qu'il y ait de précisions dans sa demande des traitements auxquels il fait allusion. Par ailleurs, il permet, de la part du responsable du traitement, de lui confirmer ou pas s'il existe un traitement.

Ainsi, en cas de traitement de ses données à caractère personnel, le responsable du traitement doit communiquer à la personne concernée, de « *façon la plus compréhensible* », les informations portant entre

[286] Article 12 de la loi n°2013-015 du 21 mai 2013 modifiée.

autres, sur la finalité du traitement, les catégories de données traitées ainsi que les destinataires, la durée de conservation. [287]

Baptisé par **Jean FRAYSSINET** « *droit à la curiosité* », le droit d'accès est en réalité ''la fondation'' de tous les autres droits conférés aux personnes concernées. Il leur permet de confirmer leurs informations qui ont été recueillies lors de l'entrée en relation avec le responsable du traitement. [288]

Le RGPD l'a enrichi par rapport à la directive 95/46/CE, en y ajoutant l'obligation d'informer la personne concernée de la durée de la conservation, de son droit de rectification ou effacement, de son droit de réclamation et de son droit à être informé des garanties prises en cas de transfert de données vers un pays tiers.[289]

Contrairement au RGPD où « *le responsable du traitement peut exiger le payement de frais raisonnables basés sur les couts administratifs pour toute copie supplémentaire demandée par la personne concernée* »[290], le législateur malien a opté, *pour le moment, ''la gratuité de l'exercice de ce recours''.* Toutefois, il est nécessaire de rappeler que l'exercice de ce droit n'est accordé qu'à la personne concernée. En effet, de l'article 14 de la loi de n°2013-015 modifiée, portant protection des données à caractère personnel, il ressort que la personne concernée munie de la preuve d'identité, peut exercer ce droit, de façon gratuite, sur place ou à distance (par courrier, courriel ou formulaire dédié) et ceci, sans délai.

Pour faciliter l'exercice du droit d'accès aux personnes concernées, l'Autorité exige au déclarant d'indiquer, lors des formalités

[287] Dans sa déclaration normale relative à la mise en conformité de son système de vidéosurveillance, le Centre National de Transfusion Sanguine (CNTS) a informé l'APDP que les personnes concernées par son dispositif peuvent, de façon immédiate et directe, exercer leur droit d'accès auprès de lui, conformément aux dispositions législatives en la matière (Délibération n°2020-123/APDP du 09 octobre 2020 autorisant le « Centre National de Transfusion Sanguine » à poursuivre le traitement de données à caractère personnel portant sur la vidéosurveillance de ses locaux).

[288] Jean.FRAYSSINET, 2001, « *droit de l'informatique et de l'internet* », « *la protection des données personnelles »*, in A.Lucas, J.Devèze et PUF, n°149.

[289] Alain BENSOUSSAN, 2017-2018 « La protection des Données Personnelles de A à Z », édition Lexing, page 98, point 524

[290] Article 15 du RGPDP.

déclaratives, les coordonnées de la personne ou du service à contacter, chargé de répondre aux droits d'accès d'opposition et de rectification.[291] Ainsi, a été déclaré conforme à la loi, le droit d'accès s'exerçant directement auprès de l'Office Central de Lutte contre l'Enrichissement Illicite (OCLEI) dans le cadre de son traitement de données à caractère personnel portant sur la mise en œuvre de sa ligne verte.[292]

De même, la demande effectuée sur place ou par écrit, avec possibilité d'assistance d'un conseil dans le premier cas, est naturellement adressée à la personne ou au service désigné par le responsable de traitement conformément aux dispositions de l'article 14 sus évoqué. Cependant, quand en est-il, des cas où les responsables omettent d'indiquer le service ou la personne auprès de qui doit s'exercer le droit d'accès ?

En général, lorsque ces cas de figure se présentent, l'Autorité renvoie la personne concernée à s'adresser directement à la structure responsable, à son siège et/ou même à ses représentants, à charge d'acheminer la demande vers la personne ou le service compétent.

Toutefois, la sensibilité de certains traitements a conduit le législateur à mettre un garde-fou à l'accès à certaines catégories de données. Il

---

[291] Voir la dernière page des formulaires de déclaration normale, de demande d'autorisation, d'avis, de modification, de suppression disponible sur le site web de l'APDP accessible à l'adresse www.apdp.ml.

[292] En effet, dans cette demande, le requérant non moins OCLEI, sollicitait de l'APDP, l'autorisation pour mettre en œuvre le traitement de données à caractère personnel relatif à *« l'enregistrement et à l'exploitation des communications émises sur sa ligne verte »*. Pour la mise en œuvre, le système déployé collecte auprès des personnes concernées, à savoir, d'une part, les dénonciateurs, « leurs données d'identification et d'état civil, en l'occurrence leurs noms et prénoms et leurs numéros du téléphone et d'autre part, les informations sur les personnes dénoncées à savoir l'adresse, les biens, l'identité, le train de vie et les faits d'enrichissement illicite du dénoncé. En outre, il collecte également, « les informations d'ordre économique et financier : revenus, situation financière, numéro de compte bancaire, biens meubles et immeubles ».

Relevant que les données collectées sont « adéquates et pertinentes par rapport à la finalité du traitement », l'Autorité a constaté, qu'au regard de ce qui précède, le traitement respecte les droits à l'information préalable, d'accès des personnes concernées. (Délibération n°2020-001/APDP du 12 février 2020 autorisant l'Office Central de Lutte contre l'Enrichissement Illicite (OCLEI) à mettre en place son traitement de données à caractère personnel portant sur la ligne verte).

s'agit des limites au droit d'accès ainsi que l'exercice du droit d'accès indirect.

- **Exercice du droit d'accès indirect**

Pour accéder à certaines catégories de données ou de traitement, les personnes concernées s'adressent directement à l'APDP conformément à l'alinéa 1er de l'art.14., qui, à son tour, « *désigne un de ses membres pour mener les investigations utiles, en vue de procéder aux modifications nécessaires* ».[293] Il s'agit non seulement des traitements intéressant la sûreté de État mais aussi, la défense nationale ou la sécurité publique.

Contrairement au législateur malien qui s'est limité aux traitements intéressant la sûreté de l'État, la défense ou la sécurité publique évoqués,[294] les traitements soumis au droit d'accès indirect par la loi Informatique et Libertés sont en plus de ceux concernant la « *sureté de l'État, la défense ou la sécurité publique »,* mais aussi, *« les traitements mis en œuvre par les administrations publiques et les personnes privées chargées d'une mission de service public qui ont pour « mission de prévenir, rechercher, ou constater des infractions ; les traitements mis en œuvre par les administrations publiques et les personnes privées chargées d'une mission de service public qui ont pour (...) de contrôler ou de recouvrer des impositions ; les traitements portant sur les données de santé à caractère personnel ».*[295]

---

[293] En droit français, l'application la plus fréquente de l'article 41 est relatif au droit d'accès au Système d'Information Schengen (SIS). Le Conseil d'État, s'appuyant en outre sur les dispositions de la convention Schengen, a eu l'occasion de préciser que « le droit d'accès (…) ne pouvait être indirect sans que la commission dispose du droit de communiquer au requérant les informations le concernant contenues dans le fichier » (CE, 30 mai 2001, n°218108, M.Bafardi). Cela étant, il doit s'agir d'une véritable investigation. Ainsi, le Conseil d'État a annulé la décision de la CNIL mettant un terme à une procédure de demande d'effacement de données contenues dans le système d'Information Schengen, au motif que la CNIL n'avait pas poursuivi l'examen du bien-fondé du signalement opéré par les autorités allemandes en étroite coordination avec celles-ci (CE, 7 avril 2006, AJDA 2006, p. 789, obs.Brondel S., JCP G 2006 IV, n°2027).

[294] Al. 1er de l'art.14 de la loi n°2013-015 du 21 mai modifiée.

[295] LIL, art.42 ;43 ;

Aussi, lorsque les données ne sont pas collectées auprès de la personne concernée, le droit européen prévoit que des informations soient données sur la source en réponse à une demande d'accès, dans la mesure où ces informations sont disponibles. Cette disposition doit être comprise à la lumière des principes de loyauté, de transparence et de responsabilité. Ainsi, une interdiction est faite à tout responsable du traitement de détruire des informations sur la source des données pour se libérer de l'obligation de les communiquer, à moins que l'effacement n'ait eu lieu malgré la réception de la demande d'accès, et il doit toujours se conformer aux exigences générales de « responsabilité ».[296]

Conformément à une jurisprudence européenne, le droit d'accès aux données à caractère personnel ne peut être restreint indument dans le temps. Les personnes concernées doivent également avoir une possibilité raisonnable d'obtenir des informations sur des traitements effectués dans le passé. [297]

Qu'en est-il des héritiers d'une personne décédée

Concernant ce point, la loi de 2013 régissant le traitement des données à caractère personnel ainsi que celle de 1978 de la France ne comportent aucune mention relative au droit d'accès des héritiers.

---

[296] Dans l'affaire Rijkeboer, tiré du Manuel de droit Européen en matière de protection des données à caractère personnel, il a été demandé à la CJUE de déterminer si le droit d'un individu d'accéder à des informations sur les destinataires ou des catégories de destinataires de données à caractère personnel, et sur le contenu de ces données pouvait être limité à un an avant sa demande d'accès. Pour déterminer si la législation de l'UE autorise une telle limitation dans le temps, la Cour a décidé d'interpréter cet article à la lumière des finalités de la directive.
La Cour, a tout d'abord relevé que le droit d'accès est nécessaire pour permettre à la personne concernée d'obtenir que le responsable du traitement rectifie, efface ou verrouille ses données ou qu'il signale aux tiers auxquels les données ont été communiquées la rectification, l'effacement et le verrouillage. Un droit d'accès effectif est également nécessaire pour permettre à la personne concernée d'exercer son droit d'opposition au traitement de ses données à caractère personnel ou son droit d'introduire une réclamation et droit de réparation.
Pour assurer l'effet utile des droits accordés aux personnes concernées, la Cour a considéré que « *ce droit doit nécessairement concerner le passé. En effet, si tel n'était pas le cas, la personne intéressée ne serait pas en mesure d'exercer de manière efficace son droit de faire rectifier, effacer ou verrouiller les données présumées illicites ou incorrectes ainsi d'introduire un recours juridictionnel et d'obtenir la réparation du préjudice subi* ».

[297] CJUE, C-553/07, Collège van burgemeester en wethouders van Rotterdam c.M.E.E. Rijkeboer.

Cependant, le Conseil d'État français a considéré dans une affaire que les héritiers d'une personne décédée « *devaient être regardés, en leur qualité d'ayants droit héritant des soldes des comptes bancaires de leur tante comme des personnes concernées au sens de l'art.39 de la loi du 6 janvier 1978, et bénéficiaient, sur ce fondement, de la possibilité d'accès qu'il prévoit* ».[298]

En effet, dans l'affaire susmentionnée, les requérants avaient demandé à obtenir de l'administration fiscale, par le biais du fichier, des comptes bancaires dit ''FICOBA'', « *la communication de la liste des comptes détenus par leur tante décédée* », dont ils étaient les « héritiers ». La Commission d'Accès aux Documents Administratifs (CADA) avait considéré comme communicable, en l'espèce, le document demandé dans la mesure où la communication était invoquée aux fins d'établir la dette fiscale de la succession et de liquider celle-ci, position à juste titre confirmée par la haute juridiction administrative. A l'origine, le refus opposé par l'administration aux héritiers l'avait été notamment au motif, au demeurant pertinent, que le droit d'accès est un « *droit personnel qui s'éteint au décès de son titulaire* ».[299] Cette difficulté a été, à raison, contournée par l'analyse du Conseil d'État selon laquelle, dans cette hypothèse précise, les héritiers sont titulaires d'un droit d'accès personnel « *dont ils n'héritent pas de la personne défunte, mais qui leur est propre* ».[300]

Enfin, il est à retenir que lorsque les données à caractère personnel sont conservées sous une forme ne permettant pas un risque d'atteinte à la vie privée des personnes concernées et pendant une durée n'excédant pas celles nécessaire aux seules finalités d'établissement de statistique ou de recherche scientifique ou historique, l'exercice du droit d'accès sera exclu.

2. Le respect du droit de rectification des données à caractère personnel traitées

Outre les droits mentionnés supra, la personne concernée a le droit

---

[298] CE, 29 juin 2011, n°339147, Rec. CE tables.
[299] CNIL, Fiche pratique 2 décembre 2011
[300] CNIL, précitée ; voir en ce sens, pour l'accès au dossier médical d'une personne décédée, l'article L1110-4 du code de la santé publique française.

d'obtenir du responsable du traitement, la rectification de ses données.[301]

Généralement exercé suite au droit d'accès, le droit de rectification permet à la personne concernée d'être le maître de ses données, en imposant une intervention sur le fond.

La notion de rectification ne se réfère pas uniquement aux corrections purement matérielles. Il prend en compte la correction des données inexactes concernant la personne. Au regard de la loi n°2013-015 modifiée, le droit de rectification permet à toute personne concernée par un traitement d'exiger du responsable de traitement la mise à jour de ses données, voire la suppression lorsqu'elles s'avèrent inexactes,[302] incomplètes[303] ou périmées, ou lorsque leur collecte, leur utilisation, leur communication ou leur conservation était interdite.

Toutefois, les traitements relevant de la sûreté de l'État de la défense nationale ou de la sécurité publique sont soumis à l'exercice du droit d'accès indirect. Une personne concernée par ces traitements ne peut pas solliciter la rectification auprès des services concernés. Ainsi, comme sus évoqué, pour accéder à ces catégories de données ou de traitements, les personnes concernées s'adressent directement à l'APDP conformément à l'alinéa 1er de l'art.14., qui, à son tour, « *désigne un de ses membres pour mener les investigations utiles, en vue de procéder aux modifications nécessaires* ».[304]

---

[301] Au regard du RGPD, le droit de rectification peut être défini comme le droit pour toute personne d'obtenir d'un tiers (sociétés, organismes ou administrations) détenant des informations la concernant :

- un traitement exact et tenu à jour des données à caractère personnel la concernant, et ;
- la prise de toute mesures raisonnables pour que les données qui sont inexactes, eu égard aux finalités pour lesquelles elles sont traitées, soit effacées ou rectifier sans tarder.

[302] Le terme inexactitude renvoie à celui d'une « erreur » qui se serait survenue dans la mise en œuvre du traitement. Dans ce cas d'espèce, la personne concernée peut obtenir du responsable du traitement la correction de cette erreur.

[303] Lorsque les données sont « incomplètes » ou « périmées », la personne concernée peut exiger du responsable du traitement qu'il les complète ou les mettre à jour.

[304] En droit français, l'application la plus fréquente de l'article 41 est relatif au droit d'accès au Système d'Information Schengen (SIS). Le Conseil d'État, s'appuyant en outre sur les

En effet, dans une affaire jugée par le Conseil d'État où le droit de rectification n'était pas garanti parce que le responsable du traitement avait estimé qu'il en était exempté par le fait de la collecte indirecte des données, il a été fait, au ministère de l'intérieur français, une injonction lui demandant de procéder à la rectification des informations inexactes contenues dans les fichiers des renseignements généraux, au regard notamment de l'homonymie alléguée par l'intéressé.[305]

L'exercice du droit de rectification s'effectue sans frais à travers une demande de la personne concernée, suivie d'une réponse du responsable de traitement « *dans un délai de trente (30) jours, après l'enregistrement de la demande* ».[306] Un point important est à noter de ce recours, la personne concernée n'a pas à rapporter la preuve de l'inexactitude. Cette tâche, conformément à l'article 13 de la loi de 2013 ci-dessus évoqué, *« incombe au responsable du traitement auprès duquel s'exerce le droit d'accès ».*

Ainsi, « *lorsqu'une donnée a été transmise à un tiers, le responsable du traitement doit accomplir les diligences utiles afin de lui notifier les opérations qu'il a effectuées* ».[307] L'avantage de l'exercice de ce droit est d'éviter qu'un responsable du traitement ne traite d'informations erronées sur une personne.[308]

---

dispositions de la convention Schengen, a eu l'occasion de préciser que « le droit d'accès (…) ne pouvait être indirect sans que la commission dispose du droit de communiquer au requérant les informations le concernant contenues dans le fichier » (CE, 30 mai 2001, n°218108, M.Bafardi). Cela étant, il doit s'agir d'une véritable investigation. Ainsi, le Conseil d'État a annulé la décision de la CNIL mettant un terme à une procédure de demande d'effacement de données contenues dans le système d'Information Schengen, au motif que la CNIL n'avait pas poursuivi l'examen du bien-fondé du signalement opéré par les autorités allemandes en étroite coordination avec celles-ci (CE, 7 avril 2006, AJDA 2006, p. 789, obs.Brondel S., JCP G 2006 IV, n°2027).

[305] CE, 21 mai 2008, n°301178 » www.legifrance.fr »

[306] Article 13 de la loi n°2013-015 modifiée.

[307] Après avoir procédé à la rectification des données, le responsable du traitement doit notifier à chaque destinataire (à qui il aurait transmis les données) les opérations de correction ou de mise à jour effectuées.

[308] Dans la pratique, cette disposition d'obligation des destinataires, ne pèse sur le responsable du traitement que lorsqu'il a ''encore connaissance des destinataires de la communication et que la notification à ces destinataires ne paraisse impossible ou n'implique pas des efforts disproportionné'' (Vie privée et intégration des données de santé de Belgian Longtitudinal Health Information System).

Aussi, « *ce droit offre la possibilité à une personne adulte qui renie le baptême qu'elle avait reçu étant enfant d'exiger l'actualisation de ses données en faisant inscrire, sur les registres paroissiaux les mentions à renier de son baptême* ».[309]

En effet, il y a de nombreuses années, alors qu'il est bébé, un citoyen français est baptisé à la demande de ses parents. C'est chose faite, et son nom est ajouté dans le registre des baptêmes. Après plusieurs années, devenu adulte, ce citoyen s'écarte des choix de ses parents et renie son baptême. Il le fait savoir à l'église catholique par courrier qui, à la réception du courrier, indique dans son registre des baptêmes, en regard du nom du citoyen concerné la mention suivante : « *a renié son baptême par lettre datée du [...] 2001* ». Non satisfait des réponses devant l'église et les autres instances, il porte l'affaire devant la Cour de Cassation ».[310]

B. Le respect par le responsable du traitement du droit d'opposition de la personne concernée

Toute personne a le droit de s'opposer, pour des raisons légitimes au traitement de ses données à caractère personnel, sauf si, la légitimité du traitement est nécessaire à l'exécution d'un contrat auquel la personne concernée est partie et d'autre part, les traitements nécessaires au respect d'une obligation légale par la personne concernée.

Le droit d'opposition pour des motifs tenant à la situation particulière de la personne concernée vise à établir un juste équilibre entre les droits à la protection des données à caractère personnel de la personne et les droits légitimes de tiers au traitement des données. Toutefois, il est de jurisprudence européenne que : « *les droits de la personne concernée prévalent en règle générale* » sur les intérêts économique d'un responsable du traitement en fonction de « *la nature de l'information en question et de sa sensibilité pour la vie privée de la personne concernée ainsi que de l'intérêt du public à disposer de cette information* ».[311]

---

[309] Cour de cassation, civile, Chambre civile 1, 19 novembre 2014, 13-25.156, Publié au bulletin

[310] Ibidem

[311] CJUE, C-131/12, Google Spain SL, Google Inc.c. Agencia Espanola de Protection de Datos (AEPD) Mario Costeja Gonzalez (GC), 13 mai 2014, point 81.

Pour l'exercice du droit d'opposition, la demande doit émaner de la personne concernée elle-même. Ainsi, pour conforter sa demande, la personne concernée doit prouver que le traitement produit des effets préjudiciables en son encontre.[312]

Quant au droit d'opposition spécifique aux traitements de données à des fins de marketing, les conditions sont moins strictes que le droit d'opposition, de façon générale.[313] En effet, consacré par l'État du Mali pour renforcer le droit des personnes contre l'utilisation abusive de leurs données, surtout, en cas de prospection commerciale, le droit d'opposition peut s'exercer sans motif et offre à toute personne, conformément à la loi n°2013-015 modifiée, et à la loi n°2019-056 portant répression de la cybercriminalité, la possibilité de s'opposer à ce qu'un responsable de traitement utilise ses données à des fins de prospection.

Par prospection directe, il faut entendre, toute sollicitation effectuée au moyen de l'envoi de message, quel qu'en soit le support ou la nature notamment commerciale, politique ou caritative, destinée à promouvoir, directement ou indirectement, des biens, des services ou l'image d'une personne vendant des biens ou fournissant des services.[314] Il résulte de cette définition que la prospection directe doit être considérée comme une technique, dans laquelle l'entretien et la perpétuation de la relation directe entre la personne concernée et celle qui l'approche est centrale, la nature de la finalité pour laquelle cette relation est créée ou entretenue étant moins pertinente, qu'elle soit commerciale, politique ou autre.

---

[312] Le qualificatif ''sérieux'' implique que la personne concernée implique que la personne concernée prouve que le traitement entraine des effets désavantageux pour elle, tandis que l'adjectif ''légitime'' se réfère au caractère illégal du traitement, c'est-à-dire à l'absence de base légale l'autorisant.

[313] Le rapport explicatif sur la convention 108 modernisée précise que l'opposition au traitement des données à des fins de marketing direct devrait entrainer l'effacement ou la suppression, sans autre condition, des données à caractère personnel faisant l'objet de l'opposition. La personne concernée a le droit de s'opposer gratuitement et à tout moment à l'utilisation des données personnelles à des fins de prospection. Les personnes concernées doivent être informées de ce droit, indépendamment de toute autre information.

[314] Article 03 alinéa 17 de loi n°2013-015 modifiée, portant protection des données à caractère personnel.

Un droit discrétionnaire, le droit d'opposition s'exerce sans perception d'aucun frais. [315] La personne concernée doit être en mesure d'exprimer son choix « *avant la validation* » de ses réponses y compris lorsque la collecte a eu lieu oralement.

Ainsi, l'article 19 de la loi de 2013 modifiée, dispose : « *toute personne physique ou morale a le droit de s'opposer, pour des motifs légitimes, à ce que des données à caractère personnel la concernant fassent l'objet d'un traitement. Elle a le droit, d'une part, d'être informée avant que ces données ne soient pour la première fois communiquées à des tiers ou utilisées pour le compte de tiers à des fins de prospection et, d'autre part, d'être expressément informé sans frais, de son droit de s'opposer à ladite communication ou utilisation* ». [316]

Pour ce faire, **Mathieu BOURGEOIS** rappelle que le responsable de traitement doit délivrer à la personne concernée, « *une information spécifique au sujet du droit d'opposition dans deux cas : d'une part, lors de la première communication avec la personne quel que soit le type de traitement, quelques soient les moyens et supports employés* » ; d'autre part, « *lorsque le traitement poursuit pour finalité, la prospection* ».[317]

Christiane Féral-SCHUHL ajoute que le responsable du traitement auprès duquel s'exerce le droit d'opposition, doit sans délai, « *informer tout autre responsable de traitement qu'il a rendu destinataire des données à caractère personnel qui font l'objet de l'opposition* ».[318]

Par ailleurs, à l'analyse de l'article 19 sus évoqué, l'exercice du droit d'opposition nécessite un *« motif légitime »* dont la charge incombe à la personne concernée. Concept non défini par le législateur dans la loi

---

[315] Article 19 de loi n°2013-015 modifiée.

[316] Pour tous les traitements poursuivant une finalité de prospection, leur responsable de traitement doit mettre la personne concernée en mesure de s'opposer avant la validation des réponses.

[317] Mathieu BOURGEOIS, 2017, Droit de la Donnée : Principes théoriques et approche pratique, lexis Nexis, page 238, point 1044

[318] Christiane Féral-SCHUHL : Cyber droit : le droit à l'épreuve de l'internet,7 édition Dalloz-paris p.52.

de 2013 portant protection des données à caractère personnel, les motifs légitimes sont souvent caractérisés par la doctrine et la jurisprudence françaises comme :

1. l'atteinte à la vie privée résultant de la production sur un site internet de données relatives à la vie conjugale et familiale d'une personne ;[319]
2. le caractère outrageant d'un avis de recherche diffusé en ligne ;[320]
3. l'atteinte à la réputation professionnelle[321] qui peut entraver la liberté d'entreprendre de la personne concernée.

C. Le respect du droit à la suppression des données à caractère personnel traitées

Prévu par l'Acte additionnel A/SA.1/01/10 relatif à la protection des données à caractère personnel et repris par la loi de n°2013-015 modifiée, qui le fusionne à celui de rectification, le droit à la suppression permet à toute personne justifiant de son identité, d'exiger du responsable d'un traitement que soient, selon les cas, supprimées les données la concernant, qui sont « *inexactes, incomplètes, équivoques, périmées, ou dont la collecte, l'utilisation, la communication ou la conservation est interdite* ».[322]

Contrairement à l'Acte additionnel de la CEDEAO et à la loi malienne en la matière, le droit français est allé plus loin en posant certaines conditions pour pouvoir bénéficier du droit à la suppression des données.[323]

---

[319] CA Montpellier, 15 déc.2011, Jean Marc D. c/ J. F. G Networks, www.legalis.net). V. également CA Montpellier, 22 mars 2017, M.X c/Overblog, www.legalist.net.

[320] CA Besançon, 31 janvier 2007 : D.2007, p.2771, obs. A. Lepage.

[321] CNIL Française, délib. n°2014 Délibération de la formation restreinte n°2014-041 du 29 janvier 2014 prononçant une sanction pécuniaire à l'encontre de l'Association X : dans cette affaire la CNIL a prononcé une sanction pécuniaire de 10 000 Euro à l'encontre d'un responsable de traitement ayant mis en ligne un annuaire de professionnels du droit, à l'insu de ces derniers, et ayant remplacé les « coordonnées téléphoniques réelles par des numéros surtaxés ».

[322] Articles 41 de l'acte additionnel A/SA.1/01/10 et 13 de la loi n°2013-015 modifiée

[323] Selon la CNIL, la personne concernée peut obtenir l'effacement des données si au moins elle se trouve dans l'une de ses hypothèses : les données sont utilisées à des fins de

Le droit de la communauté européenne notamment le RGPD, précise que ce droit est ''**pertinent**'', en particulier, « *lorsque la personne concernée a donné son consentement à l'époque où il était enfant, pas pleinement conscient des risques inhérents au traitement, et que par la suite elle décide de supprimer ces données personnelles, en particulier sur l'internet* ». Dans ce cas, le responsable du traitement est tenu d'effacer les données récriminées.[324]

La détermination d'une durée adéquate de conservation des données est encore plus fondamentale s'agissant des traitements mis en œuvre par une personne publique ou une personne morale de droit privé mais chargée d'une mission de service public. En droit de la donnée, le non-respect de ce principe peut entrainer l'annulation de l'acte autorisant le traitement ou le refus de l'Autorité d'accorder l'autorisation.[325] C'est en application de ce principe que l'Autorité a, lors de sa session extraordinaire d'octobre 2019, renvoyé la demande de mise en conformité du système de vidéosurveillance de l'Office Central de Lutte contre l'Enrichissement Illicite (OCLEI) par ce qu'elle ne respecte pas la durée de conservation des données issues des dispositifs de vidéosurveillance fixée à un (1) mois.[326]

---

prospection ; les données ne sont pas ou plus nécessaires au regard des objectifs pour lesquels elles ont été initialement collectées ou traitées ; la personne concernée a retiré son consentement à l'utilisation de ses données ; les données font l'objet d'un traitement illicite (par exemple, publication de données piratées) ; les données ont été collectées lorsque la personne concernée était mineur dans le cadre de la société de l'information (blog, forum, réseau social, site web…) ; les données doivent être effacées pour respecter une obligation légale ; la personne concernée s'est opposée au traitement de ses données et le responsable du traitement n'a pas de motif légitime ou impérieux de ne pas donner suite à cette demande.

[324] CNIL, mai 2018, « Le règlement général sur la protection des données-RGPD », https://www.cnil.fr/fr/reglement-europeen-protection-donnees (page visité deux fois, la dernière : 03/12/22)

[325] Jean Gourdou, Janvier 2020 « *Les conséquences de la Constatation de l'Illégalité d'un Acte Administratif par le Juge Administratif* », Hal open science, https://hal-univ-pau.archives-ouvertes.fr/tel-02431257/document

[326] Contrairement au délai fixé par l'APDP, l'OCLEI entendait conserver les images enregistrées durant cinq (05) ans. Cette durée n'étant, ni conforme aux normes fixées par l'APDP, ni proportionnelle à la finalité poursuivie par ledit traitement, l'Autorité a demandé à l'Office, à cet effet, de se conformer à celle prévue par la délibération n°2017-024/APDP du 11 Avril 2017 modifiée par délibération n°2021-176/APDP du 11 aout 2021. Cf. Compte rendu de la session extraordinaire d'octobre 2019 de l'APDP.

Aussi, le Conseil d'État français, dans l'affaire dite : « Eloi », relative à l'annulation partielle du décret du 26 décembre 2007, a considéré que le ministère de l'Immigration ne pouvait pas déroger à la durée de conservation de trois (03) mois et, conserver, en conséquence, pour une période pouvant aller jusqu'à trois (03) ans à compter de la date effective d'éloignement, certaines données relatives à des étrangers, y compris si une telle conservation pouvait faciliter son travail en vue de prendre de nouvelles mesures d'éloignement.[327]

Pour se mettre à l'abri des sanctions, les responsables de traitement sont tenus de se référer aux normes adoptées par l'APDP notamment, en matière de vidéosurveillance, de la biométrie, du contrôle d'accès par badge. Par exemple, l'Autorité a toujours considéré conforme, la conservation des données comptables pendant toute la durée de la relation contractuelle avec la personne concernée (client ou salarié) et dix (10) ans[328] après ladite relation, conformément aux dispositions de la loi uniforme de l'UMOA, aux instructions de la BCEAO, etc.[329]

CHAPITRE II :

UNE OBLIGATION DU RESPECT DES CONDITIONS FORMELLES RELATIVES À LA LICÉITÉ DE TRAITEMENT DE DONNÉES À CARACTÈRE PERSONNEL

Par principe, tout traitement de données à caractère personnel doit faire l'objet, de la part du responsable de traitement, de formalités préalables auprès de l'Autorité de Protection des Données à caractère Personnel (APDP).

---

[327] CE, 30 déc. 2009, n°312051, Assco.SOS Racisme, Juris-Data, n°2009-017599 ; JCP A 2010, act.45 ; AJDA 2010, n°24, p.3, obs. Brondel S. ; LPA 3 févr.2010, n°24, p.3, obs. Rouault M.-C., ; DR.adm.2010, comm.27 ; JCPA 2010,

[328] Il a été estimé que la durée de conservation à compter de la durée de la fin de la relation commerciale ne peut excéder dix (10) ans, par référence à celle nécessaire à l'établissement de preuves dans le cadre de la conservation des documents crées à l'occasion d'activités.
A titre de rappel, l'UMOA s'occupe des questions monétaires. Elle ne doit pas être confondue avec l'Union économique et monétaire ouest-africaine (UEMOA). Cette dernière fait du développement et de l'intégration économiques, ses pivots d'engagement. La Banque centrale des États de l'Afrique de l'Ouest (BCEAO) est l'institution monétaire de l'UMOA.

[329] Recueil annuel des délibérations de l'Autorité, disponible dans ses locaux.

Seront abordés dans ce chapitre, les obligations de déclaration instituées pour tous les traitements de données à caractère personnel (section 1) et les différents régimes auxquels ils sont soumis.

Section 1 : L'obligation de formalités pour tous les traitements de données à caractère personnel

Dans le cadre de sa mission de régulation, l'APDP vérifie la conformité à la loi n°2013-015 du 21 mai 2013 modifiée, les traitements de données à caractère personnel mis en œuvre ou envisagés par les organismes des secteurs public et privé. A cet effet, elle reçoit la déclaration de tout traitement opéré comportant des données à caractère personnel et n'ayant pas fait l'objet d'une dispense de déclaration.

Elle donne son avis sur tous les projets de textes relatifs à la protection des données à caractère personnel ou créant des traitements. Aussi, elle autorise les traitements de données à caractère personnel bénéficiant d'une attention particulière de la part de la loi en raison de leur nature ou de leur sensibilité. Ces différentes procédures relèvent de la compétence de l'organe délibérant qui les examine lors des sessions définies par l'article 39 de la loi 2013-015 du 21 mai 2013.

En effet, l'accomplissement des démarches préalables auprès de l'Autorité de Protection des Données à caractère Personnel est ''*le premier élément de transparence*. La licéité du traitement dépend en grande partie de l'accomplissement de ses démarches. A défaut de ces formalités, en plus des sanctions prévues par les textes, *le responsable du traitement encourt à la nullité de son acte*, c'est-à-dire, son traitement ainsi que *les effets y afférents*.

Ces formalités préalables qui s'accomplissent à travers des formulaires dédiés, est non seulement obligatoire pour les traitements ayant précédés l'installation de l'APDP (paragraphe 1) mais aussi et surtout, pour les nouveaux traitements (paragraphe 2).

Les formulaires utilisés pour l'accomplissement des formalités préalables comportent l'engagement des responsables du traitement que le traitement est conforme aux exigences de la loi relative aux données à caractère personnel.

Paragraphe 1 : L'obligation de régulariser les traitements ayant précédé l'installation de l'APDP

La préoccupation relative à la régularisation des traitements ayant précédé la mise en place de l'Autorité de Protection des Données à caractère Personnel a été prise en compte par le législateur malien dans l'article 68 de la loi n°2013-015 du 21 mai 2013 modifiée, portant protection des données à caractère personnel.

En effet, la loi susmentionnée a accordé un délai maximum de six (06) mois aux responsables de traitement pour se mettre en conformité. Qu'« *à défaut de cette régularisation dans le délai précité, leurs activités sont réputées contraires aux dispositions de la présente loi et ils devront cesser lesdites activités sans délai, faute de quoi, les contrevenants s'exposeront aux sanctions prévues par la loi* ».[330]

A cet égard, il a été constaté que de 2016, année de la mise en place de l'APDP jusqu'en fin 2021, la plupart des procédures de mise en conformité effectuées, étaient des demandes de régularisation portant sur des traitements antérieurs à l'adoption de la loi n°2013-015 du 21 mai 2013.[331]

Etape très importante pour la licéité des traitements, les autorités de protection tout comme les juridictions font une application *« stricto sensus »* de ce principe. Ainsi, dans sa délibération n°2020-156/APDP du 04 décembre 2020, l'Autorité a, suite à une plainte introduite par une personne physique du nom de Monsieur COTK, infligé une mise en demeure à la société Baobab Mali, à l'effet de procéder dans un délai d'un (01) mois à la mise en conformité de son traitement de données à caractère personnel ayant pour finalité la gestion du contentieux.

Également, dans une délibération datant de 2018, la Commission Nationale pour la Protection des Données à caractère Personnel CNPDCP du Gabon, a infligé une amende de **cinq (05) millions** à

[330] Loi n°2013-015 du 21 mai 2013 modifiée, portant protection des données à caractère personnel.
[331] Rapport Annuel d'activités de 2018 de l'APDP.

l'encontre de la Société **« Axiome Gabon SA »,** pour *« utilisation illicite du dispositif de géolocalisation ».* [332]

Paragraphe 2 : L'obligation de mettre en conformité les nouveaux traitements de données à caractère personnel

En application des dispositions de l'article 57 de la loi n°2013-015 du 21 mai modifiée, les responsables de traitement de données déclarent à l'Autorité de Protection les opérations qu'ils comptent effectuer pour une finalité donnée. Qu'importe le type de traitement, *manuel ou automatisé*, sauf s'il est déclaré expressément dispenser.

Si cette formalité a été omise de mauvaise foi, *« l'Autorité de Protection inflige au Responsable de traitement des données en cause, la sanction administrative appropriée qu'elle apprécie, en fonction de la gravité de la faute ».*[333]

A titre de rappel, le Code pénal francais, dans son article 226-116 sanctionne pénalement : « *le fait, y compris par négligence, de procéder ou de faire procéder à des traitements de données à caractère personnel sans qu'aient été respectées les formalités préalables à leur mise en œuvre prévues par la loi est puni de cinq (05) ans d'emprisonnement et de 300 000 euro d'amende* ».

Ainsi, pour être conforme aux principes de protection de données à caractère personnel, en 2021, la Caisse Nationale d'Assurance

---

[332] En effet, la CNPDCP, saisie par Monsieur M.J.A., le plaignant, d'une plainte contre son employeur, la société Axiome Gabon SA, au motif d'avoir été licencié suite à l'utilisation frauduleuse d'un GPS, sans notification aux employés, en *violation flagrante de ses libertés, de ses droits fondamentaux et intérêts légitimes*, a, après examen de ladite plainte, considéré qu'en application des dispositions de la loi n°001/2011 du 25 septembre 2011 relative à la protection des données à caractère personnel qui dispose : « *les technologies de l'information et de la communication doivent être au service de chaque citoyen et qu'elles ne doivent pas porter atteinte, ni à la liberté, ni à l'identité humaine, ni aux droits de l'homme, ni à la vie privée, ni aux libertés individuelles ou publiques* ».
Ainsi, pour justifier la sanction infligée, la CNPDCP a affirmé que la géolocalisation constituant un traitement de données personnelles ne doit, aucunement pas être mis en œuvre sans son autorisation préalable.[332] Un point très sensible en matière du droit des données, le non accomplissement des formalités déclaratives auprès de l'Autorité en charge de la Protection des Données peut amener les juges à écarter les éléments issus des dispositifs non déclarés et produits à titre de preuves.
Site de la CNPDCP du Gabon accessible à l'adresse suivante : https://www.cnpdcp.ga ;
[333] Article 57 de la loi n°2013-015 du 21 mai modifiée,

Maladie (CANAM) a, depuis la phase projet de son recrutement, saisi l'APDP d'une déclaration normale.[334]

Par ailleurs, pour montrer l'importance des formalités préalables, un jugement du 06 septembre 2007 du tribunal correctionnel de Saint-Brieuc (France) a prononcé la nullité du procès dans lequel avait été consignée « **l'adresse IP** » d'un internaute poursuivi par la Société des Auteurs, Compositeurs et Editeurs de musique (SACEM)[335] « *pour avoir téléchargé et mis à disposition cent cinquante mille (150 000) fichiers musicaux et vidéo sur les réseaux P2P* ». L'internaute avait été « flashé » sur internet au moyen d'un dispositif (radar) dont la demande d'autorisation avait été rejetée par la Commission Nationale de l'Informatique de France, en octobre 2005 pour défaut de proportionnalité. En effet, la CNIL avait estimé que ce dispositif ne remplissait pas la condition de *« proportionnalité »* dans la mesure où il n'avait pas pour objet *« la réalisation d'actions ponctuelles strictement limitées au besoin de la lutte contre la contrefaçon »* et pouvait conduire à une collecte massive de données à caractère personnel.[336]

Également, dans deux (02) arrêts de la Cour d'Appel de Paris, rendus respectivement les 27 avril et 15 mai 2007, les procès-verbaux produits à titre de preuve ont été écartés par les juges de première instance car ils avaient été établis par des agents de la Société Civile des Producteurs Phonographiques (SCPP) sans l'autorisation préalable de la CNIL.[337]

De même, dans un arrêt du 6 avril 2004, la Chambre Sociale de la Cour de Cassation de France avait jugé qu'« *à défaut de déclaration à*

---

[334] Après instruction de ladite demande, l'Autorité a, par délibération n°2021-183/APDP du 10 septembre 2021, autorisé ledit traitement et lui a rappelé qu'elle se réserve le droit d'initier toute opération de vérification nécessaire, en vue de s'assurer du respect des principes en matière de protection des données à caractère personnel. Recueil de délibération de l'APDP au titre de l'année 2021 disponible sur son site web

[335] La Société des auteurs, compositeurs et éditeurs de musique est une société de gestion des droits d'auteur française fondée en 1851. Elle est membre de la Confédération internationale des sociétés d'auteurs et compositeurs.

[336] Christiane Féral-SCHUHL, 2011-2012, « *le Cyber droit : le droit à l'épreuve de l'internet* », 6 édition, page 47

[337] CA Paris, 13ème Chambre A., 15 mai 2007, RG n°01964, CCE, 2007, n°144, note Caron-CA Paris, 13ème ch.B., 27 avril 2007, RG n°06/02334 ; Gaz.Pal.13-15 janvier 2008 n°13 à 15, p9.

la Commission Nationale de l'Informatique et des Libertés (CNIL) d'un traitement automatisé d'informations nominatives concernant un salarié, son refus de déférer à une exigence de son employeur impliquant la mise en œuvre d'un tel traitement ne peut lui être reproché ».[338]

Section 2 : Les différents régimes en matière de formalités préalables

Contrairement à la loi n°2008-12 portant protection des données à caractère personnel au Sénégal qui, dans son article 18 précise que : « *En dehors des cas prévus aux articles 17, 20 et 21 de la présente loi, les traitements de données à caractère personnel font l'objet d'une déclaration auprès de la Commission des Données Personnelles* »[339], le législateur malien n'a fourni aucune information quant à la nature des régimes.

Cependant, c'est en vertu de l'article 69 de la loi n°2013-015 du 21 mai 2013 modifiée, portant protection des données à caractère personnel, qui habilite l'Autorité à suppléer par délibération « *les dispositions pratiques de mise en œuvre des données à caractère*

---

[338] En l'espèce, un salarié refusait d'utiliser une badgeuse pour le calcul de son temps de travail. Suite à ce refus, il fut licencié par son employeur. Saisi de l'affaire, les juges de la Cour de Cassation ont précisé qu'à défaut d'accomplir à la CNIL des formalités déclaratives d'un traitement automatisé d'informations nominatives concernant un salarié, son refus de déférer à une exigence de son employeur impliquant la mise en œuvre d'un tel traitement ne peut lui être reproché. Ainsi, par cet arrêt, la Cour de Cassation venait de préciser, ou du moins, renforcer la portée de l'accomplissement des formalités préalables auprès de la Commission Nationale de l'Informatique et des Libertés et les conséquences du défaut d'accomplissement de ces formalités notamment au regard de la licéité des preuves invoquées à l'appui d'un licenciement.
Dans un autre arrêt en date du 25 juin 2013, la Cour de Cassation de France a déclaré qu'un fichier client non déclaré à la Commission Nationale de l'Informatique et des Libertés (CNIL) n'a aucune valeur juridique et ne peut pas être valablement cédé. Aux termes de cet arrêt, « *tout fichier informatisé contenant des données à caractère personnel doit faire l'objet d'une déclaration auprès de la Commission Nationale de l'Informatique et des Libertés (CNIL) [...]* ».
Jusqu'à l'entrée en vigueur du RGPD, plusieurs autres arrêts ont confirmé l'illégalité de licenciement effectués sur la base des preuves issues des traitements n'ayant pas fait l'objet de formalités préalables auprès de la Commission Nationale de l'Informatique et des Libertés et ne respectant pas les dispositions de la loi Informatique et libertés en n'informant pas les salariés notamment. (Cass. soc., 6 avr. 2004, n° de pourvoi : 01-45227).

[339] Loi n° 2008-12 portant protection des données personnelles en république du Sénégal.

personnel non prévues par la loi », que la délibération ***n°2016-003 modifiée***, fut adoptée.

En effet, cette délibération, en phase avec l'Acte Additionnel A/SA.1/01/10 relatif à la protection des données à caractère personnel dans l'espace de la CEDEAO traite les formalités nécessaires aux traitements de données à caractère personnel.

Comme modalités, il est à noter que les formulaires de déclaration normale, des demandes d'avis et d'autorisation doivent être présentés par le responsable du traitement ou par la personne ayant qualité pour le représenter. A cet effet, il doit y être mentionné :

- la nature du responsable du traitement : personne morale ou physique, de droit public ou du droit privé ;
- l'identité et l'adresse du responsable du traitement ou, si celui-ci n'est pas établi sur le territoire malien, celles de son représentant dûment mandaté ;
- la ou les finalités du traitement ainsi que la description générale de ses fonctions ;
- les données à caractère personnel traitées, leur origine et les catégories de personnes concernées par le traitement ; la durée de conservation des données traitées ;
- le ou les services chargés de mettre en œuvre le traitement ainsi que les catégories de personnes qui, en raison de leurs fonctions ou pour les besoins du service, ont directement accès aux données enregistrées;
- les destinataires habilités à recevoir communication des données ;
- la fonction de la personne ou le service auprès duquel s'exerce le droit d'accès ;
- les mesures mises en œuvre pour assurer la sécurité et la confidentialité des données ; l'indication du recours à un sous-traitant ;
- les interconnexions envisagées ou toutes autres formes de mise en relation avec d'autres traitements ;

➢ les transferts de données à caractère personnel envisagés à destination.[340]

Ainsi, les démarches ou formalités préalables se répartissent entre le régime de droit commun (paragraphe 1) et les régimes particuliers (paragraphe 2).

Paragraphe 1 : Le régime de droit commun

La délibération n°2016-003 modifiée, relative aux formalités nécessaires aux traitements de données personnelles n'énumère pas les cas devant faire l'objet d'une déclaration normale. Elle dispose, comme la loi sénégalaise et l'Acte Additionnel de la CEDEAO relatifs à la protection des données personnelles que : « *en dehors des cas prévus aux articles 1, 2,3 tout traitement de données à caractère personnel doit faire l'objet d'une déclaration* ». [341]

Toutefois, de la pratique de l'APDP, il ressort que le régime change en fonction de la nature du traitement et des données traitées. Ainsi, lorsque le traitement porte sur une donnée sensible[342], ou lorsqu'il y a une interconnexion[343] et/ou un transfert de données à l'étranger, le régime change de déclaration en demande d'autorisation.

En principe, le régime de droit commun se compose généralement de la déclaration normale et de la déclaration simplifiée.

A. La déclaration normale

A titre liminaire, dans la pratique de plusieurs autorités de protection, les traitements permettant le contrôle de l'activité professionnelle des salariés notamment *la vidéosurveillance, la surveillance des connexions internet ou la messagerie électronique, la géolocalisation,*

---

[340] Délibération n°2016-003 modifiée disponible sur le site de l'APDP, www.apdp.ml

[341] Article 4 de la délibération n°2016-003 modifiée.

[342] Définit par l'article 3 de la loi n°2013-015 modifiée (art.3 de la loi de 2013).

[343] Tout mécanisme de connexion consistant en la mise en relation de données traitées pour une finalité déterminée avec d'autres données traitées pour des finalités identiques ou non, ou liées par un ou plusieurs responsables de traitements.

la prospection, etc. sont, en général, soumis au régime de déclaration normale.[344]

Ainsi, l'Autorité de Protection des Données à caractère Personnel a estimé recevable sous le **régime de déclaration normale**, les demandes de mise en conformité de la société dite « Nouvelle Technologie Africaine SAS NTA-TECH » portant sur la vidéosurveillance de ses locaux[345], de l'Ecole Sup 'Management relative à la gestion du contrôle d'accès par badge, de la vidéosurveillance[346] et du contrôle d'accès par badge[347] de la société Éléphant Vert SA du Mali portant sur la géolocalisation de ses véhicules de livraison.[348]

Dans le rapport annuel d'activités de 2018 de l'Autorité, il ressort que courant 2018, l'APDP a délivré 30 récépissés suite à sa saisine par le biais du régime de déclaration normale. Le constat qui découle de ces déclarations normales est que le traitement des données à caractère personnel portant sur les systèmes de vidéosurveillances constitue le gros de la saisine. Cela dénote de la volonté des entreprises et des particuliers de renforcer la sécurité des personnes et des biens. C'est pour quoi, l'Autorité, consciente des risques d'atteinte à la vie privée que peuvent engendrer ces dispositifs de vidéosurveillance, a été exigeante sur le respect du principe de proportionnalité et de celui des droits des personnes.[349]

Cette rigueur dans le traitement des dossiers de mise en conformité des dispositifs de vidéosurveillance s'est traduite, dans certains cas, par un contrôle *à priori* (avant l'autorisation sollicitée qui est différent du contrôle à posteriori : après l'autorisation) du traitement par l'envoi

---

344 Voir les site web de l'APDP Mali, de la CDP-Sénégal, etc.

345 Délibération n°2020-051/APDP du 05 avril 2020.

346 Délibération n°2020-012/APDP du 12 février 2020 autorisant la société « Eléphant Vert du Mali » à mettre en place son traitement de données à caractère personnel portant sur la vidéosurveillance de ses locaux

347 Délibération n°2020-013/APDP du 12 février 2020 autorisant la société « Eléphant Vert Mali » à mettre en place son traitement de données à caractère personnel portant sur la gestion du contrôle d'accès à ses locaux par badge.

348 Délibération n°2019-019/apdp du 12 avril 2019 autorisant ''la Société Eléphant Vert'' à mettre en œuvre son traitement de données personnelles portant sur la géolocalisation des véhicules mis à la disposition de ses salariés.

349 Rapport annuel d'activités de l'APDP, 2018

sur site d'une équipe composée de Commissaires et de cadres techniques afin de vérifier les informations contenues dans les formulaires de déclaration.[350]

B. La déclaration simplifiée ou les dispenses de formalités préalables

En application des dispositions de l'article 10 de l'Acte Additionnel de la CEDEAO relatif à la protection des données personnel, l'Autorité de protection peut établir et publier des normes destinées à simplifier ou à exonérer l'obligation de déclaration pour les catégories les plus courantes de traitement des données à caractère personnel dont la mise en œuvre n'est pas susceptible de porter atteinte à la vie privée ou aux libertés. Ainsi, les responsables de traitement qui décident de se mettre en conformité par le biais d'une norme simplifiée doivent envoyer à l'APDP le formulaire, dédié à cet effet, renseigné.

Par ailleurs, en ce qui concerne la dispense, il est à rappeler qu'en application de la délibération n°2017-027/APDP du 16 aout 2017 portant modification de la délibération n°2016-003 du 10 aout 2016 relative aux formalités nécessaires au traitement des données à caractère personnel, sont dispensés des formalités déclaratives :

- « *les traitements ayant pour seul objet la tenue d'un registre destiné à un usage exclusivement privé ;*
- *les traitements mis en œuvre par une association ou tout autre organisme à but non lucratif et à caractère religieux, philosophique, politique ou syndical dès lors que ces données correspondent à l'objet de cette association ou de cet organisme, qu'elles ne concernent que leurs membres et qu'elles ne doivent être communiquées à des tiers …*».

Également, l'article 6 de la loi ci-dessus mentionnée, exclut également de son champ d'application :

---

[350] Idem

- *les traitements de données mis en œuvre par une personne physique dans le cadre exclusif de ses activités personnelles ou domestiques, à condition toutefois que les données ne soient pas destinées à une communication systématique à des tiers ou à la diffusion ;*
- *les copies temporaires faites dans le cadre des activités techniques de transmission et de fourniture d'accès à un réseau numérique, en vue du stockage automatique, intermédiaire et transitoire des données et à la seule fin de permettre à d'autres destinataires du service le meilleur accès possible aux informations transmises.*

Ainsi, en 2018, l'Autorité, saisie par un Cabinet de conseils juridiques de la place sur *''la question relative aux copies temporaires''* a répondu que *les copies temporaires faites dans le cadre des activités techniques de transmission et de fourniture d'accès à un réseau numérique, en vue du stockage automatique, intermédiaire et transitoire des données et à la seule fin de permettre à d'autres destinataires du service, le meilleur accès possible aux informations ne sont pas soumises à la loi n°2013-015 du 21 mai 2013 portant protection des données à caractère personnel.*[351]

Avant de terminer avec ce point, il est nécessaire de retenir qu'à l'instar des autres autorités de contrôle, l'Autorité de Protection des Données à caractère Personnel dispose également, du pouvoir *de dispenser de toute formalité déclarative*, certains traitements de données à caractère personnel.

A côté du régime de déclaration normale, existe d'autres régimes appelés, les régimes particuliers.

Paragraphe 2 : Les régimes particuliers en matière de traitement des données à caractère personnel

Les demandes d'autorisation, d'avis (A), de modification (B) sont des régimes différents de la déclaration normale en fonction de leur nature et de leur contenu.

[351] Secrétariat général de l'APDP, archives de 2018, « *réponse à la correspondance du Cabinet FSD relative à la situation juridique des copies temporaires au Mali* »

A. La demande d'autorisation et d'avis

1. La demande d'autorisation

En raison soit, de la nature des données traitées ou de la finalité envisagée, certains traitements sont soumis au régime de demande d'autorisation par l'Autorité de protection.

Ainsi, sont mis en œuvre après autorisation de l'Autorité, conformément aux dispositions de la délibération n°2016-003 modifiée, les traitements des données à caractère personnel portant entre autres, sur : « *des données génétiques, la recherche de la santé, les données relatives aux infractions, condamnations ou mesures de sureté ; les traitements de données personnelles ayant pour seul objet une interconnexion des données, telle que définie dans l'article 3 de la loi ; les traitements de données portant sur un numéro d'identification national ou tout autre identifiant de la même nature ; les traitements de données comportant des données biométriques; les traitements de données ayant un motif d'intérêt public notamment à des fins historiques, statistiques ou scientifiques ; le transfert des données vers un pays tiers tels que annoncé dans l'article 11 de la loi portant protection des données personnelles* ».[352]

Également, « *les traitements susceptibles, du fait de leur finalité d'exclure des personnes du bénéfice d'un droit, d'une prestation ou d'un contrat en absence de toute disposition législative ou réglementaire ainsi que ceux comportant des appréciations sur les difficultés sociales des personnes* »[353] sont mis en œuvre, après autorisation de l'APDP. [354]

---

[352] Article 3 de la délibération n°2016-003 modifiée portant sur les formalités nécessaires au traitement de données personnelles.

[353] Article 3 de la délibération n°2016-003 modifiée portant sur les formalités nécessaires au traitement de données personnelles.

[354] Saisie par la Délégation du Mali de la « Fondation Terres des Hommes Lausanne » d'une demande d'autorisation pour mettre en œuvre son projet « IeDA » en vue d'améliorer la qualité des prestations de soins de santé des enfants de moins cinq (05) ans, l'Autorité de Protection des Données à caractère Personnel, après délibération, a autorisé ladite Fondation à mettre en œuvre ledit traitement qui porte sur les données de santé de l'enfant, en l'occurrence, sur la surveillance épidémiologique, l'amélioration de la qualité des prestations de soins de santé des enfants de moins de cinq ans (-5). (Délibération n°2017-007/APDP du 14 février 2017) ;

A été déclarée recevable sous le régime de demande d'autorisation, le traitement de données à caractère personnel effectué par la Banque de Développement du Mali (BDM) portant sur la gestion des données de ses clients et le transfert des données à deux (02) entreprises sises au Maroc.[355]

Aussi, dans le cadre des élections présidentielles de 2018, l'Autorité, saisie par la Délégation Générale aux Elections (DGE), d'une demande d'autorisation, a répondu favorablement au transfert du fichier électoral à la Librairie Nationale de France en vue de la confection des cartes d'électeur biométriques instituées par la loi électorale.[356]

En plus, en 2021, suite à sa saisine par la Société Orange Mali SA d'une demande d'autorisation pour un traitement de données à caractère personnel relatif à la gestion et au suivi médical de son personnel, l'APDP a rappelé que le traitement mise en œuvre, comporte des données sensibles comme « *les habitudes de vie sexuelle, l'origine ethnique et raciale (aux fins de diagnostiquer des pathologies liées à la race) qui peuvent faire l'objet de transfert vers l'étranger* », ce qui justifie le régime de demande d'autorisation.[357]

Par ailleurs, s'agissant du délai de l'instruction des demande d'autorisation, en application des dispositions de la délibération n°2017-026/APDP du 16 aout 2017 portant modification du Règlement Intérieur de l'Autorité de Protection des Données à caractère Personnel, le délai d'instruction de la demande d'autorisation est de deux (02) mois. « *Toutefois, ce délai peut être prorogé une fois pour une durée égale sur décision motivée de l'Autorité de Protection des Données à caractère Personnel* ».[358]

---

[355] Délibération n°2020-019/APDP du 12 février 2020 autorisant la Banque de Développement du Mali (BDM-SA) à poursuivre son traitement de données personnelles relatif à la gestion des clients.

[356] Du rapport d'activités de l'année 2018, il ressort, l'Autorité a été saisie de treize (13) demandes d'autorisation émanant essentiellement des entreprises privées.

[357] Délibération n°2021-205/APDP du 10 septembre 2021 autorisant la société Orange Mali-SA à mettre en œuvre le Traitement de Données à Caractère Personnel relatif à la Gestion et au suivi médical de son personnel (Répertoire des déclarations)

[358] Article 51 de la délibération n°2017-026/APDP du 16 aout 2017 portant modification du Règlement Intérieur de l'Autorité de Protection des Données à caractère Personnel

2. La demande d'avis

La délibération n°2016-003 modifiée, portant sur les conditions nécessaires aux formalités préalables, inspirée de l'Acte Additionnel de la CEDEAO, soumet certaines catégories de traitement au régime de demande d'avis. Il s'agit des traitements opérés pour le compte de État, d'un établissement public ou d'une collectivité locale ou d'une personne morale de droit privé gérant un service public.[359]

Les traitements décidés par acte législatif ou réglementaire après avis motivé de l'Autorité de Protection des Données à caractère Personnel portent notamment sur la sureté de l'État, la défense ou la sécurité publique, la prévention, la recherche, la constatation ou la poursuite des infractions ou l'exécution des condamnations pénales ou de mesures de sureté. En effet, ces dispositions furent rappelées par l'Autorité à l'Agence Nationale de l'Aviation Civile (ANAC) dans le cadre de la collecte et de l'utilisation des données relatives à « Advanced Passenger Informations (API) » ou les « Renseignements Préalables Concernant les Voyageurs (RPCV) » et aux « Passenger Name Record ou données des passagers (PNR) ».[360]

Aussi, sont concernées par le régime de demande d'avis, les traitements portant sur : « *le recensement de la population ; les données à caractère personnel faisant apparaitre, directement ou indirectement les origines raciales, ethniques, la filiation, les opinions politiques, philosophiques ou religieuses ou l'appartenance syndicale des personnes, ou qui sont relatives à la santé ou à la vie sexuelle ; le traitement des salaires, pensions, impôts, taxes et autres liquidations ; les traitements nécessaires à la prise en compte d'un compte d'un intérêt économique ou financier de État, y compris dans les domaines monétaire, budgétaire, douanier et fiscal, de façon générale toute mission d'intérêt public* ».[361]

---

[359] Article 2 la délibération n°2017-027/APDP du 16 aout 2017 portant modification de la délibération n°2016-003 du 10 aout 2016 portant sur les formalités nécessaires au traitement des données à caractère personnel.

[360] APDP, secrétariat général, juillet 2022

[361] Délibération n°2017-027/APDP du 16 aout 2017 portant modification de la délibération n°2016-003 du 10 aout 2016 portant sur les formalités nécessaires au traitement des données à caractère personnel.

Dans son rapport annuel d'activités de 2018, l'Autorité a rappelé qu'elle se réjouit de l'intérêt porté à la protection des données personnelles par le Ministère de la Sécurité et de la Protection Civile (MSPC) dans l'élaboration de ses différents textes touchant aux données personnelles. Cela s'est traduit par la saisine de l'APDP de trois (03) demandes d'avis portant sur différents projets de textes créant des traitements de données personnelles. Il s'agit de :

- la demande d'avis portant sur le projet de décret régissant le cadre institutionnel du Système d'Information Policière de l'Afrique de l'Ouest (SIPAO).[362]

- la demande d'avis relative à la ratification de la convention de l'Union Africaine sur la Cyber sécurité et la protection des données personnelles adoptée à Malabo, le 27 juin 2014.[363]

---

[362] Au cours de sa session ordinaire d'août 2018, l'APDP a examiné ladite demande sous l'angle des principes de protection des données personnelles et a émis un avis favorable après avoir fait quelques observations visant à prendre en compte certaines dispositions de la loi n°2013-015 du 21 mai 2013 modifiée. Ces observations ont essentiellement porté sur les dispositions régissant le droit d'accès, de rectification et d'effacement du SIPAO qui s'exerce de façon indirecte à travers l'APDP.
A titre de rappel, l'article 14 de la loi portant protection des données à caractère personnel au Mali dispose : « *Lorsqu'un traitement intéresse la sûreté de l'État, la défense ou la sécurité publique, les droits d'accès et de rectification aux données s'exercent de façon indirecte. Dans ce cas, la demande est adressée à l'Autorité en charge de la protection des données à caractère personnel qui désigne un de ses membres pour mener les investigations utiles, en vue de faire procéder aux modifications nécessaires. Lorsque l'Autorité en charge de la protection des données à caractère personnel constate, en accord avec le responsable du traitement, que la communication des données qui y sont contenues ne met pas en cause la sûreté de l'État, la défense ou la sécurité publique, ces données sont communiquées au requérant. Il est notifié, le cas échéant au requérant, qu'il a été procédé aux vérifications* ».
Conformément aux dispositions susmentionnées, l'Autorité a relevé que le projet de décret, tout en lui attribuant cette compétence, ouvrait la possibilité de la saisine de la Direction Générale de la Police Nationale dans l'exercice des droit d'accès et de rectification, ce qui est contraire à l'esprit de l'article 14 ci-dessus mentionné.

[363] A l'issue de sa session ordinaire d'août 2018, l'Autorité de Protection des Données à caractère Personnel a relevé que ladite demande d'avis ne comportait pas de projet de loi de ratification, chose qui ne lui permettait pas de se prononcer sur la convention dont la ratification est sollicitée par le commissaire de l'Union Africaine aux Infrastructures et à l'Energie. A ce sujet, l'APDP a souligné au Ministère de la Sécurité et de la Protection Civile, la nécessité de procéder conformément aux dispositions de l'article 115 de la Constitution du 25 février 1992 qui dispose que les traités ou accords relatifs aux organisations internationales ne peuvent être ratifiés qu'en vertu de la loi.

- la demande d'avis relative au projet d'arrêté interministériel portant authentification des données à caractère personnel des demandeurs de passeport biométrique. [364]

Aussi, en mai 2019, l'APDP a été saisie par le Ministre en charge de l'Économie Numérique pour donner son avis sur un projet de décret définissant les données d'identification et déterminant la durée et les modalités de leur conservation auprès des prestataires de services de communication électroniques. A cet effet, elle a, au bénéfice des observations qu'elle avait formulées à l'attention du requérant, émis un avis favorable sur ledit projet.[365]

Toujours, suivant le même régime de demande d'avis, l'École Nationale d'Administration du Mali (ENA) n'a pas été autorisée à communiquer à l'Association Malienne de Lutte contre la Corruption et la Délinquance Financière (AMLCDF), la liste des candidats aux concours directs d'entrée à l'ENA.

Après instruction de ladite demande, l'Autorité a relevé que la liste demandée par l'association contient des données d'identification et d'état civil, en l'occurrence *les prénoms et nom, la date et le lieu de naissance, l'année d'obtention du diplôme, le sexe, le numéro de place et le centre* ; que conformément aux dispositions de l'article 8 de la loi n°2013-015 du 21 mai 2013 modifiée, portant protection des données à caractère personnel « *le responsable du traitement prend toutes les précautions utiles pour préserver la sécurité des données. Il doit empêcher notamment qu'elles soient déformées, endommagées ou que des tiers non autorisés y accèdent* » et qu'à cet effet, seuls peuvent avoir accès aux données les autorités légalement habilitées dans le cadre d'une mission

[364] Suite à cette demande, l'APDP a, lors de sa session extraordinaire de novembre 2018, émis un avis favorable. A titre de rappel, le projet de décret en question régit les conditions d'accès du Ministère de la Sécurité et de la Protection Civile à la base de données RAVEC en vue de confirmer l'identité des demandeurs de passeport biométrique. Ainsi, l'objectif visé est de renforcer la sécurité des documents de voyage et de lutter contre la criminalité transfrontalière, la fraude documentaire et le trafic illicite des personnes. (Rapport annuel d'activités de 2018 de l'Autorité Protection des Données à caractère Personnel).

[365] Délibération n°2019-023/APDP du 31 mai 2019 portant sur la demande d'avis du Ministère de l'Economie Numérique et de la Prospection portant sur le projet de décret définissant les données d'identification et déterminant la durée et les modalités de leur conservation auprès des prestataires de services de communication électroniques.

particulière d'enquête, telles que l'autorité judiciaire, la police judiciaire ou de contrôle. A cet effet, elle a conclu que l'Association Malienne de Lutte contre la Corruption et la Délinquance Financière *« n'est ni une autorité administrative de contrôle, ni une autorité judiciaire pour demander la communication de la liste des candidats aux concours d'entrée à l'ENA »* et qu'au regard de ce qui précède, il y a lieu d'émettre un avis défavorable à la communication sollicitée.[366]

De même, le Ministère de l'Administration Territoriale et de la Décentralisation (MATD) a saisi l'APDP d'une demande d'avis portant sur le projet de texte relatif à la mise en place d'un système d'état civil informatisé au Mali. Ce projet de grande envergure envisage de :

- contribuer à la consolidation et à la modernisation du système d'état civil par la mise en place d'un appui au pilotage stratégique de l'état civil, le développement des capacités des administrations chargées de la gestion de l'état civil et de la sensibilisation des acteurs ;
- disposer d'un fichier central de l'état civil consolidé et interconnecté des centres d'état civil par la mise en place d'un système informatisé de gestion de l'état civil relié à une base de données biométriques à même de sécuriser l'identité de la population et d'être exploitable par d'autres administrations utilisatrices (communes, postes consulaires, etc.).

Au cours d'une session extraordinaire tenue du 08 au 12 octobre 2018, l'Autorité après avoir examiné ladite demande a, par délibération n°2018-041/APDP du 12 octobre 2018 émis un avis favorable au Ministère de l'Administration Territoriale et de la Décentralisation en vue de procéder à la mise du traitement envisagé tout en le soumettant à l'obligation de lui communiquer toute modification ultérieure intervenue et portant notamment, sur la finalité, les catégories de données traitées ainsi que les destinataires de ces données.[367]

---

[366] Délibération n°2019-047/APDP du 19 octobre 2019 relative à la Demande d'avis portant sur la communication de la liste des candidats aux concours directs d'entrée à l'ENA à l'Association Malienne de Lutte contre la Corruption et la Délinquance Financière (AMLCDF).

[367] Délibération n°2018-041 du 12 octobre 2018 accordant un avis favorable au Ministère de l'Administration Territoriale et de la Décentralisation (MATD) pour la mise en place d'un système d'état civil malien sécurisé.

- la demande d'avis du Ministre de la Sécurité et de la Protection Civile en date du 08 septembre 2021 relative au projet de décret portant institution de la carte d'identité Nationale biométrique sécurisé CEDEAO

De prime abord, il est à rappeler que c'est à l'issue de leur 46ème sommet, tenu le 14 décembre 2014 à Abuja, au Nigéria, les Chefs D'État de la Communauté Économique des États de l'Afrique de l'Ouest (CEDEAO) ont décidé de l'institution d'une pièce d'identité ultra sécurisée appelée carte d'identité biométrique CEDEAO. En effet, cette décision impose aux États membres de prendre les dispositions en vue de la mise en circulation de ladite carte à compter de janvier 2016. Cette carte d'identité biométrique CEDEAO est commune à l'ensemble des États membres, sous la forme d'un titre aux caractéristiques techniques identiques et conformes aux recommandations de l'Organisation de l'Aviation Civile Internationale (OACI) en matière de documents d'identité et de voyage.[368]

L'Autorité de Protection des Données à caractère Personnel, saisie d'un projet de décret, a relevé que la nouvelle carte d'identité biométrique CEDEAO contiendra entre autres, des données d'état civil, des données biométriques, le Numéro d'Identification Nationale ; ce qui justifie sa saisine, par le Ministère de la Sécurité de la Protection Sociale à travers le régime de demande d'avis conformément aux dispositions de l'Acte Additionnel et de la loi n°2013-015 du 21 mai 2013 modifiée. Ainsi, sous la prise en compte des réserves formulées, l'Autorité a donné un avis favorable audit projet de décret.

B. La demande de modification de déclaration

Conformément aux dispositions de l'article 8 de la délibération n°2016-003 modifiée, relative aux formalités nécessaires aux traitements de données à caractère personnel *« tout arrêt de mise en œuvre de la collecte et du traitement de données à caractère personnel doit faire l'objet d'une demande de suppression auprès de l'Autorité »*.

---

[368] Communiqué du 46ème sommet ordinaire de la CEDEAO

La modification des traitements oblige les responsables de traitements à soumettre à l'APDP, une demande de modification de déclaration si au moins une des informations ci-dessous est modifiée : « *l'identité et l'adresse du responsable de traitement ; la ou les finalités du traitement ; les interconnexions ou toutes autres formes de mise en relation avec d'autres traitements ; les données à caractère personnel traitées ; les catégories de personnes concernées par le traitement ; la durée de conservation des informations traitées ; le ou les services en charge de la mise en œuvre du traitement ; le ou les destinataires des données ; le service auprès duquel s'exerce le droit d'accès ; les dispositions prises pour assurer la sécurité des traitements ; le transfert des données* ».

CONCLUSION DE LA PREMIÈRE PARTIE

Au regard de ce qui précède, il ressort que l'État du Mali a pris conscience de la nécessité de protéger les personnes à travers la sécurisation juridique de leurs données à caractère personnel avec l'institution d'une autorité chargée de sa mise en œuvre.

Autorité Administrative Indépendante, l'APDP n'en demeure pas moins, un outil, un instrument au service de l'État et de la société. Elle joue un rôle de modulation et de régulation des flux d'information afin d'en prévenir les dérives et de sanctionner les abus qui en découlent. Pour ce faire, elle est constamment en veille et poursuit son œuvre d'information et de sensibilisation *tous azimuts.*

Cependant, force est de constater qu'en dépit des efforts déjà consentis, beaucoup reste à faire dans la mesure où la protection des données à caractère personnel repose en **''grande partie''** sur le comportement de chaque individu.

L'APDP en tant qu'autorité chargée de la protection des données à caractère personnel dans un univers de plus en plus numérisé, basé, surtout sur la collecte et le traitement massifs de données, est confrontée à d'énormes défis qui constituent autant de facteurs à prendre en compte pour assurer une protection *« efficace des données à caractère personnel ».*

Ainsi, tout en saluant les efforts consentis par le gouvernement du Mali pour la mise en place du cadre juridique et institutionnel, puis la dotation de l'APDP d'un siège ultra moderne, malgré le contexte économique actuel aussi difficile que précaire, il ressort de nos constats que la protection des données à caractère personnel demeure *''fragile''*.

DEUXIÈME PARTIE :

UNE EFFECTIVITÉ CONTRARIÉE DE LA PROTECTION DES DONNÉES À CARACTÈRE PERSONNEL AU MALI

Le cadre juridique malien applicable à la protection des données à caractère personnel est une transposition de l'Acte additionnel de la CEDEAO qui a défini les grands principes en la matière.

En reprenant *in extenso* l'article 2 de la loi n°2013-015 du 21 mai 2013 modifiée, qui dispose : « *L'informatique doit être au service de chaque personne. Elle doit respecter l'identité humaine, les droits de l'homme, la vie privée, les libertés publiques et individuelles. Toute personne a droit à la protection des données personnelles la concernant* », il en ressort que ce droit fondamental relatif à la vie privée et aux données à caractère personnel semble être confronté à de sérieuses difficultés malgré l'existence d'une loi l'encadrant et la mise en place d'une autorité chargée de veiller à son application.

Effectivement, l'évolution rapide des Technologies de l'Information et de la Communication a relativement rendu obsolètes certaines *ou du moins, la quasi-totalité* des dispositions issues de la loi n°2013-015 du 21 mai 2013 modifiée, portant protection des données à caractère personnel au Mali.

A cet égard, **Christiane HENNION,** à l'époque députée française, a souligné que : « *l'émergence du w 2.0 avec la collecte massive de données, leur transfert, entre autres, ont nécessité de repenser les modalités de protection des droits fondamentaux des citoyens tout au long de la vie de la donnée en mettant en place des règles juridiques robustes face à l'évolution rapide et constante des technologies de la donnée et du web* ».[369]

En effet, l'arsenal juridique actuel malien est en inadéquation avec la réalité complexe du traitement automatisé des données à caractère personnel ainsi que de leur libre circulation. La mise en œuvre de nouveaux mécanismes de protection ne serait-elle pas mieux adoptée pour combler les lacunes existantes au niveau des textes ?

Comme abordé dans la première partie de ce travail, le souci de la sécurité et de la confidentialité des données à caractère personnel avait amené les autorités maliennes à adopter une réglementation spécifique imposant aux responsables de traitement le respect d'un certain nombre d'exigences.

---

[369] Rapport d'information de la Commission des Affaires Européennes sur les observations relatives au projet de loi portant protection des données personnelles.

Cependant, ce texte, dont l'adoption fut une avancée dans l'encadrement de la collecte et du traitement des données à caractère personnel, est aujourd'hui en déphasage avec les réalités sociétales rendant ainsi la ''*protection relative*''.

La deuxième partie de ce travail démontrera en quoi cette effectivité, est textuellement contrariée (titre I) et lacunaire dans la pratique (II).

Titre I : Une effectivité textuellement relative

Selon **Suzanne Vergnolle**, si la notion d'effectivité est souvent utilisée par la doctrine, elle n'en est pas moins fuyante.[370] Son étymologie peut toutefois être retracée aisément : l'effectivité est le caractère de ce qui est effectif.[371] Or, l'adjectif effectif est emprunté au latin *effectivus* et signifie « *qui produit ; pratique* », puis en bas latin, chez les grammairiens, il renvoie à « *ce qui exprime un effet* ».[372] Aussi, la définition moderne du terme effectif reprend la même. Ainsi, l'effectivité exprime non seulement l'idée selon laquelle quelque chose a produit un effet, mais aussi que quelque chose est réel.[373]
Notion très souvent utilisée par les hommes de droit pour mesurer l'efficacité d'une règle juridique,[374] l'effectivité peut être conçue de

---

[370] Thèse de doctorat en droit présentée et soutenue publiquement le 7 décembre 2020 à l'Université Paris II Panthéon-ASSAS sur l'effectivité de la protection des personnes par le droit des données à caractère personnel

[371] Larousse, Dictionnaire de français, V° « Effectivité » E6littré, le nouveau Littré, le dictionnaire de référence de la langue française, garnier, 2007, V° « Effectivité ».

[372] Dictionnaire de l'Académie française, 9ème édition,

[373] Julien Betaille, Les conditions juridiques de l'effectivité de la norme en droit public interne : illustrations en droit de l'urbanisme et en droit de l'environnement, th. Limoges, 2012, no 14, p. 14.

[374] Si le terme « effectivité » est aujourd'hui en grande majorité utilisé dans le domaine juridique, il trouve ses premières origines en langue française dans les domaines de la philosophie et des mathématiques. Le terme « effectivité » semble être né à la toute fin du XVIIIe et au début du XIXe siècle. Il est alors en très grande majorité utilisé dans le sens de l'effectivité-état, c'est-à-dire comme le caractère de ce qui existe dans le réel, dans les faits. C'est par exemple le cas de l'ouvrage le plus ancien qu'il nous a été possible de recenser. Le nouvel homme, publié en 1795, applique ainsi le mot « effectivité » à « Dieu » pour expliquer en quoi la présence de ce dernier est tangible dans la réalité (v. Louis-Claude de SAINT-MARTIN (présumé), Le nouvel homme, Cercle social, Paris, 1795, p. 183). Le mot est ensuite tour à tour utilisé en 1816 en philosophie des mathématiques (Hoëné WRONSKI, Philosophie de la technie algorithmique – Seconde section, contenant les lois des séries comme préparation à la réforme des mathématiques, Paris, 1816 et 1817, p. 379. Du même auteur, mais dans un autre domaine, v. Hoëné WRONSKI et Józef MARIA, Messianisme, union finale de la philosophie et de la religion constituant la philosophie absolue.

manière très générale comme *« le caractère d'une règle de droit qui produit l'effet voulu, qui est appliquée réellement »* ou encore comme *« le degré de réalisation, dans les pratiques sociales, des règles énoncées par le droit ».*[375]

En effet, l'effectivité vise alors ce qui se réalise en fait pour être valable ou opposable aux tiers, ce qui prévaut dans les faits et dont l'existence indiscutable justifie la reconnaissance ou l'opposabilité. La notion d'effectivité est utilisée, en droit international, pour définir le caractère d'une situation qui existe en fait, réellement. Cette effectivité-là n'est point celle du droit lui-même. Elle désigne une situation de fait dont la règle de droit va tenir compte.[376]

Elle désigne d'une part, comme le souligne **François RANGEON**, un *« fait vérifiable »*, voire mesurable, il s'agit de celui de l'application, susceptible de degrés d'une règle de droit, d'autre part, les effets réels de la règle sur les comportements sociaux.[377]

L'analyse de l'effectivité de la protection des données à caractère personnel au Mali a mis en lumière l'existence d'énormes contraintes

---

Métapolitique messianique, désordre révolutionnaire du monde civilisé, G. Doyen, Paris, 1840, p. 53) et dans le cadre de la philosophie de l'histoire en 1845 (L'abbé PICARD, « Quelques réflexions sur la philosophie de l'histoire », in Précis analytique des travaux de l'académie royale des sciences, belles-lettres et des arts de Rouen, Rouen, 1845). Dans ces deux cas, c'est toujours le même sens qui est utilisé, comme d'ailleurs dans une thèse de philosophie soutenue en 1846 (Guillaume TIBERGHIEN, Dissertation sur la théorie de l'Infini, thèse, philosophie, Bruxelles, Wouters frères, 1846, p. 21) ou dans un manuel d'économie politique de 1863 (Gustave de MOLINARI, Cours d'économie politique, 2ème éd., t II, A. Lacroix, Verboeckhoven, 1863, p. 342). L'effectivité exprime ce qui existe dans la réalité. C'est ainsi en toute logique que Pierre Larousse inscrit cette signification du mot « effectivité » dans son Grand dictionnaire universel du XIXe siècle en 1870. L'effectivité est ainsi définie comme « état, caractère, nature de ce qui est effectif » (Pierre LAROUSSE, Grand dictionnaire universel du XIXe siècle : français, historique, géographique, mythologique, bibliographique, littéraire, artistique, scientifique, etc. etc., t. 7, Administration du grand Dictionnaire universel, Paris, 1870, p. 219 ; nous soulignons). Thèse de doctorat de Monsieur Julien BETAILLE sur les conditions juridiques de l'effectivité de la norme en droit public interne : illustrations en droit de l'urbanisme et en droit de l'environnement, page 3 ; Présentée et soutenue publiquement le 7 décembre 2012 à l'Université de LIMOGES.

[375] Tiré de l'article de Yann Leroy sur la notion d'effectivité du droit ; Éditions juridiques associées | « Droit et société » 2011/3 n° 79 | pages 715 à 732.

[376] Tiré de l'article de Yann Leroy sur la notion d'effectivité du droit ; Éditions juridiques associées | « Droit et société » 2011/3 n° 79 | pages 715 à 732.

[377] La notion d'effectivité du droit Yann Leroy Éditions juridiques associées « Droit et société» ;

qui, *sans détour*, ne facilitent pas la protection des données à caractère personnel des individus.[378]

Constituant de véritables entraves aux activités de l'Autorité, ces contraintes sont généralement dues à une insuffisance de la loi n°2013-015 du 21 mai 2013 modifiée, portant protection des données à caractère personnel (chapitre I) et à l'inadéquation partielle entre les principes consacrés par ladite loi et les méthodes de traitement de données par les responsables du traitement (chapitre II).

CHAPITRE I :

UN CADRE JURIDIQUE EN DÉPHASAGE AVEC LES STANDARDS INTERNATIONAUX

La Loi n°2013-015 du 21 mai 2013 modifiée, portant protection des données à caractère personnel souffre de beaucoup d'insuffisances graves et de manque de cohérence patent. Ces insuffisances comportent par endroit des dispositions contradictoires ou difficiles à appliquer. Par exemple, l'exigence d'une convention prévue à l'article 55 de la loi constitue *une aberration*, concernant les autorités publiques (organismes publics personnalisés, collectivités locales). Ce passage de la loi peut soustraire certaines autorités de l'obligation déclarative devant l'Autorité de protection.

Dans la pratique, des blocages fonctionnels et des dysfonctionnements graves ont aussi été constatés. Plusieurs éminentes personnalités en la matière, ont recommandé une relecture pour la conformer aux textes internationaux[379]. Pour reprendre **Mallorie WOZNY** qui affirme que : « *la législation accuse toujours un retard sur l'innovation, et le législateur n'est pas spécialiste du numérique : cela peut mener à une*

---

[378] Une législation qui satisfait aux exigences de la protection des données à caractère personnel peut être rendue inefficace par ses procédures d'application, sa non application, des limitations imposées concernant certaines entités juridiques qui restreignent son champ d'application ou l'insuffisance des ressources allouées à l'organe en charge de sa mise en œuvre

[379] Rapport annuel d'activités de l'APDP 2015, page 27 ;

inadéquation qui peut de ce fait aboutir à l'institution de règles tantôt trop laxistes et insuffisamment dissuasives».[380]

Outre les difficultés ci-dessus mentionnées, faut-il le rappeler, entre la liberté de la presse et la protection de la vie privée existe une conciliation très difficile en droit positif malien.[381] Ainsi, la mise en œuvre des deux (02) droits, qui ont tous *la même valeur constitutionnelle,* pose l'éternel problème de conciliation entre *''la liberté d'expression et de presse et la protection des données à caractère personnel''* dans la mesure où l'exercice du journalisme repose sur la collecte et la circulation massives des informations, chose qui jure très souvent avec le droit des individus et le respect de leur vie privée.[382]

Le souci de l'équilibre entre ces deux (02) droits fondamentaux a amené le Sénégal, le Niger, le Gabon à prévoir des *exceptions* quant aux traitements mis en œuvre à des fins *journalistiques et autres.* Contrairement à ces législations, la loi malienne en la matière ne prévoit que deux (02) exclusions, prévues par l'article 6 de loi.[383]

Eu égard à ce qui précède, il apparait nécessaire d'aménager un régime dérogatoire pour la presse. Il s'agit donc, pour le législateur, de mettre en

---

[380]Thèse soutenue en 2017 à l'Université de Lyon portant sur : « Exploitation des données personnelles : raison commerciale, raison d'état et opportunités », sous la direction de Clément Oury, Head of Data, Network and Standards – ISSN International Centre.

[381] La liberté d'expression est un *''droit constitutionnel''* reconnu à tout citoyen qui se traduit par la libre communication des pensées et lui permet de parler, d'écrire, d'imprimer librement, sauf à répondre de l'abus de cette liberté dans les cas déterminés par la loi. Quant à la protection des données à caractère personnel, comme sus évoquée, elle permet à toute personne de disposer du droit de décider et de contrôler les usages qui sont faits des informations la concernant.

[382] A titre de rappel, c'est la constitution du 25 février 1992 qui consacre dans son article 6, l'inviolabilité *du domicile, du domaine, de la vie privée et familiale, du secret de la correspondance et des communications*. Quant à la liberté de presse, elle est garantie par l'article 7 de la même loi fondamentale.

Au niveau législatif, ces dispositions constitutionnelles ont été traduites par la loi n°00-046 du 07 juillet 2000 portant régime de la presse et délit de presse et la loi n°2013-015 du 21 mai 2013 portant protection des données modifiée.

[383] Il s'agit : des traitements de données mis en œuvre par une personne physique dans le cadre exclusif de ses activités personnelles ou domestiques, à condition toutefois que les données ne soient pas destinées à une communication systématique à des tiers ou à la diffusion ; de certaines copies temporaires faites dans le cadre des activités techniques de transmission et de fourniture d'accès à un réseau numérique.

veilleuse des règles contraignantes pour permettre l'exercice de la profession de journaliste.[384]

[384] Ces dérogations doivent porter sur les formalités préalables ; l'obligation d'information et de consentement préalable ; l'interdiction de collecter les données sensibles ; le respect des droits des personnes concernées ; l'interdiction de transfert de données vers l'étranger.
Toujours, faut-il le retenir, le régime dérogatoire profitera uniquement à certaines activités effectuées par les journalistes. A ce niveau, une distinction doit être faite entre le traitement des données de gestion et celui des données de journalisme.
Le traitement des données de journalisme : Seules, doivent bénéficier des dérogations, les activités des organes de presse se rattachant à la rédaction : celles relatives à la collecte, au traitement et à la diffusion des informations. Il s'agit principalement des opérations touchant aux bases de données documentaires, comme les bases biographiques, géographiques ou historiques, et les banques d'images. Il s'agit également de systèmes rédactionnels automatisés qui permettent aux journalistes d'élaborer des documents, de les rédiger, de les visualiser sur écran, de les modifier et de les stocker sur un support informatique avant publication ou diffusion.
Les traitements des données de gestion de l'entreprise de presse : Ce sont des activités qui relèvent du commerce et qui sont soumis au droit commun. Il s'agit : de la gestion du personnel ou des abonnés et les traitements à des fins de prospection commerciale ou de publicité ; du traitement des données des utilisateurs des sites Internet de presse, qu'ils soient ou non abonnés, et qu'ils laissent ou non, en dehors de leur adresse IP, des données directement identifiants. Ces traitements dits de gestion, relèvent du droit commun, c'est-à-dire restent soumis à la loi n°2013-015 du 21 mai 2013 modifiée, dans toute sa rigueur.
Les responsables concernés par les dérogations : les journalistes : La définition du journaliste sera appréhendée au regard des notions voisines d'activités de journalisme. Seules sont concernées les activités du journaliste professionnel. L'article 4 de la loi sur la presse dispose : « *Le journaliste est celui qui, titulaire d'un diplôme de journalisme ou d'un diplôme d'études supérieures avec une année d'expérience professionnelle, a pour activité principale rétribuée, la collecte, le traitement et la diffusion d'informations et de nouvelles, dans le cadre d'un organe médiatique public ou privé, écrit ou audiovisuel* ».
Les autres acteurs de la presse professionnelle : Le correspondant, qu'il travaille sur le territoire national ou à l'étranger, est un journaliste professionnel s'il perçoit des rémunérations fixes et remplit les conditions prévues pour le journaliste.
Doivent être également assimilés aux journalistes professionnels, les collaborateurs directs de la rédaction, rédacteurs traducteurs, sténographes rédacteurs, rédacteurs réviseurs, reporters dessinateurs, reporters-photographes.
Cela exclut les agents de publicité et tous ceux qui n'apportent, à un titre quelconque, qu'une collaboration occasionnelle. Le journalisme amateur reste soumis au régime de droit commun. Ainsi, ne bénéficient pas des faveurs dudit régime dérogatoire : les blogs, les profils d'utilisateurs et les pages sur les réseaux sociaux.
Les garde-fous au régime dérogatoire : Ces garde-fous doivent être recherchés dans la loi et la déontologie du journalisme

1. Dispositions légales

Il s'agit de la loi de protection des données personnelles et la loi sur la presse.

a. La loi de protection des données à caractère personnel

L'article 8 de la loi n°2013-015 du 21 mai 2013 modifiée, oblige tous les organismes publics ou privés traitant des données personnelles à mettre en œuvre des mesures de sécurité et de confidentialité pour empêcher l'accès de personnes non autorisées aux informations.

b. La loi n° 00-046 du 07 juillet 2000 sur la presse et délits de presse

Outre les incohérences susmentionnées, ce chapitre permet de mettre en lumière la consécration lacunaire des obligations mises à la charge des détenteurs de données personnelles (section 1) et la fragilité des droits de la personne concernée par le traitement (section 2).[385]

Section 1 : Des obligations à la charge des détenteurs de données à caractère personnel faiblement consacrées

La qualité de la protection offerte par la loi n°2013-015 du 21 mai 2013 modifiée, relative à la protection des données à caractère personnel au Mali reste à désirer surtout quant à la détermination des mesures de sécurité et de confidentialité (paragraphe 1) ainsi que la responsabilité des sous-traitants en cas d'atteintes aux données à caractère personnel (paragraphe 2).

Paragraphe 1 : Des mesures de sécurité et de confidentialité non explicitement définies par le législateur malien

Le traitement des données à caractère personnel doit s'effectuer dans la confidentialité la plus possible par des personnes qui agissent sous la responsabilité du responsable du traitement. C'est à ce titre que le législateur sénégalais a exigé du responsable du traitement, le choix des personnes présentant « *au regard de la préservation de la*

L'impossibilité pour les personnes concernées par un article de presse d'exercer les droits d'opposition, d'accès et de rectification prévus par la loi n°2013-015 modifiée, est compensée par : leurs droits de réponse et de rectification des informations fausses prévus aux articles 26 à 31 de la loi sur la presse.

L'interdiction de publication de certaines affaires touchant aux mœurs prévue aux articles 48 et suivants de la loi n°00-046. L'obligation d'anonymiser certaines publications en matière de comptes rendus de procès ou de décisions de justice. Ainsi, les organismes de presse doivent penser à anonymiser leurs articles à chaque fois que *la liberté d'information ne paraît pas nécessiter la désignation nominative des personnes concernées.* Il en ainsi pour les comptes rendus de certains procès en diffamation, ou portant sur la filiation, le divorce, la nullité du mariage, l'avortement, ou ceux concernant des mineurs, ou faisant ressortir des informations sur l'identité d'une victime d'une agression ou d'une atteinte sexuelle ou pour certaines décisions judiciaires prises à l'égard d'un mineur…

Dispositions déontologiques : Les faveurs accordées à la presse peuvent être également compensées par : le respect des règles déontologiques de la profession de journaliste ; le recours à des chartes du journalisme ou codes de conduite ; la politique éditoriale de chaque organe *confidentialité des données, toutes les garanties tant de connaissances techniques et juridiques que d'intégrité personnelle* ».[386]

La loi n°2013-015 du 21 mai 2013 modifiée, portant protection des données à caractère personnel met à la charge du responsable de traitement la sécurité des données dont il dispose sans être explicite quant à la détermination de celles-ci. A l'opposé du législateur malien, ceux du Niger et du Sénégal ont été *très explicites* sur les obligations du responsable du traitement.

En effet, les articles 39 de la loi n°2017-028 du 03 mai 2017, relative à la protection des données à caractère personnel au Niger et 71 de la loi n°2008-12 sur la protection des données à caractère personnel du Sénégal, ont énuméré avec précision les charges qui pèsent sur le responsable du traitement.

En application des dispositions de ces lois susmentionnées, le responsable de traitement est tenu, outre d'empêcher les personnes non autorisées d'accéder aux installations utilisées pour le traitement de données ainsi que des supports pour que les données ne puissent être lues, copiées, modifiées ou déplacées par une personne non autorisée, de :

- empêcher que des systèmes de traitement de données soient utilisés à des fins de blanchiment de capitaux et de financement du terrorisme ;
- garantir que, lors de l'utilisation d'un système automatisé de données, les personnes autorisées ne puissent accéder qu'aux données relevant de leur autorisation ;
- garantir que puisse être vérifiée et constatée à postériori, l'identité des personnes ayant eu accès au système d'information contenant des données à caractère personnel, la nature des données qui ont été introduites, modifiées, altérées, copiées, effacées ou lues dans les systèmes, le moment auquel ces données ont été manipulées ;

---

[386] Article 70 de la loi n°2008-12 sur la protection des données à caractère personnel du Sénégal.

- empêcher que, lors de la communication de données et du transport de supports de données, les données puissent être lues, copiées, modifiées, altérées ou effacées de façon non autorisée ;
- sauvegarder les données par la constitution de copie de sécurité protégées ».

Également, cette loi n°2017-028 du 03 mai 2017 charge le responsable de traitement d'établir pour l'Autorité de protection un rapport annuel sur le respect des mesures de sécurité et de la durée de conservation des données traitées.[387]

Un autre point *non moins important* a été occulté par le législateur malien dans la loi portant protection des données à caractère personnel. Il s'agit des données personnelles traitées par les prestataires de services de certification électronique.

En effet, la loi n°001/2011 relative à la protection des données personnelles au Gabon a pris des dispositions encadrant les traitements effectués dans ce domaine. Elle dispose dans son article 69 « *Sauf consentement exprès de la personne concernée, les données à caractère personnel recueillies par les prestataires de services de certification électronique pour les besoins de la délivrance et de la conservation des certificats liés aux signatures électroniques doivent l'être directement auprès de la personne concernée et ne peuvent être traitées que pour les fins en vue desquelles elles ont été recueillies* ».[388]

---

[387] Article 40 de la n°2017-028 du 03 mai 2017, relative à la protection des données à caractère personnel dispose : « le responsable du traitement est tenu d'établir un rapport annuel pour le compte de l'Autorité de protection des données sur le respect des dispositions annoncées à l'article 41 de la présente loi ». Article 41« les données à caractère personnel sont conservées pendant une durée fixée par l'Autorité de protection des données en fonction des finalités de chaque type de traitement pour lesquelles elles ont été recueillies, conformément aux textes en vigueur ».

[388] Dispositions également reprises par le législateur sénégalais dans l'article 73 de sa loi de 2008 relative à la protection des données à caractère personnel comme suit : « Sauf consentement exprès de la personne concernée, les données à caractère personnel recueillies par les prestataires de services de certification électronique pour les besoins de la délivrance et de la conservation des certificats liée aux signatures électroniques doivent l'être

Paragraphe 2 : Des obligations insuffisantes et peu contraignantes à l'égard du sous-traitant

Qualifié comme la personne physique ou morale agissant sous l'autorité ou sur instructions, le sous-traitant est défini par l'article 3 de la loi n°2013-015 du 21 mai 2013 modifiée, comme : « *toute personne physique ou morale, publique ou privée, tout autre organisme ou association qui traite des données pour le compte du responsable du traitement* ».[389]

Acteur très actif dans la mise en œuvre de traitement des données à caractère personnel, la qualification donnée par le G29 dans son avis n°1/2010 du 16 février 2010, au sous-traitant implique nécessairement la réponse à deux (02) conditions non négligeables. Cette qualification exige que le sous-traitant soit d'abord une ***''entité juridique distincte''*** du responsable du traitement, autrement dit, le sous-traitant doit être doté de la personnalité juridique et il doit ***''agir pour le compte du responsable du traitant''***.[390]

Selon **Mathieu BOURGEOIS**, cette condition se rapproche de la notion de « *mandat* » et signifie que « *le sous-traitant doit rigoureusement obéir et se limiter aux instructions du responsable de traitement* ». De cette disposition, il est à retenir tout simplement que ce qui distingue le sous-traitant du responsable de traitement, c'est qu'il « *ne peut définir ni les finalités ni les moyens sans être requalifié de responsable de traitement* ».[391]

Depuis plusieurs années, le phénomène de la sous-traitance est très développé dans le domaine du numérique car le traitement des données à caractère personnel se prête tout particulièrement à l'externalisation du stockage des données. Comme dans les autres secteurs classiques, une entreprise peut être amenée à confier son traitement de données, soit en totalité ou en partie, à une autre entreprise prestataire, le sous-traitant, souvent hors du pays de

---

directement auprès de la personne concernée et ne peuvent être traitées que pour les fins en vue desquelles elles ont été recueillies ».

389 Loi n°2013-015 du 21 mai 2013 modifiée, portant protection des données à caractère personnel

390 Avis n°1/2010 du 16 février 2010 du G29

391 https://books.openedition.org

résidence du responsable de traitement, ce qui permet comme le souligne **Alexandra Mendoza-CAMINADE** *« une spécialisation des tâches»*.[392]

Cependant, le recours à la sous-traitance fragilise la sécurité de la relation principale entre la personne concernée et le responsable du traitement et pourrait aussi créer un risque quant au respect du droit des personnes concernées.

Paradoxalement, malgré le rôle important qu'occupe le sous-traitant dans le processus de mise en œuvre de traitement de données à caractère personnel, la loi n°2013-015 relative à la protection des données à caractère personnel n'a, de façon spécifique, prévu aucune responsabilité à son encontre en cas d'atteinte.

Elle s'est seulement contentée de lui demander (au sous-traitant) de présenter, au responsable de traitement, des garanties suffisantes pour assurer la mise en œuvre des mesures de sécurité et de confidentialité.[393] Autrement dit, le sous-traitant jouit d'une sorte ***''d'immunité même en face des manquements qui lui sont exclusivement imputables, sa responsabilité ne peut être engagée''***.[394]

En effet, en application des dispositions de la loi ci-dessus évoquée, « *le responsable de traitement* » demeure le seul ''responsable'' étant donné que le recours à un sous-traitant ne lui permet aucunement de s'exonérer de ses responsabilités et d'échapper à une sanction de l'Autorité, à charge pour lui d'engager ensuite la responsabilité

---

[392] Alexandra Mendoza-Caminade, 2019, « *Le rôle du sous-traitant en matière de données personnelles* », Presses de l'Université Toulouse 1 Capitole, pages 103-115 https://books.openedition.org/putc/7141?lang=fr.

[393] En droit français, l'intervention du sous-traitant dans le traitement des données était, jusqu'à l'entrée en vigueur du RGPD, méconnue par les textes : la directive n°95/46/CE du 24 octobre 1995 et la loi n°78-17 du 6 janvier 1978 prévoyaient que seul *''le responsable de traitement''* était responsable des manquements à la sécurité commis par les sous-traitants : *''le sous-traitant n'avait donc pas de responsabilité directe à l'égard de la personne concernée''*.

[394] L'enjeu en la matière est que le recours à la sous-traitance fragilise la sécurité de la relation principale entre la personne concernée et la responsable de traitement : elle créé un risque s'agissant du respect du droit des données personnelles par le sous-traitant. Il est donc très important que le responsable de traitement puisse exercer un contrôle du sous-traitant.

contractuelle de son sous-traitant.[395] Cette action récursoire à l'encontre du sous-traitant, selon **Aurélie BANCK,** « *ne permettrait pas de réparer pleinement l'atteinte à l'image subie par l'entreprise frappée par les sanctions souvent médiatisées de l'Autorité de Protection des Données à caractère Personnel* ».[396]

Dans l'affaire de Madame L.T, enseignante contre Orange Mali-SA pour violation de ses données à caractère personnel, l'APDP a, suite aux investigations, prononcé **une mise en demeure**, non pas à l'encontre du sous-traitant, mais plutôt à l'encontre de la Société Orange Mali-SA, le responsable de traitement pour l'obliger à accomplir les formalités déclaratives relatives à sa base de données clientèle.[397]

---

[395] Avant d'être un sous-traitant, l'acteur est pour sa propre activité un responsable de traitement soumis en tant que tel aux obligations inhérentes à cette qualité.

[396] A. Banck, « GDPR et sous-traitance : un nouveau devoir de conseil ? », D. IP/IT 2017, p. 36, site web : https://docassas.u-paris2.fr/nuxeo/site/esupversions/c61c2c4a-4d79-4d8e-b5b6-195bd01a98c9?inline

[397] Selon les explications données par la plaignante Madame L.T, fournies par Monsieur Arouna KEITA, Directeur des Affaires Juridiques, du Contentieux et de la Coopération, « Tout a commencé quand elle a envoyé, le 05 septembre 2020, une ordonnance de sa fille malade à son père le dénommé C.S.S avec qui, elle était en procédure de divorce. Ce dernier, après avoir reçu l'ordonnance lui demanda de prendre en charge les frais en attendant, qu'il les lui rembourse.
La plaignante ayant fait savoir à son futur ancien époux, qu'elle ne dispose pas le moyen nécessaire pour prendre en charge l'ordonnance de l'enfant, s'est vue parvenir par celui-ci, toutes ses transactions effectuées pendant la semaine. Aussi, lui ajouta-t-il qu'il travaille chez Orange Mali-SA, que de ce fait, qu'il a « *bien accès au compte orange money de Madame LT ainsi que ses appels téléphoniques* ».
Constatant une violation grave de ses droits et une atteinte à sa vie privée, elle a décidé de porter plainte, devant l'APDP, contre Orange Mali-SA, pour violation de ses données à caractère personnel.
Après avoir accusé réception de la plainte de Madame L.T, le Président de l'Autorité a adressé une demande d'explication au Directeur Général de la Société Orange Mali-SA sur les griefs contenus dans ladite plainte.
Par correspondance, le Directeur Général de la Société Orange Mali-SA, en réponse à la lettre de demande d'explications du Président de l'Autorité, a tout d'abord fait savoir à l'Autorité que, le dénommé C.S.S ne fait pas partie de l'effectif salarial de sa société, mais qu'il a été identifié par Orange Mali-SA comme un salarié débutant chez son sous-traitant dénommé : Team Call Center (TCC) qui dispose d'un centre d'appel qui traite en partie, les réclamations des abonnés d'Orange Mali à travers le numéro court 7400.
Par ailleurs, en ce qui concerne l'application des dispositions de l'article 8 de la loi portant protection des données à caractère personnel en République du Mali, il a affirmé que sa société s'y est totalement et parfaitement conformée en prenant des mesures pratiques en son sein et en les répliquant rigoureusement aux sous-traitants. A cet effet, il souligna que les

Par ailleurs, contrairement à la loi malienne, le droit européen a prévu la responsabilité du sous-traitant en cas de manquement.[398] Il estime qu'une entreprise ne devrait pas être sanctionnée d'une amende de 4%

---

multiples sollicitations de la Société Orange Mali pour l'accomplissement des formalités déclaratives prouvent à suffisance son engagement à respecter le droit à la protection des données à caractère personnel de sa clientèle.
De même, il a ajouté que sa société a tout mis en œuvre pour sensibiliser ses sous-traitants au respect des dispositions de la loi portant protection des données à caractère personnel dont « *ils ne sauraient nier l'existence et l'implication formelle car les mesures prises s'observent non seulement à l'égard du sous-traitant mais aussi à l'égard des employés du sous-traitant qui reçoivent des formations préalables à leur recrutement et à leur opérationnalisation* ».[397]
En outre, il explique que la teneur des clauses du contrat de sous-traitance est suffisamment édifiante quant à la prise en compte dans toutes leurs dimensions les problématiques liées aux données personnelles et leur juste et proportionnée manipulation, que tout défaut de respect des exigences tenant à la confidentialité des données personnelles donne lieu à la résilience du contrat avec le sous-traitant ou au licenciement du salarié fautif, selon le cas et que c'est pourquoi, l'auteur de ses faits Monsieur C.S.S a fait l'objet d'une procédure de demande d'explication d'une part et d'un licenciement d'autre part, fondé sur l'insuffisance des explications et la non explication de son propre agissement.
Aux regards de tout ce qui précède et conformément à sa mission de contrôle, l'APDP a pu constater que la société Orange Mali a pris toutes les dispositions pour assurer la sécurité et la confidentialité des données.
Ainsi, en application des dispositions de la loi n°2013-015 du 21 mai 2013 modifiée, l'Autorité a relevé que Madame L.T, la plaignante « *n'est pas victime d'une violation de ses données personnelles dans la mesure où les données auxquelles a eu accès M.C.S.S n'ont pas été communiquées à des tierces personnes mais bien à elle-même* » ; qu'en tant que Téléconseiller, « M.S.S a tout simplement outrepassé ses habilitations en violant le protocole établi qui lui interdit d'avoir accès aux données des clients qui n'en ont pas fait la demande » ; qu'il est le seul responsable de ce qui s'est passé et « *doit en assumer toute la responsabilité devant les juridictions compétentes* ».
Que par ailleurs, la société Orange Mali en tant que responsable de traitement a violé les dispositions de l'article 57 de la loi n°2013-015 du 21 mai 2013 modifiée, portant protection des données à caractère personnel qui dispose : « *Les responsables de traitement de données déclarent à l'Autorité de Protection les opérations qu'ils comptent effectuer pour une finalité donnée. Si cette formalité a été omise de mauvaise foi, l'Autorité de Protection inflige au Responsable de traitement des données en cause, la sanction administrative appropriée qu'elle apprécie, en fonction de la gravité de la faute* ».
En conséquence l'Autorité a prononcé à son encontre une mise en demeure d'une durée d'un (01) mois en vue de l'obliger à accomplir les formalités préalables relatives à la déclaration de sa base de données clientèle
Note sur la plainte de madame Lalaïssa Toure contre la Société orange MALI-SA presentée par le Chef de la Division du Contentieux de l'APDP
[398] « *Traiter de la donnée personnelle se faisant de moins en moins seul au sein de sa propre infrastructure privée, mais plutôt via des partenaires (par exemple des fournisseurs Cloud ou de solutions Big Data), la notion de la coresponsabilité est cruciale dans la mesure où elle permet de préciser ensuite qui est responsable de quoi (par exemple, dans le cadre de la fourniture de services cloud public ou Big Data, où les moyens de sécurité sont conçus et mis en œuvre par le fournisseur de manière uniformisée pour l'ensemble de ses clients.)* » Economie des données personnelles : les enjeux d'un business éthique

de son chiffre annuel si c'est un tiers qui commet l'erreur de sécurité contribuant à la révélation de données personnelles. Ainsi, se tromper de fautifs en matière de sanctions fragiliserait grandement l'écosystème. C'est ainsi que les principes directeurs du droit à la réparation et de la responsabilité fixés par l'article 82 du RGPD visent à la fois le responsable de traitement et le sous-traitant, d'où *''la coresponsabilité''.* [399]

Dans le Règlement Général, le principe de la responsabilité du sous-traitant est affirmé dès le début de l'article 82 comme suit : « *toute personne ayant subi un dommage matériel ou moral du fait d'une violation du règlement européen peut obtenir la réparation de son préjudice de la part du responsable de traitement ou du sous-traitant* ». Désormais, la réparation peut être obtenue aussi du responsable de traitement que du sous-traitant. [400] A ce titre, les sanctions encourues par le sous-traitant sont similaires à celles du responsable de traitement lorsqu'il ne respecte pas les instructions licites de son client, ou lorsqu'elle méconnait l'une des obligations spéciales imposées aux sous-traitants notamment l'absence de

---

[399] Article 82 du RGPD « 1. Toute personne ayant subi un dommage matériel ou moral du fait d'une violation du présent règlement a le droit d'obtenir du responsable du traitement ou du sous-traitant réparation du préjudice subi.

1. Tout responsable du traitement ayant participé au traitement est responsable du dommage causé par le traitement qui constitue une violation du présent règlement. Un sous-traitant n'est tenu pour responsable du dommage causé par le traitement que s'il n'a pas respecté les obligations prévues par le présent règlement qui incombent spécifiquement aux sous-traitants ou qu'il a agi en-dehors des instructions licites du responsable du traitement ou contrairement à celles-ci.
2. Un responsable du traitement ou un sous-traitant est exonéré de responsabilité, au titre du paragraphe 2, s'il prouve que le fait qui a provoqué le dommage ne lui est nullement imputable.
3. Lorsque plusieurs responsables du traitement ou sous-traitants ou lorsque, à la fois, un responsable du traitement et un sous-traitant participent au même traitement et, lorsque, au titre des paragraphes 2 et 3, ils sont responsables d'un dommage causé par le traitement, chacun des responsables du traitement ou des sous-traitants est tenu responsable du dommage dans sa totalité afin de garantir à la personne concernée une réparation effective.».

[400] Cette responsabilité n'est pas encourue de manière automatique : alors que la responsabilité du responsable de traitement est engagée pour tout dommage causé par le traitement qui constitue une violation du règlement, la mise en œuvre de la responsabilité propre au sous-traitant est conditionnée par l'article 82 2 du RGPD à deux cas : d'une part, la violation des obligations prévues spécifiquement à l'égard des sous-traitants, et d'autre part la violation des instructions licites du responsable du traitement. Un sous-traitant n'est tenu pour responsable du dommage causé par le traitement que dans ces deux cas.

désignation d'un Délégué à la Protection des Données (DPO) ou encore l'absence de tenue du registre des catégories d'activités de traitement lorsque cela est obligatoire.[401]

A titre de rappel, en droit européen, la responsabilité du sous-traitant une fois engagée peut aboutir à des sanctions administratives importantes qui peuvent aller jusqu'à 20 millions d'euros, ou, dans le cas d'une entreprise, jusqu'à 2% ou 4% du chiffre d'affaires annuel mondial de l'exercice précédent. A ce niveau, il faut retenir qu'avec le RGPD, le régime de responsabilité propre du sous-traitant est protecteur des victimes qui peuvent agir à l'encontre du sous-traitant qui ne respecte pas son rôle et les dispositions du contrat qui le lie au responsable du traitement.

Pour renforcer davantage la protection accordée aux individus, une évolution de la position du sous-traitant s'impose au législateur malien. En effet, compte tenu du risque que l'intervention du sous-traitant peut faire peser sur les données à caractère personnel, des obligations spécifiques notamment de lourdes responsabilités doivent être prévues en cas d'atteintes.[402]

Section 2 : Des droits fragiles pour les personnes concernées par le traitement de données à caractère personnel

Le droit à la vie privée et des données à caractère personnel est un droit fondamental qui doit être protégé. Cependant, à son état actuel,

---

[401] Code la protection des données personnelles annoté et commenté 2018-2019, édition Dalloz

[402] Selon la rapporteure de la commission des affaires européennes sur le projet de loi relatif à la protection des données à caractère personnel, Madame Christine HENNION : « A l'heure du cloud computing, la plupart des entreprises externalisent tout ou partie de leurs données. Les données personnelles ne seront donc bien protégées que si toute la chaîne de sous-traitance est responsabilisée. La responsabilité qui incombe aux sous-traitants nécessite que le responsable du traitement soit, par défaut, sûr du sous-traitant avec lequel il traite, et en particulier, qu'il présente les « garanties suffisantes, notamment en termes de connaissances spécialisées, de fiabilité et de ressources, pour la mise en œuvre de mesures techniques et organisationnelles qui satisferont aux exigences du présent règlement, y compris en matière de sécurité du traitement ». Rapport d'information de l'Assemblée Nationale portant observations sur le projet de loi relatif à la protection des données personnelles (n° 490) enregistré à la Présidence de l'Assemblée nationale le 18 janvier 2018.

la loi n°2013-015 du 21 mai 2013 modifiée, ne semble pas rendre facile la protection de ce droit.

La loi ci-dessus mentionnée a bien naturellement accordé aux personnes concernées les droits à l'information préalable, d'accès, de rectification et d'opposition qui leur permettent d'avoir connaissance que leurs données font l'objet d'un traitement, de demander leur correction si celles-ci s'avèrent erronées ainsi que de s'opposer à leur traitement pour des raisons légitimes.

Toutefois, elle a occulté d'autres droits *non moins importants* notamment, celui relatif à la notification à l'Autorité de Protection des Données à caractère Personnel et aux personnes concernées (paragraphe 1) ainsi que les droits à la portabilité et à l'oubli (paragraphe 2).

Ces droits (oubli et portabilité) à l'ère du numérique visent à donner à la personne concernée une plus grande maitrise de ses données, dont on trouve les origines dans la notion de droit à « l'autodétermination informationnelle » reprise en substance dans le concept anglo-saxon « d'empowerment ».[403]

Paragraphe 1 : L'absence de notification à l'Autorité et à la personne concernée en cas d'atteinte aux données à caractère personnel

La notification, en cas d'atteintes aux données à caractère personnel aux personnes concernées des violations de données susceptible « *d'engendrer un risque élevé*[404] *pour les droits et libertés d'une*

[403] Code de la protection des données personnelles annoté et commenté 1ère édition 2018-2019, page 89.

[404] Il n'existe pas de définition précise de « risque » ou de « risque élevé » dans le Règlement qui a introduit ce principe. Les autorités rappellent toutefois que dans la mesure où la violation de données s'est produite, il s'agit d'évaluer la gravité et la probabilité de survenance des conséquences de cette violation. Il convient, à cet effet, de prendre en compte les circonstances spécifiques de la violation dont notamment le type de violation (confidentialité, disponibilité, intégrité) ; la nature, le volume et la sensibilité des données (ex : données de carte de paiement, données de santé) ; le nombre et type de personnes concernées (ex : personne vulnérable, mineur, patient) ; les possibilités d'identification des personnes ; les caractéristiques du responsable du traitement ; et la gravité des conséquences (risques susceptibles d'entraîner des dommages physiques, matériels ou un préjudice moral tel qu'une

personne physique » constitue un pan très important dans la protection des droits des personnes en matière de traitement des données à caractère personnel.

Cette obligation de notification apportée en droit français par le règlement (UE) n°611/2013 de la commission du 24 juin 2013,[405] « *charge le responsable de traitement de documenter, en interne, les violations de données personnelles et de notifier les violations présentant un risque pour les droits et libertés des personnes à l'Autorité chargée de la protection de la vie privée et des données à caractère personnel, dans certains cas, lorsque le risque est élevé, aux personnes concernées* ».

Malheureusement, ce point crucial a été occulté par le législateur malien. En effet, les dispositions légales régissant la protection des données à caractère personnel au Mali sont muettes à ce sujet.

En effet, la loi n°2013-015 du 21 mai 2013 modifiée, dispose tout simplement que le responsable du traitement est tenu de prendre toutes les précautions utiles pour préserver la sécurité des données, qu'il doit, à cet effet, empêcher notamment qu'elles soient déformées, endommagées ou que des tiers non autorisés y accèdent sans aucune obligation quelconque relative à la notification en cas de violation.[406]

Pendant que le responsable du traitement n'est pas soumis à cette charge en droit positif malien, le RGPD, quant à lui, exige la notification dans les soixante (72) heures après avoir pris connaissance de la violation.[407] Ainsi, aux termes de son article 34, lorsqu'une

---

discrimination, une usurpation d'identité, une perte financière, une atteinte à la réputation ou une perte de confidentialité de données protégées par le secret professionnel). M-4 : Notification des violations de données à caractère personnel. Article : IT et Data Contrats commerciaux et internationaux Droit de la concurrence et de la distribution du 14/02/18 de Florence Chafiol Stéphanie Lapeyre disponible sur le site web : https://www.august-debouzy.com

[405] Concernant les mesures relatives à la notification des violations de données à caractère personnel en vertu de la directive 2002/58/CE du Parlement européen et du Conseil sur la vie privée et les communications électroniques.

[406] Article 8

[407] Selon Florence Chafiol Stéphanie dans son article sur la notification des violations de données à caractère personnel, le responsable du traitement devrait être en mesure de prouver à quel moment il a pris connaissance de la violation dans la mesure où il s'agit du point de

violation de données à caractère personnel est susceptible d'engendrer un risque élevé pour les droits et libertés d'une personne physique, le responsable du traitement communique la violation de données à caractère personnel à la personne concernée dans les meilleurs délais. *« La communication à la personne concernée visée au paragraphe 1er du présent article décrit, en des termes clairs et simples, la nature de la violation de données à caractère personnel et contient au moins les informations et recommandations prévues à l'article 33, paragraphe 3, points b), c) et d). La communication à la personne concernée visée au paragraphe 1er n'est pas nécessaire si l'une ou l'autre des conditions suivantes est remplie :*

a) le responsable du traitement a mis en œuvre les mesures de protection techniques et organisationnelles appropriées et ces dernières ont été appliquées aux données à caractère personnel affectées par ladite violation, en particulier les mesures qui rendent les données à caractère personnel incompréhensibles pour toute personne qui n'est pas autorisée à y avoir accès, telles que le chiffrement ;

b) le responsable du traitement a pris des mesures ultérieures qui garantissent que le risque élevé pour les droits et libertés des personnes concernées visé au paragraphe 1er n'est plus susceptible de se matérialiser ;

c) elle exigerait des efforts disproportionnés. Dans ce cas, il est plutôt procédé à une communication publique ou à une mesure similaire permettant aux personnes concernées d'être informées de manière tout aussi efficace ».[408]

départ du délai de notification. Il ajoute que selon les autorités de protection des données à caractère personnel, le responsable du traitement a « pris connaissance » de la violation de données dès lors qu'il a un degré raisonnable de certitude qu'un incident de sécurité ayant conduit à la compromission de données à caractère personnel s'est produit. En pratique, une première investigation rapide peut être nécessaire afin de recueillir des éléments permettant de confirmer avec un degré raisonnable de certitude la réalité de la violation de données. Article IT et Data Contrats commerciaux et internationaux Droit de la concurrence et de la distribution | 14/02/18 de Florence Chafiol Stéphanie Lapeyre disponible sur le site web : https://www.august-debouzy.com.

[408] Article 34 du RGPD

Dans les cas où le responsable du traitement n'observe pas cette règle, le droit européen habilite l'autorité de contrôle d'*exiger* du responsable du traitement le respect de ces dispositions.

Outre le Règlement Général Européen, la Directive du Parlement européen de 2016/680 engage conformément aux dispositions de son article 30, les États membres à prévoir en cas de violation de données à caractère personnel, *« la notification de la violation en question à l'autorité de contrôle dans les meilleurs délais et, si possible, dans un délai de 72 heures au plus tard après en avoir pris connaissance, à moins qu'il soit peu probable que la violation en question n'engendre des risques pour les droits et les libertés d'une personne physique ».*[409]

Ainsi, lorsque la notification à l'autorité de contrôle n'a pas lieu dans les 72 heures, elle est accompagnée des motifs du retard. Cette directive astreint également le sous-traitant à la notification au responsable du traitement de « *toute violation de données à caractère personnel dans les meilleurs délais après en avoir pris connaissance* ».[410]

Pour l'effectivité de la protection des données à caractère personnel dans le secteur des communications électroniques, il convient de prévoir dans le cadre juridique malien en la matière, un mécanisme de notification des violations de données à caractère personnel à l'Autorité de Protection des Données à caractère Personnel et à la personne dont les données ont fait l'objet d'attaque.

En effet, cette information permettra à l'APDP, aussi rapidement et complètement que possible, sans toutefois gêner inutilement le fournisseur dans ses efforts, d'enquêter sur la violation et de prendre

[409] Il s'agit de la Directive du Parlement européen de 2016/680 et du conseil du 27 avril 2016 relative à la protection des personnes physiques à l'égard du traitement des données à caractère personnel par les autorités compétentes à des fins de prévention et de détection des infractions pénales, d'enquêtes et des poursuites en la matière ou d'exécution de sanctions pénales, et à la libre circulation de ces données

[410] Code de la protection des données personnelles : annoté et commenté, Édition Dalloz 2018-2019 ; Page 30

les mesures nécessaires afin d'en limiter les conséquences et d'y remédier.

Paragraphe 2 : L'absence des droits à la portabilité des données et à l'oubli

La loi n°2013-015 du 21 mai 2013 modifiée, a consacré son chapitre V aux droits des personnes concernées par le traitement. Conformément à ses articles 12, 13, 15, 18 et 19, les personnes dont les données font l'objet d'un traitement, bénéficient de droits fondamentaux, notamment le droit à l'information, le droit d'accès, d'opposition, de rectification et de suppression.

Toutefois, la nécessaire consolidation de ces droits par ceux relatifs à la portabilité (A) et à l'oubli (B) apparait impérative pour une responsabilité accrue des responsables de traitement et la maitrise des données par les personnes concernées.

A. Le droit à la portabilité

Occulté par le législateur malien, le droit à la portabilité offre, à la personne dont les données sont traitées, la possibilité d'obtenir et de réutiliser ses données pour ses besoins propres, à travers les services de son choix. Avec ce droit, la personne concernée par un traitement peut récupérer les données la concernant, traitées par une structure, pour son usage personnel, et les stocker sur un appareil de son choix. Autrement dit, l'exercice du droit à la portabilité facilite la gestion par soi-même de ses données à caractère personnel et empêche le responsable de traitement de prétendre à la propriété des données qu'il a en sa possession.[411]

Droit aussi capital que déterminant pour la maitrise de ses propres données, le droit à la portabilité, une fois consacré par le législateur malien, offrira la possibilité au propriétaire des données de les transférer d'un organisme à un autre. A ce titre, il renforce, comme susmentionné, la maîtrise des personnes sur leurs données à caractère personnel en créant de nouvelles opportunités de développement et d'innovation en

[411] https://www.cnil.fr/fr/le-droit-la-portabilite-obtenir-et-reutiliser-une-copie-de-vos-donnees

facilitant le partage de ces données, de manière sécurisée et sous le contrôle de la personne concernée.[412]

Par contre, il est à noter qu'en droit français, tous les traitements ne sont pas concernés par le droit à la portabilité.[413]

- **Sur la forme,** seuls sont visés par le législateur français, les traitements effectués à l'aide de « procédés automatisés ». Ce qui exclut du panier, les traitements non automatisés autrement dit, ceux effectués ***de façon manuelle***.[414]

- **Sur le fond,** le droit à la portabilité ne concerne que les traitements effectués sur la base du consentement de la personne concernée ainsi que ceux qui sont nécessaires à l'exécution d'un contrat conclu entre celle-ci et le responsable du traitement.[415]

B. Le droit à l'oubli

Concept nouveau pour le malien « lambda », même si techniquement il consiste à obliger le responsable du traitement à fixer une durée de conservation des données qui n'excède pas celle nécessaire à la finalité pour laquelle celles-ci sont collectées,[416] le droit à « l'oubli numérique » ou « droit à l'oubli en ligne » était, d'abord, « *un concept qui permettait à tout internaute de demander le déréférencement d'une ou de plusieurs pages contenant des informations sur lui* ».[417]

---

[412] Article 20 de la Loi Informatiques et des Libertés dispose : « les personnes concernées ont le droit de recevoir les données à caractère personnel les concernant qu'elles ont fournies à un responsable du traitement, dans un format structuré, couramment utilisé et lisible par machine et ont le droit de transmettre ces données à un responsable du traitement sans que le responsable du traitement auquel les données à caractère personnel ont été communiquées y fasse obstacle ».

[413] Clarence Tcoussi, avril 2017, « Droit à la portabilité des données : ce que prévoit vraiment GDPR », site web : https://fr.blog.businessdecision.com/gdpr-droit-portabilite-des-donnees

[414] Idem

[415] Idem

[416] Article 7 de la loi n°2013-015 du 21 mai 2013 modifiée, portant protection des données à caractère personnel.

[417] https://www.dpms.eu/rgpd/droit-a-loubli-numerique-definition-fonctionnement.

Ici, il est utile de rappeler que la demande en matière de déréférencement doit concerner uniquement les liens des résultats de recherche qui apparaissent à la saisie du « *nom ou prénom* » de l'intéressé dans le moteur de recherche. Ainsi, selon **Nicolas Yeris**, si des mots sont ajoutés à la suite, le déréférencement ne peut être demandé.[418]

Par ailleurs, la Commission Nationale de l'Informatique et des Libertés a précisé dans une de ses publications intitulées : Guide des critères communs utilisés pour l'examen des plaintes que « *le droit au déréférencement pouvait également viser les informations issues d'une recherche basée sur un pseudonyme ou un surnom dès lors que, l'intéressé pouvait établir que ceux-ci était clairement liés à son identité*». [419] A cet effet, il importe de noter que le déréférencement ne vaut que pour le moteur de recherche auprès duquel la demande a été formulée.[420]

Ainsi, dans l'arrêt **Google Spain contre AEPD et Costeja Gonzales,** la CJUE a affirmé qu'en respectant certaines conditions, une personne physique a le droit de demander à un moteur de recherche de supprimer de la liste des résultats des liens pointant vers des pages contenant ses données personnelles une fois que son nom est saisi dans la barre de recherche.[421]

Cette position de l'arrêt Google Spain fut renforcée par le Règlement Général sur la Protection des Données à caractère personnel (RGPD), par la consécration d'un droit à l'effacement. Dans son article 17, le RGPD a hissé le droit à l'oubli numérique à **un droit à l'effacement**. Ce qui explique que la personne qui exerce son droit à l'oubli peut aussi demander l'effacement de ses données personnelles, et ce à partir du moment où il n'existe plus de raison légitime pour les conserver. A ce titre, il ne serait plus utile de parler de

---

418 Yeris Nicolas dans MBDE Libertés et droits fondamentaux : Le droit à l'oubli : liberté fondamentale ou entrave à la liberté d'expression ? Soumis le 25/06/2017 et disponible sur le site web : https://blogs.parisnanterre.fr.

419 Tiré du site des blogs pédagogiques de l'Université de Nanterre.

420 Ibidem

421 www.thierryvallatavocat.com; https://curia.europa.eu/common/Curia_indisponibilite.htm

déréférencement, c'est-à-dire une simple exclusion des moteurs de recherche, mais d'effacement total d'un contenu qui pourrait nuire notamment une image, une vidéo.

Par ailleurs, faut-il le préciser que le droit à l'oubli ne concerne pas les traitements réalisés pour des motifs d'intérêt public en l'occurrence la santé publique, la statistique, l'archivage et l'historique. Il est également limité si le traitement concerne les intérêts légitimes du responsable du traitement.[422]

CHAPITRE II :

UNE INADÉQUATION PARTIELLE ENTRE LES PRINCIPES CONSACRÉS ET LES MÉTHODES DE TRAITEMENT DE DONNÉES PAR LES RESPONSABLES DE TRAITEMENT

La loi n°2013-015 du 21 mai 2013 modifiée, portant protection des données à caractère personnel confie à l'APDP la mission de protéger les personnes contre les abus dont elles peuvent être victimes à travers leurs données à caractère personnel.

De plus, en vertu de l'article 31 de la même loi, l'Autorité est chargée de recevoir les réclamations relatives à la mise en œuvre des traitements de données à caractère personnel. De ce fait, en cas de non-respect des exigences légales par le responsable du traitement, notamment le refus de l'exercice des droits des individus, toute personne peut saisir l'Autorité pour faire valoir ses droits.

Cependant, force est de constater que l'exercice de cette exaltante mission confiée à l'Autorité demeure confronté à de réels soucis d'inadéquation entre les principes fixés par le cadre légal et les

[422] C'est une disposition prévue par l'article 6 du RGPD, un article vu par beaucoup comme une disposition fourre-tout parce qu'il prête à interprétation. Les intérêts légitimes du responsable du traitement peuvent consister en sa sécurité, la lutte contre la fraude… Une disposition qui permettrait dans une certaine mesure d'éviter l'application de la loi. Enfin, le droit à l'oubli ne peut être exercé si le traitement est réalisé pour la constatation, l'exercice ou la défense des droits en justice ou encore pour l'exercice du droit à la liberté d'expression et d'information.

méthodes de traitement des responsables de traitement. Successivement seront abordés dans ce chapitre, le non-respect par l'État des principes de protection des données caractère personnel (section 1) et la collecte abusive des données à caractère personnel par des personnes morales de droit privé (section 2).

Section 1 : Le non-respect par l'État des principes de protection des données caractère personnel

Au cours de ces dernières années, de nombreux mécanismes d'investigation furent mis en œuvre afin de prévenir les atteintes à l'ordre public et de lutter contre la délinquance et le terrorisme. Au nom d'une conception **exacerbée**[423] de la lutte contre l'insécurité, l'équilibre existante entre la préservation du droit à la protection de la vie et des données à caractère personnel et l'ordre public est, aujourd'hui, plus que menacée.

En s'appuyant sur la *« psychose »* créée par le climat qui prévaut actuellement au sahel, l'État du Mali n'instrumentalise-t-il pas politiquement la demande sécuritaire pour développer des systèmes de surveillance de plus en plus sophistiqués et généralisés ? Notamment les caméras de vidéosurveillances sur certains carrefours de Bamako et dans d'autres capitales régionales,[424] les écoutes téléphoniques.[425] Même si aux yeux du malien lambda, la généralisation de cette surveillance ainsi que son acceptation pourraient être perçues comme inévitables. Ainsi, dans la plupart des cas, le bénéfice relativement immédiat qu'elle procure semble faire oublier les risques qu'elle comporte sur la vie privée des personnes.

---

[423] Selon la définition donnée par le dictionnaire de Larousse exacerber signifie rendre quelque chose plus intense, plus vif. Par exemple, intensifier une ambiance, une atmosphère particulière

[424] Aujourd'hui, dans certains pays, la vidéosurveillance recourt à des caméras numériques, parfois « réactives » (présentées comme capables, grâce à des logiciels d'étude du comportement, de détecter des individus devenant suspects et de leur adresser des injonctions phoniques) et d'ici peu d'une taille assez réduite pour permettre la généralisation d'une surveillance invisible.

[425] Une étude a montré l'accroissement des contrôles sur les communications téléphoniques (à partir des opérateurs de téléphonie mobile) et électroniques (à partir des fournisseurs d'accès), d'abord quant à leurs protagonistes et à leur date et heure de connexion, aussi quant à leur contenu ; (source : Dossier : Tous surveillé, tous surveillants ? Homme et Libertés).

Pourtant, en affirmatif, il y a lieu de dire que ces avancées technologiques constituent aujourd'hui, une menace pour la sûreté de l'individu car elles mettent à la disposition des pouvoirs publics des informations qui pourraient bien accroitre son pouvoir de *« nuisance »,* si des mécanismes de contrôle ne sont pas mis en œuvre notamment des textes juridiques *''robustes''*.[426]

En effet, les dispositions nationales et internationales relatives aux Droits de l'Homme[427] *interdisent aux États parties de porter atteinte à la vie privée des personnes relevant de leur compétence et les prient de protéger juridiquement ces personnes contre les immixtions arbitraires ou illégales dans leur vie privée.*[428]

Le Mali a, au cours de ces dernières années, renforcé la sécurité dans ses aéroports ainsi que dans beaucoup d'autres lieux de transit avec l'installation des dispositifs permettant *la collecte surtout, des données biométriques des individus, des photographies, des données de passeport,* etc.[429]

---

[426] Dr Gus Hosein, Agrégé supérieur de recherche invité à la London School of Economics and Political Science disait ceci : *« Au moment où la surveillance prend de plus en plus d'importance dans les orientations stratégiques des pays en voie de développement, la mise en valeur de la protection de la vie privée et des droits de la personne fait face à des obstacles de taille »*. En effet, interrogé par le journal, il avança que l'élaboration de politiques en matière de surveillance et de protection de la vie privée repousse déjà les limites de la démocratie délibérative et du débat. La « sécurité nationale » et la « lutte contre le terrorisme » font partie d'une myriade d'arguments invoqués au sujet des politiques sur la protection de la vie privée et la surveillance, car elles s'opposent aux préoccupations en matière d'efficacité, d'impact sur les libertés individuelles, de répercussions sur les stratégies économiques et les modèles de gestion ainsi que de protection du consommateur.
De son côté, la technologie contribue et nuit à la fois à ces arguments alors que nous tentons de comprendre ce qui est possible, efficient, légal et justifié ; Source : https://www.priv.gc.ca/fr/mesures-et-decisions-prises-par-le-commissariat/recherche/consulter-les-travaux-de-recherche-sur-la-protection-de-la-vie-privee.

[427] Notamment l'article 17 du Pacte international relatif aux droits civils et politiques.

[428] Fiche d'information du n°32 du Haut-Commissariat des Nations Unies aux droits de l'homme, site web : https://www.ohchr.org/fr/publications/fact-sheets/fact-sheet-no-32-terrorism-and-counter-terrorism (dernière visite de la page 26 novembre 2022 à 13h17 min)

[429] Une étude a démontré que les droits de la personne, malgré l'importance qui devrait leur être accordée, ne tiennent pas une grande place dans la liste des priorités des pays en voie de développement. S'il en est ainsi, c'est parce que les pays en voie de développement doivent consacrer leurs ressources limitées à la construction d'infrastructures de base et à l'accessibilité aux services essentiels. En ce sens, les pays en voie de développement ont des sujets de préoccupation bien plus importants que les droits de la personne.

Également, depuis un certain temps, les services de renseignement disposeraient de pouvoirs de surveillance énormes, notamment grâce aux équipements permettant les écoutes téléphoniques et à l'utilisation de dispositifs de localisation. Toutes ces pratiques impliquent une intrusion dans la vie privée des individus, à travers la collecte massive d'informations sur les personnes, limitant donc, leurs libertés individuelles et publiques.

Jean-Marc SAUVE, alors vice-président du Conseil d'État français disait, dans son discours prononcé le 06 avril 2018 : « *le développement des techniques de surveillance fondées sur la technologie numérique a, en particulier, alimenté la crainte de voir naître une surveillance massive et généralisée des citoyens. Les révélations faites par Edward Snowden sur les pratiques de l'Agence nationale de sécurité des États-Unis (NSA) n'ont fait que renforcer les inquiétudes déjà présentes dans une partie de la population* ».[430]

Pourtant, il est de principe juridique que tout acte influant sur la vie privée d'un individu doit être légal, c'est-à-dire, prévu par la loi. Ainsi, *toute fouille, toute surveillance ou toute collecte de données à caractère personnel concernant un individu doit être autorisée par la loi.* A ce titre, la mesure dans laquelle un tel acte se produit ne doit pas être *''arbitraire''*, ce qui exige que la législation ne soit pas *''injuste, imprévisible ni déraisonnable''*. [431]

Le Conseil constitutionnel français a ainsi eu l'occasion de rappeler à plusieurs reprises qu'il appartient au législateur d'assurer la conciliation entre, d'une part, la sauvegarde de l'ordre public et la recherche des auteurs d'infractions, toutes deux (02) nécessaires à la protection de principes et droits de valeur constitutionnelle et, d'autre part, le respect de la vie privée et des autres droits et libertés constitutionnellement protégés. « La législation autorisant une

---

https://www.priv.gc.ca/fr/mesures-et-decisions-prises-par-le-commissariat/recherche/consulter-les-travaux-de-recherche-sur-la-protection-de-la-vie-privee.

[430] Jean-Marc Sauvé, avril 2018, https://www.conseil-État.fr/actualites/discours-et-interventions/le-renseignement-et-son-controle, (page visite 2 fois et la dernière en date du 26 novembre 2022 à 13h22)

[431] Professeur Didier Ribes, juin 2015 : « atteintes publiques et atteintes privées au droit au respect de la vie privée dans la jurisprudence du Conseil Constitutionnel », Nouveaux cahiers du conseil constitutionnel n° 48, p. 35 à 46

immixtion dans la vie privée doit spécifier en détail les circonstances précises dans lesquelles cette immixtion est autorisée et ne doit pas être appliquée de façon discriminatoire ».[432]

Aussi, il est toujours souhaité de vérifier, avant la mise en œuvre d'une mesure de surveillance, si une mesure moins invasive de la vie privée de la personne concernée permettrait d'atteindre la finalité poursuivie. Si tel est le cas, la solution alternative moins intrusive devra toujours être préférée. Malheureusement, au Mali, ces dispositions et ces pratiques semblent inexistantes en cette période de lutte acharnée contre le terrorisme.

Outre l'immixtion dans la vie privée pour des fins de lutte contre le terrorisme, d'autres principes de protection des données peinent à se faire respecter par les autorités publiques. Il s'agit, d'une part, de l'accomplissement des formalités préalables ou déclaratives auprès de l'Autorité (paragraphe 1) et d'autre part, de l'information des personnes concernées par rapport aux caractéristiques du traitement (paragraphe 2).

Paragraphe 1 : Le défaut d'accomplissement des formalités préalables et/ou la non prise en compte des observations de l'Autorité par les pouvoirs publics

Le principe de la légalité des traitements de données à caractère personnel oblige tout responsable de traitement à saisir l'APDP pour des formalités préalables ; qu'il s'agisse des traitements mis en œuvre par l'État, les collectivités territoriales, les organismes personnalisés, les personnes physiques et les personnes morales de droit privé.[433]

la quasi-totalité des organismes publics. [434] Face à ce constat, l'Autorité s'est employée à les accompagner tant sur l'appropriation des principes de protection des données qu'au niveau de leur mise en conformité.

---

[432] Haut-Commissariat des Nations Unies aux droits de l'homme, Fiche information No 32, « *Droits de l'homme, terrorisme et lutte antiterroriste* », https://www.ohchr.org/sites/default/files/Documents/Publications/Factsheet32FR.pdf

[433] Article 5 de la loi n°2013-015 du 21 mai 2013 modifiée, portant protection des données à caractère personnel.

[434] Rapport annuel d'activités de l'APDP 2018.

Nonobstant les obligations légales et la campagne intense menée par ses services techniques, les structures étatiques, exceptés quelques départements ministériels, continuent d'ignorer l'existence de l'APDP. Ce fut le cas de la structure en charge des élections et la mise en ligne du fichier électoral.

Dans ce dossier, la Délégation Générale aux Elections (DGE) avait, en 2018, conclu avec « Imprimerie Nationale », sise à Paris, un contrat pour la production des cartes d'électeurs biométriques. C'est suite au refus de cette dernière de confectionner les cartes sans l'autorisation de l'Autorité de protection que la DGE eut saisi l'APDP pour se conformer aux dispositions légales en la matière.

De même, en 2016, l'Autorité, saisie par le gouvernement pour donner son avis sur le projet de loi relatif à la répression de la cybercriminalité a été surprise de voir ledit projet adopté en conseil de ministre et à l'Assemblée Nationale sans tenir compte de ses observations. Pourtant, ces observations pouvaient, sans aucun doute, combler les lacunes en matière de répression des atteintes à la vie privée et aux données à caractère personnel.[435]

Dans son avis, l'Autorité avait entre autres, proposé l'insertion d'un chapitre avant celui relatif aux : *atteintes spécifiques aux Droits de la Personne au regard du Traitement des Données à caractère Personnel*. Ce chapitre, une fois inséré, allait permettre de combler le vide laissé par le législateur concernant les sanctions privatives de libertés en cas d'atteinte aux données à caractère personnel qui demeurent sans peine privative de libertés.[436]

Paragraphe 2 : Le non-respect de l'obligation d'information de la personne concernée par le traitement des données à caractère personnel

En droit de la donnée, les personnes concernées disposent de droits afin de garder la maitrise de leurs données. Pour ce faire, le responsable du traitement doit leur expliquer comment les exercer

---

[435] Rapport de présentation des observations de l'Autorité de Protection des Données à caractère Personnel adressé au gouvernement.

[436] Avis de l'APDP sur le projet de loi portant répression de la cybercriminalité au Mali.

(auprès de qui ? sous quelle forme ?). Ainsi, lorsqu'elles exercent leurs droits, les personnes concernées doivent être répondues.

Cependant, dans la pratique, l'information des personnes concernées reste un handicap dans le traitement des données surtout quand, il s'agit des personnes morales de droit public, en l'occurrence État.

Certes, le droit à l'information ne s'applique pas lorsque les données sont recueillies et utilisées pour les traitement énumérés par l'article 17 de la loi n°2013-015 du 21 mai 2013 portant protection des données à caractère personnel au Mali. Toutefois, sans être dans le panier de ceux-ci, beaucoup d'autres mis en œuvre par l'État du Mali et ses démembrements méconnaissent *le droit à l'information préalable des personnes*. Or, la transparence exige que soient collectées et traitées, « *de manière loyale, licite et non frauduleuse pour des finalités déterminées, explicites et légitimes* », les données à caractère personnel lorsqu'ils ne relèvent pas de la catégorie des traitements ci-dessus mentionnées.

A titre illustratifs, suite à une mission de contrôle effectuée à la Caisse Nationale d'Assurance Maladie (CANAM), portant sur le traitement de données à caractère personnel des assurés de l'Assurance Maladie Obligatoire (AMO), les contrôleurs de l'Autorité de Protection des Données à caractère Personnel ont relevé que contrairement aux dispositions de l'article 15 de la loi n°2013-015 du 21 mai 2013 modifiée, la Caisse Nationale d'Assurance Maladie n'avait pris aucune disposition pour fournir aux personnes concernées à savoir, les assurés, les informations portant sur *l'identité du responsable de traitement, la finalité du traitement, les catégories de données concernées, la communication des données, la durée de conservation et la possibilité pour les personnes concernées d'y exercer leurs différents droits.*

Ainsi, le non-respect de l'obligation d'information des personnes concernées sur les principales caractéristiques du traitement mis en œuvre est de nature à les empêcher d'exercer leurs différents droits.

Section 2 : La collecte abusive des données à caractère personnel par des personnes morales de droit privé

La régulation des données à caractère personnel, demeure pour l'APDP, une tâche titanesque malgré les multiples efforts consentis.

Les nouvelles méthodes de collecte et de traitement des données à caractère personnel des entreprises présentent des risques nouveaux pour la vie privée des individus.

Sébastien FANTI dans un article disait ceci : « *même dans une petite PME (où la tâche semble plus aisée), la gestion des données s'apparente au tonneau des Danaïdes*[437] *: administration déficiente des droits d'accès, partage naïf des données entre les collaborateurs, absence de procédure de contrôle des flux de données, etc.* ». [438]

La présente section traitera dans un premier paragraphe, la collecte abusive des données ordinaires à laquelle s'adonne les entreprises et dans un second paragraphe, la collecte illicite des données sensibles (paragraphe 2).

Paragraphe 1 : La collecte abusive des données ordinaires par les responsables de traitement

Pour le fonctionnement de leur système, les responsables de traitement peuvent être amenés à recueillir des données qui limitent certaines libertés individuelles. Or, en application des dispositions régissant les relations de travail, il ressort que *nul ne peut apporter aux droits des personnes et aux libertés individuelles et collectives de restrictions qui ne seraient pas justifiées par la nature de la tâche à accomplir ni proportionnées au but recherché*.

Cependant, ces dispositions qui limitent les pouvoirs de l'employeur paraissent, dans leur généralité, être méconnues par les entreprises. Malgré qu'il soit prévu que certaines données ne sont ''collectables'' que sauf si le but poursuivi le justifie, beaucoup d'entreprises

---

[437] Dans la mythologie grecque, les Danaïdes (en grec ancien Δαναΐδες / Danaídes) sont les cinquante filles du roi Danaos. Elles accompagnent leur père à Argos, terre de leur aïeule la nymphe Io, quand il fuit ses neveux, les cinquante fils de son frère Égyptos. Après avoir proposé une réconciliation, elles épousent leurs cousins, mais leur père apprend que ces derniers veulent les tuer. Il alerte ses filles qui s'arment et les massacrent lors des noces. Les Danaïdes sont condamnées, aux Enfers, à remplir sans fin un tonneau troué (wikipédia.org).

[438] Protection des données informatiques dans un article intitulé : La protection des données dans les relations de travail, du Centre d'Etude des Relations de Travail CERT, Editions Romandes Schulthess, page 8

collectent des données qui vont au-delà de celles nécessaire à la finalité poursuivie.

Du contrôle des horaires des salariés par le biais des badgeuses en passant par les dispositifs de vidéosurveillance, un seul et unique constat, les entreprises collectent excessivement de données à caractère personnel des individus souvent, sans aucune valeur ajoutée.

De même, très souvent, les sociétés placent sous surveillance des outils de communication mis à la disposition des salariés à titre professionnel sans aucune information préalable. Or, en l'absence de dispositions claires et préétablies prévoyant une surveillance des communications professionnelles des employés, la mise en place d'une telle mesure par un employeur constitue une ingérence dans la vie privée des personnes concernées.[439]

Outre la collecte abusive des données ordinaires, nous assistons également à la collecte illicite des données sensibles par les sociétés.

Paragraphe 2 : La collecte illicite des données sensibles

Malgré les multiples interventions de l'Autorité sur l'interdiction de la collecte et de l'utilisation des données biométriques à des fins de ''*pointage*'', beaucoup de structures continuent avec le phénomène.[440]

Pour mieux préserver le droit des personnes, l'Autorité avait lancé de vastes campagnes de sensibilisation et de mission de contrôle dans les structures publiques et privées. Ainsi, lors de ses missions de contrôle effectuées à la Caisse Nationale d'Assurance Maladie (CANAM) et à la Société Orange Mali SA, l'Autorité de Protection des Données à caractère Personnel a ordonné à ces structures, *la désinstallation des dispositifs biométriques mis en œuvre à ''des fins de pointage''*.[441]

---

[439] CEDH 3 avril 2007 « Copland contre Royaume Uni » req.62617/00, pts.45-49.

[440] Article 2 de la délibération n°2017-020/APDP « En raison du caractère excessif et disproportionné, la gestion du temps de présence des salariés de la structure ne peut être retenue comme finalité pour un traitement de données biométriques.
Le dispositif biométrique doit alors être limité au contrôle de l'accès à une zone bien définie pour un nombre déterminé de personnes, afin de protéger les biens, les installations ou les informations sensibles »

[441]Délibération n°2017-020/APDP du 10 Avril 2017 portant sur les conditions nécessaires à l'utilisation des dispositifs biométriques pour le contrôle d'accès aux locaux, aux appareils et aux applications informatiques sur les lieux de travail.

Pour rappel, le dispositif biométrique de la CANAM utilisé permet outre, la collecte des données classiques (le nom, les prénoms, la fonction, le service, la direction, etc.), mais aussi *l'empreinte digitale des deux index et la photographie de la face*.

Pour ce qui concerne celui (le dispositif biométrique) de la Société Orange Mali SA, les contrôleurs ont noté que le traitement a pour finalité *''la sécurité et la gestion du contrôle présence des employés au service''* et permet de collecter les données suivantes : *le numéro matricule, la date de recrutement, le nom, le prénom, la fonction, la direction, la division, le service, l'empreinte digitale de l'un des dix doigts, les heures d'entrée et de sortie de l'employé*.

La collecte et l'utilisation des données biométriques notamment de l'empreinte digitale, constituant une violation de la délibération *n°2017-020/APDP du 10 Avril 2017 portant sur les conditions nécessaires à l'utilisation des dispositifs biométriques pour le contrôle d'accès aux locaux, aux appareils et aux applications informatiques sur les lieux de travail*, l'Autorité a été amenée à demander à la Société Orange Mali SA de désinstaller ledit dispositif.

Également, pendant les premières heures de la maladie à coronavirus, le COVID 19, précisément en janvier 2020, l'Autorité avait constaté que des personnes s'adonnaient à la collecte et à la diffusion d'informations personnelles sur les « *supposés porteurs du virus et leurs proches* ». Face à ce constat, elle a fait un communiqué pour informer le public que de telles informations constituent des données sensibles dont le traitement obéit à des règles strictes édictées par la loi n°013-015 du 21 mai 2013 modifiée, portant protection des données à caractère personnel. Elle a ainsi rappelé que

- dans le cadre de la gestion d'une épidémie, les données de santé ne peuvent être collectées que par les autorités sanitaires qui sont les seules qualifiées pour prendre les mesures adaptées à la situation ;
- Par conséquent, il est formellement interdit aux particuliers de collecter ou de publier, notamment sur internet et les réseaux sociaux, les données personnelles des personnes atteintes et de leurs éventuels contacts.[442]

[442] Communiqué n°2020-01/APDP-SG disponible sur le site web de l'APDP accessible à l'adresse suivante : www.apdp.ml.

Outre les insuffisances textuelles, mentionnées supra, qui rendent difficile la mise en œuvre effective du droit au respect de la vie privée et des données à caractère personnel, d'autres, et non les moindres résident également dans la pratique (titre II).

Titre II : Une effectivité pratique lacunaire

Malgré les mécanismes mis en œuvre par l'État du Mali pour honorer ses engagements sur le plan international en faveur de la promotion des droits de l'homme et des libertés fondamentales des citoyens, notamment la protection de la vie privée, l'environnement institutionnel n'assure pas, une protection idéale. Cette insuffisance se ressent sur le double plan administratif et juridictionnel.

En effet, l'autorité administrative, mise en place par la loi pour assurer la protection des données à caractère personnel, se trouve impuissante face à la multiplication des traitements de données et à la facilité de procéder à des collectes massives desdites données, ce, souvent au-delà des limites géographiques du Mali (chapitre I).

Par ailleurs, l'effectivité du contrôle juridictionnel se bute à la « pauvreté » de l'arsenal juridique en matière pénale et à la méconnaissance des procédures civile et administrative tendant à la protection des données à caractère personnel tant par les personnes concernées que les professionnels du droit (chapitre II).

CHAPITRE I :

DES LACUNES AU NIVEAU DU CONTRÔLE NON JURIDICTIONNEL DE L'AUTORITÉ DE PROTECTION DES DONNÉES À CARACTÈRE PERSONNEL

La loi instituant l'Autorité de Protection des Données à caractère Personnel lui confère le pouvoir de procéder à des vérifications sur place, des conditions de mise en œuvre de tout traitement de données à caractère personnel effectué sur le territoire national. A cet égard, l'APDP peut se faire communiquer tout renseignement et complément d'informations utile à sa mission, recueillir des témoignages et lever l'obligation de confidentialité des informations.

Aucun responsable de traitement, ni du secteur public, ni du secteur privé, ne peut s'opposer à son action. Il doit au contraire prendre toutes les mesures utiles afin de faciliter sa tâche. Nonobstant ces prérogatives, force est de reconnaitre que le contrôle effectué par l'Autorité présente toujours des signes de faiblesse, comparativement aux autorités sœurs.

Cette faiblesse ne serait-elle pas due à son impuissance face aux évidences de la politique internationale des grandes puissances ? Dans ce chapitre, nous démontrons successivement le caractère défectueux du contrôle de l'APDP à l'égard des standards internationaux (section 1) et l'inadaptation du cadre institutionnel aux réalités de l'innovation (section 2).

Section 1 : Un contrôle défectueux eu égard aux standards internationaux de protection des données à caractère personnel

La protection des données à caractère personnel est pour le Mali, un signe essentiel ou du moins, annonciateur de ''*bonne gouvernance*''. Elle illustre à la fois, le dynamisme de l'économie numérique nationale mais aussi le respect des droits des citoyens.

Pour assurer son pouvoir de contrôle, l'État du Mali a, conformément à l'Acte additionnel de la CEDEAO et à la loi n°2013-015 du 21 mai 2013 modifiée, institué l'Autorité de Protection des Données à caractère Personnel.
Comme déjà évoqué, dans l'exécution de ses missions, cet organe est malheureusement confronté, à l'unilatéralisme de la législation américaine (paragraphe 1) et à la puissance des géants du web à savoir les Google Amazon Facebook Apple et Microsoft (GAFAM) (paragraphe 2).

Paragraphe 1 : L'impuissance de l'APDP face à l'unilatéralisme de la législation américaine

Prétendre à l'effectivité de la protection des données à caractère personnel face à l'unilatéralisme des législations américaines serait très difficile étant donné qu'à l'état actuel, les États-Unis d'Amérique ne disposent pas d'un régime permettant la protection proprement dite des données à caractère personnel par rapport aux exigences internationales.

En effet, l'utilisation massive de données à caractère personnel par les grandes plateformes américaines de l'Internet, ainsi que les révélations **d'Edward SNOWDEN** sur les pratiques de la NSA, donnent l'impression que les États-Unis d'Amérique manquent totalement de cadre spécifique pour la protection de la vie privée et des données à caractère personnel.

Mieux, les textes législatifs votés successivement par le parlement américain ces dernières années inquiètent beaucoup les personnes non américaines surtout quant à la protection de leurs informations.

Au regard de tout ceci, décider de confier ses données, surtout les plus *''sensibles et confidentielles''*, à un prestataire américain n'est pas sans conséquence sur la vie privée des personnes concernées. Les révélations sur la façon dont Facebook a permis à *''Cambridge Analytica''* d'accéder aux données de quatre sept millions (87 millions) d'utilisateurs en est l'exemple typique. Alors que les législations des pays francophones ont tendance à un renforcement des obligations qui pèsent sur les entreprises et le pouvoir de sanction des autorités, le législateur américain ne semble toujours pas comprendre la nécessité d'une telle protection.[443]

Sans crainte, nous pouvons affirmer que les données des personnes ne sont pas à l'abri d'accès des tierces personnes si elles sont confiées à des prestataires américains ou si elles sont hébergées sur le sol américain. Surtout que « *nous avons accepté des contrats que nous n'avons jamais lus, aux clauses obscures et changeants par ailleurs...* ». **[444]**

---

443 Alex Turk dans son livre intitulé : la vie privée en péril : Des citoyens sous contrôle.

444 Pierre Bellanger est le fondateur et PDG de la radio Skyrock. Il est l'auteur de nombreux ouvrages sur les développements technologies du futur, liés notamment à la radio, à internet et à l'importance du numérique dans notre vie de tous les jours ; https://www.institutdiderot.fr/author/pierre-bellanger.

Ainsi, le Patriot Act et le Cloud Act sont entre autres, des dispositions légales qui cautionnent cette violation. Ces deux (02) actes confèrent aux autorités américaines le droit de contraindre les prestataires de services et les sociétés américaines à leur fournir les données d'un utilisateur ou d'une entreprise, quelle que soit sa nationalité et la localisation des données.[445]

A. Le Patriot Act aux États Unis et la loi portant protection des données personnelles

Le PATRIOT Act, adopté en 2001 a permis aux États-Unis de s'arroger des droits importants, tout particulièrement en ce qui concerne l'accès aux données*''aux citoyens américains''* mais aussi à celles *''des non américains''*.

La largesse de son champ d'application lui fait assujettir la quasi-totalité des personnes physiques et morales puis qu'elle donne aux autorités américaines, les moyens pour accroître leur capacité de surveillance tout en réduisant au minimum *''les obstacles associés aux formalités juridiques''*.

Sous peine de sanctions, sans aucun droit de contestation, les autorités américaines pourraient obtenir des informations personnelles de toutes les personnes suspectées, de leurs compagnies et filiales, et par tout, où besoin se fait sentir.[446]Avec un tel acte, aucune garantie ne peut être fournie quant au respect des dispositions de l'article 8 de la loi n°2013-015 du 21 mai 2013 portant protection des données à caractère qui oblige le responsable du traitement à prendre toutes les précautions utiles pour préserver la sécurité des données en empêchant notamment qu'elles soient déformées, endommagées ou que **''des tiers''** non autorisés y accèdent.

---

[445] Bellanger Pierre, 2012/3 « *De la souveraineté numérique* », n°170, rapporté par Mallorie Wozny de l'Université de Lyon, Mémoire de master

[446] Selon le site web dénommé : wimi-teamwork, une grande partie des fournisseurs de services en ligne ainsi que les leaders sur le marché du cloud sont majoritairement américains, et la plupart des sociétés leur confient leurs données sans trop se poser de questions.
« Si tel est votre cas, sachez que les données privées de vos clients ainsi que vos informations stratégiques peuvent être consultées et analysées sans limite par les autorités américaines sans que vous en soyez informé, et sans aucun recours possible ».

B. Le Cloud Act (clarifying lawful overseas use of data act) aux États Unis

En application des dispositions de l'article 28 de l'Acte Additionnel de la CEDEAO,[447] *les données à caractère personnel doivent être traitées de manière confidentielles et être protégées notamment lorsque le traitement comporte des transmissions de données dans un réseau.*

Cependant, assurer la sécurité et la confidentialité des données des personnes comme l'exige les dispositions de l'Acte Additionnel susmentionnées et celles de la loi n°2013-015 du 21 mai 2013 modifiée, ne serait-elle pas de la pure *« utopie »* ? Etant donné que bien avant l'entrée en vigueur de cet acte, l'un des dirigeants des plus grands acteurs du Net déclarait : « *Tout ce que sait google, les États Unis peuvent le savoir, il leur suffit de demander* ».[448]

En effet, la loi dite *cloud Act* , adoptée le 23 mars 2018 permet aux instances judiciaires des États-Unis fédérales, locales, voire même municipales de forcer les fournisseurs de services installés sur le territoire américain à fournir les données relatives aux communications électroniques des citoyens et résidents américains, stockées sur des serveurs, qu'ils soient situés aux États-Unis ou à l'étranger.[449]

---

[447] Acte Additionnel A/SA.1/01/10 du 16 février 2010 relative à la protection des données à caractère personnel

[448] Monsieur Eric Schmidt, Dirigeant de Google : livre de M.Alex TURK, avril 2011 « la vie privée en péril, des citoyens sous contrôle » édition Odile Jacob, page 117

[449] Tout d'abord, le champ d'application du Cloud Act est très large, puisqu'il concerne les fournisseurs de service américains qui sont omniprésents en dehors des États-Unis à travers leurs services en ligne (Facebook, Instagram, Whatsapp, Messenger, Gmail, etc.), ainsi qu'à travers leurs filiales à l'étranger. Ensuite, le gouvernement américain peut requérir un accès à toutes les données de n'importe quel citoyen, quelle que soit sa nationalité, à partir du moment où les données de ce dernier sont stockées chez des fournisseurs de service américains, quelle que soit la localisation géographique du data center. De plus, le citoyen concerné n'est pas nécessairement prévenu de cette demande, et n'a donc pas de recours.
Pour contrebalancer ce qui pourrait être perçu comme une disposition extraterritoriale de la loi américaine, le Cloud Act rend possible la signature d'accords bilatéraux entre le gouvernement américain et des gouvernements étrangers dans le cadre d'une entraide internationale. Ces derniers pourraient ainsi demander directement à un fournisseur de

A titre de rappel, le Cloud Act a vu le jour après que Microsoft se soit opposé au gouvernement américain qui voulait accéder aux communications d'un trafiquant de drogue présumé, stockées par Microsoft sur des serveurs en Irlande.[450]

L'un des principaux problèmes de cette loi, c'est que les instances de justice américaines peuvent accéder aux communications personnelles d'un individu sans que ce dernier, *ni son pays de résidence, ni le pays où sont stockées les données n'en soit informé.* Le seul élément

---

services américain de lui communiquer les données qu'il détient, même basé aux États-Unis, et sans recourir au juge. (Https://www.partitio.com).

[450] Faut-il rappeler que le département américain de la Justice a porté plainte contre la firme de Redmond en 2014 parce que cette dernière a refusé de fournir aux autorités judiciaires du pays le contenu des messages électroniques d'un présumé trafiquant de drogue qui étaient stockés sur des serveurs du groupe installé en Irlande. Le gouvernement fédéral estimait que le géant technologique devait se conformer au mandat, en vertu du *''Stored Communications Act''*, un point de vue que Microsoft ne partageait pas.
Selon le siteweb : developpez.com, cette affaire soulevait au moins deux questions importantes :

- si vous enfreignez la loi américaine aux USA, serait-ce une excuse valable ou tout à fait déplacée de se servir du fait que les données numériques dont la justice américaine a besoin pour vous écrouer sont stockées à l'étranger pour invalider une procédure judiciaire ;?
- la prise de position radicale pour l'une ou l'autre de ces propositions ne pourrait-elle pas conduire à des abus, que ce soit du côté du demandeur (un État dictatorial par exemple qui souhaite museler une partie de l'opinion) ou de celui des sociétés ciblées (lorsque celles-ci feraient par exemple la promotion de l'impunité auprès de leur clientèle)?

La réponse donnée par Christian Olivier est la suivante : « La Cour Suprême a tranché en renvoyant les deux parties se référer au « Clarifying Lawful Overseas Use of Data Act ;» (Cloud Act), la loi américaine clarifiant l'utilisation légale des données à l'étranger qui a été promulguée le 23 mars par le président Trump, une décision prévisible au vu des évolutions récentes de cette affaire. « Cette affaire, en conséquence, est devenue sans objet ;», a conclu la Cour suprême dans son verdict rendu. Ce cas aurait pu faire office de précédent.
« La CLOUD Act adoptée récemment par le Congrès américain modifie la Stored Communications Act en ajoutant la disposition suivante : « un [prestataire de services] doit se conformer aux obligations de ce chapitre afin de préserver, sauvegarder ou divulguer le contenu d'un message ou d'une communication électronique ainsi que de tout enregistrement ou autre information concernant un client ou souscripteur en la possession de ce fournisseur, la sauvegarde ou le contrôle, indépendamment du fait que ces communications, enregistrements, ou autres informations sont situées à l'intérieur ou en dehors du territoire des États-Unis».
Cette loi vise à faciliter l'accès, par les forces de l'ordre, aux données stockées sur des serveurs à l'étranger, tout en accompagnant cette procédure de garde-fous. Elle a, semble-t-il, été bien accueillie par les entreprises technologiques américaines qui la considèrent comme « une solution logique pour gérer l'accès transfrontalier aux données ». Source : www. developpez.com.

pertinent est la nationalité du responsable de traitement en l'occurrence, l'entreprise qui a le contrôle des données (une entreprise américaine ou l'une de ses filiales à l'étranger).

Ainsi, toutes sociétés maliennes ou africaines, qui confient ses données à des fournisseurs américains peu importe leur nature, pourront les voir utilisées par les autorités américaines s'ils sont suspects dans le cadre d'une enquête judiciaire et qu'un mandat a été formulé contre eux.

Partant de ce constat, il peut être déduit que le Patriot Act a accordé de très larges pouvoirs aux agences de renseignements, ce qui pourrait constituer un risque majeur pour les données des entreprises, un frein à la protection de la vie privée et des données à caractère personnel des personnes dont les données sont manipulées ou hébergées par les entreprises de droit américain ou leurs filiales.

Paragraphe 2 : L'impuissance de l'APDP face aux géants du web Google Amazon Facebook Apple et Microsoft (GAFAM)

A titre de rappel, les GAFAM désignent respectivement les géants du net : **Google, Apple, Facebook, Microsoft et Amazon**, consommateurs de très grands volumes de données personnelles.[451]

Les GAFAM collectent tout, et savent tout de leurs utilisateurs, ils sont devenus aujourd'hui, en quelque sorte, les *''meilleurs amis''* de leurs utilisateurs. En effet, « *si vous avez des comptes sur les réseaux sociaux, que vous utilisez un moteur de recherche classique, que vous avez un smart phone avec des applications, toutes ces opérations que vous pouvez faire-consulter un site web, « liker » une page, utiliser une application, envoyer un message, une photo, etc., seront traitées et analysées* ».[452] Alors, prétendre à la gratuité d'accès aux offres de

---

[451] Ces entreprises se nourrissent de l'analyse et de la revente de vos données, c'est-à-dire de vos choix, vos goûts, de vos centres d'intérêts quand vous utilisez leurs services (recherche sur internet, réseaux sociaux, etc.). Ils peuvent ainsi définir plus finement votre profil de consommateur et ensuite se faire rémunérer en proposant aux entreprises des liens publicitaires internet ayant un impact commercial plus efficace qu'un simple panneau publicitaire au bord de la route. (Tiré de l'article intitulé : GAFA, GAFAM ou NATU : les nouveaux maîtres du monde).

[452] Comme l'a déjà souligné Monsieur Alexis, membre de la Quadrature du Net, une association française de défense des droits et libertés des citoyens sur l'internet, tiré de l'article de Léonor Lumineau, Publié le 20/01/2021 à 15h06 sur le site web accessible à

web. n'est que de **''l'illusion''** puisque l'utilisation est conditionnée à l'échange des données à caractère personnel.[453]

En effet, grâce aux données inconsciemment délivrées par les internautes ajoutés au partage **''illicite''** entre les réseaux (le cas facebook)[454], les GAFAM nous maitrisent mieux que quiconque. Comme on le dit, ils savent les habitudes de consommation, les goûts, les préoccupations, l'état de santé, les interrogations, jusqu'aux rêves des personnes concernées.[455] A ce propos, **Isabelle Falque-Pierreton** écrit ceci : « *Nous partageons avec des cercles toujours plus larges nos photographies, notre localisation, les playlists que nous écoutons, nos avis sur tel service ou telle prestation. Nous partageons même avec de vastes communautés-pour les adeptes du « quatified self » - des données extrêmement intimes, que l'on ne murmurait autrefois qu'à son médecin, à son prête et à son banquier* ».[456] Ce phénomène de grande ampleur touche toutes les générations.

Grâce aux interconnexions d'informations réalisées par le moteur de recherche, il est possible d'établir un profil détaillé d'une personne. A peine quelques années il était quasi-impossible de reconstituer le

---

l'adresse suivante : https://www.capital.fr/entreprises-marches/donnees-personnelles-ce-que-les-gafam-savent-sur-vous.

453 *N'a-t-on pas coutume de dire, « lorsque le service est gratuit, l'utilisateur devient ipso facto, le produit. C'est donc en contrepartie de la collecte des données à caractère personnel de leurs abonnés que les réseaux sociaux offrent généralement leurs services* »

454 La question de la transmission des données entre Facebook et ses autres produits tels qu'Instagram ou WhatsApp n'est pas récente. En 2016, après le rachat de WhatsApp par Facebook, le G29 et la CNIL soulevaient déjà le problème des échanges de données entre les deux plateformes.

Dans une décision précisément celle n°MED-2017- 075 du 27 novembre 2017 , la CNIL relèvait que WhatsApp transmet bel et bien des données personnelles à Facebook sur base de finalités de *« business intelligence* » et de sécurité. Selon l'Autorité de contrôle française, « *si la finalité de sécurité peut être regardée comme essentielle au bon fonctionnement de l'application, il en va différemment de la finalité de ''business intelligence''* » car celle-ci ne se justifie par aucune base légale. En l'occurrence, ni le consentement, ni l'intérêt légitime ne rencontraient les conditions requises pour justifier le transfert et le traitement.

455 Vous créez une page, le site vous demande des informations : nom, prénom, âge, sexe, écoles où vous avez été scolarisé, entreprises dans lesquelles vous avez travaillé, etc. Puis il vous propose de liker des pages ou de vous inscrire à des événements, de géolocaliser vos photos. (Article : Les données personnelles sont une matière première qui vaut... de l'or. A condition d'être bien recueillies, traitées, analysées. Comment se passe leur « extraction » et qui sont ceux qui profitent de ce juteux business ?).

456 Editorial du dossier « Partage !», Cahier IP-Innovation et prospectives, n°4, 2015 ; Tiré de l'Avis de la Commission Nationale Consultative des Droits de l'Homme (CNCDH-France).

parcours d'achats d'une personne puis que le paiement s'effectuait, généralement en liquide. Aujourd'hui, en raison des traces laissées par les opérations en ligne et l'historique de la navigation sur l'internet, il est tout à fait simple de reconstituer des parcours de choix, et partant, un certain profil des personnes. « *Cette interconnexion des contenus et ce dépistage automatique des actions individuelles en ligne entrainent une exposition démultipliée de la vie privée, et constituent un défi majeur pour sa protection* ».[457]

Lors de la 30ème conférence mondiale des commissaires à la protection des données et de la vie privée d'octobre 2008, il a été acté que les utilisateurs des réseaux sociaux « *ignorent le plus souvent les conséquences d'une large diffusion d'informations très personnelles* »[458], notamment et à titre d'exemple, la consultation des réseaux par les employeurs lors d'une procédure de recrutement.

Selon le document réalisé sur la protection des données personnelles par la Ligue des droits de l'homme (LDH Europe), *« le principal problème identifié des réseaux sociaux est la violation de la vie privée »*.[459]

Or l'État du Mali, à l'opposé des pays de l'Europe où le droit des données personnelles a quasiment plusieurs décennies, dispose d'une loi qui date seulement de 2013. Ce caractère relativement récent ajouté au manque de moyens techniques et logistiques rend impuissante l'Autorité de protection face à ces géants qui disposent de moyens colossaux.

Ainsi, pour mieux encadrer les activités de ces géants d'Internet, ou limiter leur position dominante, cette fois ci, le Mali, mieux, les États Africains sont tenus de se constituer en un bloc solide, dans la mesure où aucun État à lui seul, ne peut leur faire face.

Ceci nécessite l'adoption d'un mécanisme approprié. En effet, outre l'adoption d'une réelle politique protectionniste, un lobbying de haut

---

457 Avis de la Commission Nationale Consultative des Droits de l'homme (CNCDH-France).
458 CNIL, communiqué, 22 octobre 2008, http://www.cnil.fr/la-cnil/actu-cnil/article/article/91.
459 Document réalisé sur la protection des données personnelles par la Ligue des droits de l'homme (LDH Europe), page 43.

niveau doit être mené pour faire adopter par les pays ne disposant pas encore de législations en la matière, l'impérieuse nécessité qu'il y a pour ceux-ci, d'harmoniser leurs législations nationales à l'image du Règlement Général sur la Protection des Données (RGPD) et la revue à la hausse des amendes pécuniaires.

Section 2 : Un cadre institutionnel inadapté aux exigences de l'innovation

Malgré les bruits médiatiques entourant sa création, le lancement officiel de ses activités, l'APDP demeure toujours limité dans son domaine d'intervention pour faire face à toutes les demandes qui lui sont adressées à cause de la non prise de conscience suffisante des personnes concernées, de la méconnaissance de son rôle par les usagers et les autorités publiques, du manque aigu des moyens par rapport à l'étendue des missions, de la lourdeur de la procédure de sanction, la qualification technique des membres ou commissaires composant son organe délibérant ainsi que les services techniques, etc.

Ainsi, sommes-nous en droit de se demander si elle est en mesure de jouer son rôle de protecteur ou du moins, de sentinelle des données à caractère personnel malgré le caractère pléthorique de son organe délibérant (02) ainsi que les lacunes au niveau des services techniques.[460]

Paragraphe 1 : Un organe délibérant défectueux dans sa composition

L'Acte Additionnel de la CEDEAO charge les États membres de la communauté à mettre en place des autorités composées de « *personnalités qualifiées pour leur connaissance en droit, en informatique et tout autre domaine de connaissance pour atteindre les objectifs tels que définis au niveau de l'article 2 du présent acte* ».

C'est à ce titre qu'en 2015, suivant le décret n°2015-0504/P-RM du 27 juillet 2015 portant nomination des membres de l'Autorité de

---

460 Discours du Président de l'APDP lors du lancement officiel des activités de l'Autorité, le 10 mars 2016.

Protection des Données à caractère Personnel (APDP) que le Mali a institué un organe délibérant chargé de la mise en œuvre de la loi portant protection des données à caractère personnel.

Malheureusement, cet organe collégial, comme déjà abordé, semble ne pas jouir de toutes les compétentes requises pour la bonne exécution de ses missions légales. Certes, parmi les commissaires de l'APDP figurent les magistrats des ordres administratif et judiciaire, des représentants de l'Assemblée Nationale, du ministère en charge de la communication, force est de reconnaitre que beaucoup d'autres membres surreprésentés pouvaient être remplacés par ceux des services plus utiles au sein de l'APDP.

En effet, le décret susmentionné a occulté certains éléments clefs tels que, le *''Commissaire du Gouvernement''*. Or, compte tenu du rôle éminent que celui-ci peut jouer dans une Autorité Administrative Indépendante (AAI), son absence ne peut-il pas conduire à un disfonctionnement ?[461]

En plus de cette lacune, le législateur malien n'a pas daigné ajouter à l'organe délibérant :

- le représentant de l'ordre des médecins ;
- le représentant de l'ordre des avocats ;
- le représentant des organisations patronales.

En toute franchise, l'absence de ces organisations, *ou du moins* de ces grands manipulateurs de données pourrait constituer une très grande *''défaillance''* dans le traitement des dossiers en rapport avec leurs domaines d'intervention spécifiques.

---

[461] A titre de rappel, le Commissaire du Gouvernement, dans une Autorité Administrative Indépendante veille au bon déroulement des relations entre l'Autorité et le Gouvernement. A ce titre, il est chargé d'une manière générale, de la présentation des observations du Gouvernement lors des séances de cette autorité. S'agissant du cas spécifique de l'APDP, le Commissaire du gouvernement sera chargé du conseil de tous les départements du gouvernement sur l'ensemble des questions touchant à la protection des libertés dans les traitements informatiques des administrations ; du suivi des textes qui portent sur la protection des données à caractère personnel, entre autres.

Paradoxalement, au moment où le nombre des membres de l'APDP est à quinze (15) commissaires omettant beaucoup de substances essentielles, celui des autres, varie entre 7, 9 et 11 avec quasiment, toutes les couches nécessaires pour la bonne défense des droits fondamentaux des individus. Par exemple, au Bénin, la Commission est composée de onze (11) membres.

Au Gabon, en application des dispositions de l'article 17 de la Loi n°001/2011 relative à la protection des données à caractère personnel, les commissaires permanents sont au nombre de neuf (9).[462]

L'article 23 de la Loi n° 2009-09 modifiée, portant protection des données à caractère personnel en République du Bénin dispose que la Commission est composée de onze (11) membres.[463]

Au Sénégal, en vertu des dispositions de la Loi n° 2008-12 sur la Protection des données à caractère personnel, la Commission des

---

[462] Article 17 de la Loi n°001/2011 relative à la protection des données à caractère personnel dispose que les commissaires permanents sont au nombre de neuf (9) et sont désignés comme suit :

- trois personnalités désignées par le Président de la République, dont le Président de la Commission ;
- un Magistrat membre du Conseil d'État désigné sur proposition du Président du Conseil d'État ;
- un Magistrat membre de la Cour de Cassation désigné sur proposition du Premier Président de la Cour de Cassation ;
- un Avocat désigné par l'Ordre des Avocats ;
- un Médecin désigné par l'Ordre des Médecins ;
- un représentant des organisations de défense des droits de l'homme désigné par ses pairs ;
- un expert en technologie de l'information et de la communication désigné par le Ministre en charge de l'Economie Numérique.

[463] Article 23 de la Loi n° 2009-09 modifiée, portant protection des données à caractère personnel en République du Bénin dispose que la Commission est composée de onze (11) membres ainsi qu'il suit : « trois (03) députés désignés par l'Assemblée nationale en tenant compte de sa configuration politique ; un (01) membre du Conseil Economique et Social élu par ses pairs ; deux (02) personnes qualifiées pour leur connaissance des applications informatiques ayant au moins le niveau de la maîtrise et totalisant au moins dix ans d'expérience désignées par l'Assemblée Nationale en tenant compte de sa configuration politique ; une (01) personnalité désignée en Conseil des ministres par le Président de la République; deux (02) magistrats de la Cour Suprême ayant au moins quinze (15) ans d'expérience, élus par leurs pairs ; un (01) membre de la chambre des comptes de la Cour Suprême ayant au moins quinze (15) ans d'expérience, élu par ses pairs ; un (1) avocat ayant au moins quinze (15) ans d'expérience, élu par ses pairs ».

Données Personnelles (CDP) est composée de onze (11) membres choisis, en raison de leur compétence juridique et/ou technique.[464]

Au Niger, la Haute Autorité de Protection des Données Personnelles (HAPD) est composée de neuf (09) membres choisis en raison de leur compétence juridique et/ou technique.[465]

Paragraphe 2 : Des services techniques en manque de moyens pour l'accomplissement de leurs missions

Dès l'entame de ses activités, l'Autorité s'est employée à mettre en place une organisation interne, en créant, à l'image des structures similaires, un appareil administratif travaillant sous l'impulsion de son président (les services techniques abordés à la première partie du travail).

Trop tributaire du budget d'État, la loi n°2013-015 du 21 mai 2013 modifiée, instituant l'APDP a occulté l'aspect *''indépendance économique''* en prévoyant, en son article 28, principalement le financement de ses activités par le budget d'État et de façon subsidiaire par des subventions de la part d'Organisations Internationales dont le Mali est membre.

---

[464] Article 6 de la loi susmentionnée fixe le nombre de commissaire à 11 ainsi ce qu'il suit trois (3) personnalités désignées par le Président de la République ; un (1) député désigné par le Président de l'Assemblée nationale ; un (1) sénateur désigné par le Président du Sénat ; un (1) représentant des organisations patronales désigné par le Ministre chargé des organisations professionnelles, sous réserve des dispositions de l'article 9 de la présente loi ; un magistrat membre du Conseil d'État désigné sur proposition du Président du Conseil d'État ; un magistrat membre de la Cour de Cassation désigné sur proposition du Premier Président de la Cour de Cassation ; un avocat désigné par le Bâtonnier de l'Ordre des avocats du Sénégal ; un représentant des organisations de défense des droits de l'homme désigné par le Ministre de la Justice, Garde des sceaux, sur proposition du Haut-Commissariat aux droits de l'Homme et à la Promotion de la Paix ; le Directeur de l'Agence De l'Informatique de l'État (ADIE) ;

[465] Conformément aux dispositions de la Loi-n°2017-28-du-03-mai-2017 portant protection des données personnelles, la Haute Autorité de Protection des Données à caractère Personnel est composée de : « une personnalité désignée par le Président de la république ; un représentant du premier ministre ; un représentant de l'Assemblée Nationale ; un magistrat membre du Conseil d'État désigné sur proposition du président du conseil d'État ; un magistrat de la cour de cassation désigné par proposition du président de la cour de cassation ; un avocat désigné par l'Ordre des avocats du niger ; un représentant des organisations de défense de droits de l'homme élu par le collectif; un médecin désigné par l'ordre des médecins ; un expert en TIC désigné par le Haut-commissariat aux TIC.

Ainsi, chaque année, l'Autorité doit donc se soumettre à l'exercice de négociation de budget sans être sûre d'avoir assez pour fonctionner, surtout en ces temps de crises sécuritaire et sanitaire où le budget d'État est soumis à une forte pression.

En effet, en termes de budget, l'APDP est en-deçà de ce qu'il lui faudrait pour être au même niveau de fonctionnement que certains de ses homologues africains ou européens. Il lui faudrait au moins le double de ce qu'elle a aujourd'hui. Cette insuffisance budgétaire ajoutée à la *''modicité''* de son effectif, ne facilitent pas l'exécution des missions qui lui sont confiées notamment *la gestion des dossiers de contrôles et des plaintes, le contrôle de tous les traitements de données personnelles opérés sur le territoire national, la mise en conformité de toutes les opérations de traitement de données par les structures tant publiques que privées ainsi que l'informatisation de sa gestion, l'éducation à la protection des données personnelles dans l'environnement numérique, l'accompagnement des structures publiques et privées qui traitent les données personnelles des résidents européens dans leur mise en conformité au Règlement Général européen de Protection de Données Personnelles, la sécurisation des données personnelles de nos concitoyens hébergées dans les pays tiers, la protection des données personnelles sur les réseaux sociaux.*[466] Du coup, l'insuffisance du personnel technique peut créer un risque de mise en péril de grands projets en raison des délais excessifs de traitement des demandes dus à la limitation des sessions ordinaires.

Aussi, l'Autorité déplore-t-elle la non disponibilité d'outils d'investigation numérique et l'absence de certaines compétences notamment en matière de sécurité informatique. Dans son rapport annuel d'activités de l'année 2020, l'Autorité se dit confronter à un certain nombre de défis qui, sans doute, rendent difficile la bonne mise en œuvre de la loi portant protection des données personnelles.

Ainsi, parmi ces défis figurent les réformes juridiques et institutionnelles de l'APDP, notamment en ce qui concerne la loi portant protection des données personnelles et le règlement intérieur

---

[466] Rapport annuel d'activités de l'APDP 2018.

ainsi que l'élaboration d'un cadre organique adapté, la communication en masse pour une grande visibilité de l'Autorité, le renforcement des capacités du personnel compte tenu de l'évolution rapide des TIC et des enjeux de la protection des données personnelles, la signature des accords de partenariat avec les GAFAM (Google-Amazon-Facebook-Apple-Microsoft).[467]

Vu la multiplicité des missions de l'APDP et leur importance dans la mise en place d'une véritable économie numérique dans notre pays, il y a lieu de faire des propositions de solutions afin d'obtenir une plus grande indépendance budgétaire.

Ces propositions pourront porter sur trois (03) points à savoir, l'institution d'une taxe en faisant contribuer directement les entreprises et les collectivités locales qui font des traitements massifs de données personnelles, la participation aux amendes prononcées par l'Autorité tout en prévoyant la possibilité de revoir le quantum desdites amendes à la hausse et l'institution de frais de certification et de labélisation ou de frais relatifs aux formalités préalables.

1ère Proposition : ***Instauration d'une redevance protection des données à caractère personnel***

Cette redevance permettra à l'APDP de générer ses propres ressources grâce à la contribution d'une multitude d'acteurs selon des critères à définir, plutôt que d'un seul, État.

Cette proposition a l'avantage d'assurer à l'Autorité une plus grande autonomie et serait également plus juste, car seules les structures concernées par la gestion de données personnelles seraient contributeurs, alors qu'avec le régime de financement actuel par le trésor public, tout le monde contribue finalement au budget de l'APDP à travers le paiement des impôts.

2ème Proposition : *Participation à la distribution des amendes*

Par ailleurs, la même loi a institué de sanctions modiques 2 500 000 F à 20 000 000 F CFA à l'encontre des utilisateurs qui manqueraient aux obligations résultant de la loi n°2013-015 du 21 mai 2013 modifiée, sans prévoir la possibilité de reversement de *''quote-part''* à l'Autorité.

---

[467] APDP- Rapport annuel d'activités de 2020

Comme dans d'autres secteurs d'activités de État, l'APDP peut solliciter ce reversement en se fondant sur la pratique déjà instituée au niveau de certaines structures publiques ou Autorités Administratives Indépendantes.

En outre, pour éviter que notre pays ne devienne, pour les géants du numérique, « *un paradis des données personnelles* », il y a lieu de revoir le taux des amendes administratives instituées par la loi n°2013-015 du 21 mai 2013 modifiée, pour atteindre, tout au moins, ceux fixés par les législations d'autres pays africains, un (1) million à cent (100) millions de Francs CFA au Gabon conformément à la Article 102 de la Loi n°001/2011 relative à la protection des données à caractère personnel, cent millions au Niger en cas de manquement réitéré dans les cinq années à compter de la date à la laquelle la sanction pécuniaire précédemment prononcée,[468] au sénégal d'un (1) million à cent (100) millions de Franc CFA.[469] A cet égard, l'Autorité pourra se fonder sur les textes octroyant des ressources financières à certaines structures publiques dans le cadre de leur mission notamment le cas des services des domaines, régi par l'Arrêté-Inter-Ministériel n°03 -2902 MDEAFH -MEF du 31 décembre 2003.

3ème Proposition : *Fixation des frais aux formalités préalables*

En dehors de ces deux (2) propositions, il faudra explorer la possibilité de fixer des frais de certification et de labélisation d'outils numériques développés dans le cadre des traitements de données à caractère personnel ou tout simplement taxer les formalités préalables comme la Cote d'ivoire, le Niger, le Gabon, etc.

Par ailleurs, l'apparition de la maladie à coronavirus a mis encore en exergue le rôle des autorités de protection des données personnelles dans la mise en œuvre de la digitalisation des moyens de paiement et de l'inclusion financière. Partant de cette réalité, l'APDP peut démarcher les Partenaires Techniques et Financiers en vue de la prise en charge de certaines de ses charges.[470]

---

[468] Art.55 de la Loi n°2017-28 du 03 mai 2017 relative à la protection des données à caractère personnel

[469] Article 30 de la Loi n° 2008-12 sur la Protection des données à caractère personnel.

[470] APDP, Direction Administrative et Financière (DAF), note technique relative aux stratégies de financement du Plan Stratégique de Développement (PSD) pour la période 2020-2023

CHAPITRE II :

DES CONTRÔLES JURIDICTIONNELS LACUNAIRES DE PROTECTION DES DONNÉES À CARACTÈRE PERSONNEL

Le recours devant l'Autorité de Protection des Données à caractère Personnel n'empêche pas la personne concernée d'exercer le recours auprès des juridictions (juge administratif, judiciaire et pénal). Le juge est également chargé du contrôle de la protection des données à caractère personnel. Pour ce faire, il peut être amené à confirmer ou annuler les décisions rendues par l'APDP.

En outre, il peut faire prendre des mesures conservatoires ou procéder à la réparation des préjudices subies par la personne en prononçant des condamnations à des dommages et intérêts.

S'agissant de la saisine du juge pour atteintes aux données, il est à retenir que dans certains pays, le juge saisi d'un cas de violation des données à caractère personnel peut, dans certains cas, prononcer la *« confiscation »* des supports matériels des données à caractère personnel formant l'objet de l'infraction tels que, les fichiers manuels, les disques et bandes magnétiques ou ordonner l'effacement des données. Ainsi, pour ce faire, la personne concernée devra tenir compte de la qualité du responsable du traitement en se posant la question de savoir de quel droit relève le responsable de traitement de ses données, droit public ou privé ?

C'est le responsable du traitement[471] qui encourt les sanctions, ce dernier pouvant être une personne physique ou morale. Deux (02) types de devoirs sont imposés : d'une part, la loi impose un certain nombre d'obligations (respect de formalités, sécurisation des traitements, conservation des données) ; d'autre part, la loi mentionne certaines interdictions pour protéger les données contre les utilisations abusives (collecte frauduleuse, déloyale ou illicite, transgression de

---

[471] Le responsable de traitement devra réponde, en cas d'atteintes avérée aux données à caractère personnel traitées pour son compte d'une part et d'autre part de non-respect de la réglementation, ce, sur le fondement du principe de la responsabilité spécifique en matière de protection des données à caractère personnel (La protection des données à caractère personnel en Afrique Francophone : Guide pratique de Modeste OUATTARA et Dédié BANGALI).

l'opposition de la personne concernée, détournement de la finalité du traitement...).[472]

Le contrôle juridictionnel de la protection des données à caractère personnel, malgré son importance dans la protection des libertés publiques et des droits fondamentaux semble aujourd'hui difficile à exercer à cause de la méconnaissance du rôle du juge administratif (section 1) et du caractère insuffisant et inadapté du contrôle juge judiciaire (section 2).

Section 1 : Une méconnaissance du rôle du juge administratif

Autorité Administrative Indépendante (AAI) chargée de la protection des données à caractère personnel, de poser des règles précises pour tenter de réguler le domaine des traitements de données personnelles marqué ces dernières années par l'essor du numérique, la loi a conféré à l'APDP un statut qui fait d'elle une personne morale de droit public indépendante de toutes les institutions, autorités politiques et administratives.

Le corollaire de cette indépendance est l'obligation faite à l'APDP d'inscrire ses actions dans le respect des textes et principes généraux du droit public dont le contrôle est confié au juge administratif.[473]

Même si son rôle est quasi-méconnu par les usagers, le juge administratif a aussi une compétence pour connaitre des atteintes au respect de la vie privée et des données à caractère personnel. Ce juge est compétent pour apprécier les décisions de l'Autorité de Protection, qu'il s'agisse de ses pouvoirs règlementaires aussi bien que de ses pouvoirs de sanction.

Cette analyse va nous amener à examiner dans un premier paragraphe, le contrôle du Juge administratif porté sur l'administrateur des données (paragraphe 1er) et celui porté sur la mise en œuvre des

---

[472] https://www.murielle-cahen.com/publications/donnees.asp

[473] Jacques Chevallier disait à ce propose que « l'apparition des AAI n'a pas suffi à saper les fondations de l'État de droit : quels que soient leurs particularismes statutaires, celles-ci sont insérées dans une organisation juridico-politique dont elles subissent les contraintes et reproduisent les déterminations ; gardiens vigilants de l'orthodoxie juridique et politique, les juges veilleront à garantir leur soumission aux grands principes sous-tendant l'édifice juridique ». Autorités Administratives Indépendantes et état de droit jacques chevallier irenee université de lorraine ? « civitas europa », page 150.

pouvoirs accordés l'Autorité de Protection des Données à caractère Personnel (paragraphe 2).

Paragraphe 1 : Le contrôle du juge administratif sur l'administrateur des données : Un contrôle à double détente du respect des principes de protection des données personnelles

A ce niveau, faut-il noter, le contrôle du juge administratif porte sur le respect des dispositions de l'article 7 de la loi n°2013-015 modifiée, relatives à ''*la finalité du traitement, la proportionnalité des données traitées, la durée de conservation, les droits de consultation et de communication et sur l'obligation de destruction des données illégalement traitées*'', autrement dit, un contrôle d'adéquation des traitements de données personnelles.

L'ingérence dans l'exercice du droit de toute personne au respect de sa vie privée que constituent la collecte, la conservation et le traitement, par une personne, d'informations personnelles nominatives, ne peut être légalement autorisée que si elle répond à des finalités légitimes et que le choix, la collecte et le traitement des données sont effectués « *de manière adéquate et proportionnée au regard de ces finalités* ».[474]

Compte tenu de la rareté de la jurisprudence malienne en la matière d'une part, et le droit malien étant d'inspiration française d'autre part, nous allons, à l'appui de la jurisprudence abondante du Conseil d'État français en matière de protection des données personnelles, démontrer le rôle capital dévolu au juge administratif même s'il demeure méconnu dans notre pays.

A. Les caractéristiques du traitement

1. Sur la finalité du traitement

Pour être légale, une mesure portant atteinte aux données personnelles ou à une liberté doit être pertinente par rapport au but recherché ; elle doit être nécessaire et être proportionnée eu égard au résultat recherché.[475]

---

[474] Article 7 de la loi n°2013-015 du 21 mai 2013 modifiée, portant protection des données à caractère personnel

[475] Article 7 de la loi n°2013-015 modifiée

Cette position fut confortée par les juges dans l'affaire dite *''des passeports électroniques en France''*.

En effet, conformément au décret n°2005-1726 modifié, la mise en œuvre du traitement des données personnelles dans le cadre des passeports électroniques a pour but de faciliter : *les démarches des usagers, de renforcer l'efficacité de la lutte contre la fraude documentaire et de garantir une meilleure protection des données recueillies.* [476]

Estimant que les finalités susmentionnées justifient l'atteinte au droit des individus, au respect de leurs données, l'Association pour la Promotion de l'Image, d'autres associations et sociétés civiles françaises ont formé un recours *pour excès de pouvoir devant le conseil d'État afin de voir annuler les dispositions du décret du 30 avril 2008.*[477]

Après un examen approfondi des garanties de fonctionnement prévues par ledit décret, à savoir : ''*l'accès et la durée de conservation limités, l'impossibilité de recherche par les données biométriques*'', le Conseil d'État a admis la mise en œuvre dudit traitement portant *''création d'un fichier central des passeports''*. Il a estimé que ce traitement centralisé était en adéquation avec ses finalités légitimes et ne portait pas au droit des individus au respect de leur vie privée une atteinte disproportionnée aux buts de protection de l'ordre public en vue desquels il a été créé.[478]

---

[476] Décret n° 2008-426 modifiant le décret n° 2005-1726 du 30 décembre 2005 relatif aux passeports électroniques.

[477] A titre de rappel, le recours pour excès de pouvoir (ou REP) est l'un des recours pouvant être portés devant une juridiction administrative (tribunal, cour d'appel ou Conseil d'État en France, la Section Administrative de la Cour Suprême au Mali). Il vise à faire annuler totalement ou partiellement un acte administratif unilatéral considéré comme illégal, en se fondant sur la violation d'une règle de droit.

Le recours peut être ouvert, même sans texte de loi, et vise à s'assurer du respect de la légalité. Cette procédure, qui n'a été expressément prévue par aucun texte, a été progressivement élaborée par le Conseil d'État qui en a fait ''un principe général du droit''. Cour du Contentieux Administratif 4ème Droit Public du Professeur Paul TRAORE de la Faculté des Sciences Juridiques et politiques de l'Université de Bamako (FSJP) 4ème Année Droit Public Interne 2008-2009.

[478] https://www.ladissertation.com/Divers/Divers/Commentaire-darr%C3%AAt-CE-Ass-26-octobre-2011-Association-53167.html. Aussi, pour plus d'informations sur l'arrêt, voire le site web du conseil d'état accessible à l'adresse suivante : https://www.conseil-État.fr/fr/arianeweb/CE/analyse/2011-10-26/317827

2. Sur les données collectées et traitées

Sont pertinentes « *les données personnelles qui sont en adéquation avec la finalité du traitement et qui sont proportionnées à cette finalité* ».

Il a été jugé dans l'affaire sus évoquée, dite passeports électroniques que la collecte des images numérisées ''du visage et de deux (02) empreintes digitales des titulaires de passeports'' est en adéquation avec les finalités du traitement institué et ne porte pas, *''au droit des individus au respect de leur vie privée, une atteinte disproportionnée''.*[479]

Par contre, il a été jugé que la collecte et la conservation « d'un plus grand nombre d'empreintes digitales que celles figurant dans le composant électronique ne sont *''ni adéquates, ni pertinentes et apparaissent excessives''* au regard des finalités du traitement informatisé.[480]

Dans un autre arrêt du Conseil d'État en date du 19 juillet 2010 sous le n°317182, relatif aux *«fichiers d'élèves»,* il ressort que : *« les données enregistrées dans la Base des élèves du premier cycle, relatives à l'identification de l'élève, de ses responsables légaux et des autres personnes à contacter en cas d'urgence ou autorisées à le prendre en charge à la sortie de l'école, ainsi qu'à la gestion des établissements, de la scolarité des élevés et de leurs activités parascolaires et périscolaires,* ***sont en adéquation avec la finalité du traitement****, qui est la gestion de l'enseignement scolaire de premier cycle, et sont proportionnées à cette finalité ».*[481]

---

[479] Jean-Philippe Foegle, novembre 2018 « *Le conseil d'État donne son feu vert au fichage biométrique de 67 millions de français* », Revue des droits de l'homme Revue du Centre de recherches et d'études sur les droits fondamentaux, : http://journals.openedition.org/revdh/4879 ;

[480] https://www.conseil-État.fr/actualites/actualites/passeport-biometrique#_ednref3

[481] Le Conseil d'État a annulé, le 19 juillet 2010, plusieurs décisions du ministre de l'éducation nationale concernant les très contestés traitements de données « Base élèves 1er degré » et « Base nationale des identifiants des élèves » (BNIE). Le Conseil d'État rappelle que de tels traitements ne peuvent être mis en œuvre avant la délivrance du récépissé de la déclaration à la commission nationale de l'informatique et des libertés. Or, « Bases élèves

Par contre, il a été demandé dans la même affaire, la suppression des *« données relatives à la santé »* des élèves affectés en classes d'insertion scolaire et qui avaient été collectées dans la première version de "Base élèves". Le Conseil d'État a indiqué que *"ces données permettent de connaître la nature de l'affection ou du handicap dont souffrent les élèves concernés et constituent par conséquent des données relatives à la santé, dont le traitement aurait dû être précédé d'une autorisation de la CNIL (Commission nationale de l'informatique et des libertés)".*[482]

De même, par arrêt n°351396 du 7 mai 2012, le Conseil d'État a affirmé que : « *la collecte des empreintes de dix (10) doigts pour les étrangers est adéquate, pertinente et non excessive par rapport aux finalités légitimes du traitement* ».[483]

En revanche, par arrêt : CE, Ass., 26 octobre 2011, n° 317827, le Conseil d'État a clairement dit que pour le passeport biométrique, *« la collecte et la conservation dans le traitement automatisé des empreintes digitales de huit doigts, alors que le composant électronique du passeport n'en contient que deux, ne sont ''ni adéquates, ni pertinentes'' et apparaissent ''excessives au regard des finalités du traitement informatisé ».*[484]

3. Sur la durée de conservation des données à caractère personnel

Par arrêt n°372111 du 18 novembre 2015, le CE a déclaré que la non limitation par le ministre l'intérieur français de la durée de conservation des empreintes digitales pour la carte nationale d'identité (CI) est ***''illégale''***. Il a appuyé sa décision sur le fait que la carte elle-même a une durée de validité et que tout détenteur d'une carte

---

1er degré » a commencé à fonctionner « dès le début de l'année 2005 au plus tard », alors que le récépissé n'a été délivré que le 1er mars 2006
Site web : https://www.dalloz-actualite.fr/essentiel/conseil-d-État-donne-une-lecon-d-informatique-et-libertes-l-education-nationale.

[482] Ibidem

[483] Conseil d'État, 2ème et 7ème sous-sections réunies, 07/05/2012, 351396 site web : https://www.legifrance.gouv.fr/ceta/id/CÉTATEXT000025822339

[484] Conseil d'État, Assemblée, 26/10/2011, 317827, Publié au recueil Lebon, https://www.legifrance.gouv.fr/ceta/id/CÉTATEXT000024736671

périmée a un délai pour en solliciter le renouvellement.[485] A cet égard, les juges du Conseil d'État ont alors enjoint au Premier ministre de modifier le décret régissant la Carte d'Identité en y incluant une durée de conservation des données personnelles collectées lors de son établissement.[486]

B. Le respect des droits des personnes

Parmi les missions confiées au juge administratif figure le contrôle du respect des droits des personnes par rapport au traitement de leurs donnes personnelles.

---

[485] CE 9° et 10° s-s-r., 18 novembre 2015, n° 372111, https://www.lexbase.fr/article-juridique/27354792-breves-illegalite-de-la-duree-de-conservation-illimitee-des-empreintes-digitales-relevees-lors-d-un

[486] Les juges ont appuyé leur décision avec les dispositions de la loi informatique qui encadrent la durée de conservation notamment son article 6 qui dispose qu'un traitement ne peut porter que sur des données à caractère personnel qui satisfont aux conditions suivantes : « (...) Elles sont conservées sous une forme permettant l'identification des personnes concernées pendant une durée qui n'excède pas la durée nécessaire aux finalités pour lesquelles elles sont collectées et traitées ».
Ils ont considéré que les empreintes digitales collectées sur le fondement de l'article 5 du décret du 22 octobre 1955 figurent, en application de l'article 2 de la loi du 27 mars 2012 relative à la protection de l'identité, au nombre des données du composant électronique sécurisé de la carte nationale d'identité ; qu'en revanche, elles ne font pas partie des données mémorisées dans le système permettant la fabrication et la gestion informatisée des cartes nationales d'identité sécurisées dont la liste est fixée par l'article 8 du décret du 22 octobre 1955. A cet effet, ils ont estimé par suite, que la durée de conservation fixée par l'article 9 de ce décret ne leur est pas applicable ; que la circonstance qu'un décret du 18 décembre 2013 a porté, d'une part, à quinze (15) ans pour les personnes majeures et à dix (10) ans pour les personnes mineures, la durée de validité de la carte nationale d'identité et, d'autre part, à cinq ans la faculté de solliciter le renouvellement d'un titre périmé ne peut être regardée comme fondant légalement les durées de conservation des empreintes digitales dont le ministre de l'intérieur indique qu'elles sont de vingt ans pour les personnes majeures et de quinze ans pour les personnes mineures.
Ainsi, ils ont considéré que faute de dispositions expresses la régissant, « *la durée de conservation des empreintes digitales relevées sur le fondement de l'article 5 du décret du 22 octobre 1955 est illimitée* » ; et qu'une telle durée de conservation ne peut être regardée comme nécessaire aux finalités du fichier, eu égard à la durée de validité de la carte nationale d'identité et au délai dans lequel tout détenteur d'une carte nationale d'identité périmée peut en solliciter le renouvellement ; que, dès lors, Mmes D...et C...sont fondées à demander l'annulation des décisions rejetant leurs demandes tendant à l'abrogation de l'article 5 du décret du 22 octobre 1955, sans qu'il soit besoin d'examiner les autres moyens de leurs requêtes. Arrêt n°372111 du 18 novembre 2015. Conseil d'État, 10ème / 9ème SSR, 18/11/2015, 372111, site web : https://www.legifrance.gouv.fr/ceta/id/CÉTATEXT000031494999?fonds=CÉTAT&fonds=JURI&isAdvancedResult=&page=5&pageSize=100&query=loi+informatique+et+libert%C3%A9s&searchField=ALL&searchProximity=&searchType=ALL&tab_selection=all&typePagination=DEFAULT

1. Sur le droit d'information et le droit d'opposition

Le juge administratif vérifie si le droit d'information des personnes concernées est respecté par le responsable de traitement comme prévu par les dispositions de l'article 15 de la loi n°2013-015 du 21 mai 2013 modifiée, qui dispose que la personne auprès de laquelle sont recueillies des données à caractère personnel la concernant, est informée des caractéristiques essentielles du traitement de données et de ses droits. Toutefois, comme plusieurs fois rappelé, cette obligation d'information ne concerne pas les *traitements intéressant la sûreté de État, la défense, la sécurité publique ou ayant pour objet l'exécution de condamnations pénales ou de mesures de sûreté, ainsi que la prévention, la recherche, la constatation ou la poursuite d'infractions pénales.*[487]

S'agissant du droit d'opposition, il est à retenir qu'en application de l'article 38 de la loi du 6 janvier 1978, « *toute personne physique a le droit de s'opposer, pour des motifs légitimes, à ce que des données à caractère personnel la concernant fassent l'objet d'un traitement* ». Il s'agit là d'une garantie de la protection de la vie privée mise en œuvre par le législateur. Cependant, ce droit d'opposition est supprimé, lorsque, par exemple, *le traitement répond à une obligation légale ou bien l'application de ces dispositions a été encartée par une disposition expresse de l'acte autorisant le traitement.* Cette position fut confortée par le juge administratif qui considère que la suppression de ce droit d'opposition, pour un motif d'intérêt général et afin d'assurer l'effectivité des finalités du traitement en cause, sous le contrôle d'une autorité publique indépendante et du juge, ne méconnait pas les exigences de la protection des données personnelles. C'est pourquoi, il lui revient toujours la tâche de vérifier toutefois, que l'« *ingérence d'une autorité publique dans l'exercice de ce droit* » en cas de nécessité pour «*la prévention des infractions pénales* », soit proportionnée à la finalité poursuivie et que des garanties appropriées soient prévues par la loi. *(Cas des écoutes téléphoniques ou de collecte de données de communication dans le cadre d'enquête judiciaire).*

---

487 Article 17 de la loi n°2013-015 du 21 mai 2013 modifiée

Dans l'affaire dite ''EVAFISC'', le Conseil d'État a jugé que la création par la Direction Générale des Finances Publiques d'un fichier de comptes bancaires détenus hors de France par des personnes physiques ou morales dénommé « EVAFISC » pouvait écarter l'obligation d'information et le droit d'opposition.[488]

En revanche, il a jugé que « la mise en ligne sur le réseau internet d'une base de données de jurisprudence non totalement ''anonymisées'' doit être regardée comme un traitement automatisé de données à caractère personnel au sens de la loi du 6 janvier 1978, auquel s'applique le droit d'opposition qu'elle ouvre aux personnes concernées ».[489]

2. Sur le droit de consultation ou à la communication

En principe, la communication de données à caractère personnel n'est possible qu'à la personne concernée par ces données ou sous certaines conditions à ses héritiers. Cas de la communication de documents administratifs.

Cependant le Conseil d'État a, dans son arrêt rendu le 30 décembre 2015 sous le n° 372230 concernant la Société ''les laboratoires Servier'' posé comme principe que « *lorsque des données à caractère personnel ont également le caractère de documents administratifs, elles ne sont communicables aux tiers, en vertu du III de l'article 6 de la loi du 17 juillet 1978, que s'il est possible d'occulter ou de disjoindre les mentions portant atteinte, notamment, à la protection de la vie privée ou au secret médical* ».[490]

---

[488] CE, 24 août 2011, n° 336382, HSBC Private Bank (Suisse) SA. CE, 23 mars 2015, n° 353717, Association Lexeek pour l'accès au droit.

[489] Ibidem

[490] La société ''Les Laboratoires Servier'' a demandé au tribunal administratif de Paris, d'une part, d'annuler pour excès de pouvoir la décision du 2 février 2012 par laquelle le directeur général de la Caisse nationale de l'assurance maladie des travailleurs salariés (CNAMTS) a refusé de lui communiquer les données sources de deux études de la CNAMTS relatives à la spécialité Mediator et la décision implicite née du silence gardé pendant plus de deux mois à compter de la saisine de la Commission d'accès aux documents administratifs et, d'autre part, d'enjoindre au directeur général de la CNAMTS de lui communiquer ces documents. Par un jugement n° 1211832 du 15 juillet 2013, le tribunal administratif de Paris a rejeté sa demande.

3. Sur la destruction de données illégalement recueillies dans un traitement de données à caractère personnel

En principe les données illégalement recueillies doivent être détruites. La question est de savoir quel sera le sort de ces données en cas de régularisation du traitement ?

Pour le Juge administratif français, la solution est « *de mettre en balance les motifs de l'illégalité constatée et les conséquences de la destruction des données pour l'intérêt général* ».[491]

Dans l'arrêt n°334777 du 4 juin 2012, la Section française de l'observatoire international des prisons contre le Ministre de la justice, le Conseil d'État a considéré que, « compte tenu de l'intérêt éminent qui s'attache à la conservation des données litigieuses, notamment pour ce qui concerne la prévention des risques suicidaires en détention, il n'y avait pas lieu d'enjoindre au ministre de la justice de supprimer les données recueillies dans le traitement contesté ».[492]

On peut également citer l'arrêt n°334014 19 juillet 2010, M. Fristot contre le Ministre de l'Education Nationale, le fichier « Base nationale des identifiants des élèves » ci-dessus abordé. Dans cette affaire, le Conseil d'État, tout en ordonnant la suppression des données collectées avant la réception du récépissé de déclaration de la Commission Nationale de l'Informatique et des Libertés, a estimé que, pour les traitements postérieurs audit document, « *compte tenu de l'intérêt particulier qui s'attache à l'utilisation de l'ensemble des données recueillies pour le bon fonctionnement du service public de l'éducation nationale* », il y avait lieu d'enjoindre au ministre de l'éducation nationale de prendre dans un délai de trois (03) mois une nouvelle décision fixant une durée de conservation légitime au regard de la finalité du traitement; à défaut, il incomberait au ministre de faire supprimer l'ensemble des données recueillies dans le traitement.[493]

---

[491] Conseil d'État, 10ème et 9ème sous-sections réunies, 04/06/2012, 334777 site web : https://www.legifrance.gouv.fr/ceta/id/CÉTATEXT000025972275

[492] Ibidem

[493] Concernant cette affaire, il y'a lieu de rappeler que par courrier datant du 15 février 2006, le ministre chargé de l'éducation nationale a déclaré à la Commission Nationale de

Paragraphe 2 : Le contrôle exercé sur l'Autorité de Protection des données à caractère Personnel ou le contrôle du contrôleur

Comme mentionné dans l'introduction de cette section, quelle que soit l'étendue de ces missions, l'Autorité de Protection des Données à caractère Personnel en qualité d'Autorité Administrative Indépendante, conformément aux dispositions de l'article 111 de la loi n°2016-046 du 23 septembre 2016 portant loi organique sur la Cour Suprême, reste soumise au contrôle du juge administratif ; qu'il s'agisse de ses pouvoirs réglementaires ou de ses pouvoirs de sanction.[494]

---

l'Informatique et des Libertés la création d'un traitement automatisé de données à caractère personnel dénommé base nationale des identifiants des élèves (BNIE) , recensant, au niveau national, l'ensemble des identifiants nationaux des élèves, les numéros uniques internes au ministère chargé de l'Education Nationale attribués aux élèves lors de leur première inscription, afin de faciliter la gestion administrative de leur scolarité. La commission a délivré au ministre, le 27 février 2007 un récépissé prenant acte de la déclaration du traitement. Le Conseil d'État a estimé que M. A et Mme B doivent être regardés comme demandant l'annulation des décisions par lesquelles le ministre de l'éducation nationale a décidé la création du traitement automatisé de données à caractère personnel dénommé : Base Nationale des Identifiants des Elèves (BNIE).

- Sur la fin de non-recevoir opposée par le ministre chargé de l'éducation nationale à la requête en tant qu'elle émane de Mme B

Le CE a considéré, d'une part, que Mme B ne peut, en tout état de cause, se prévaloir de sa qualité de directrice d'école, qu'elle avait d'ailleurs perdue à la date d'introduction de la requête, ni de celle de retraitée de l'éducation nationale dont elle ne saurait soutenir qu'elle pouvait par elle-même l'amener à utiliser le traitement contesté ; que, d'autre part, en se bornant à affirmer, sans aucune précision, que des données la concernant et concernant ses proches seraient susceptibles de figurer dans le traitement automatisé litigieux, Mme B, qui n'établit, ni même n'allègue, qu'elle exercerait l'autorité parentale sur un enfant scolarisé dans un établissement du premier degré, ne peut être regardée comme susceptible d'être personnellement concernée par le traitement automatisé BNIE ; que, par suite, la fin de non-recevoir opposée par le ministre chargé de l'éducation nationale à la requête en tant qu'elle émane de Mme B doit être accueillie ;

- Sur les conclusions dirigées contre l'avis de la commission d'accès aux documents administratifs

Le CE a considéré que l'avis émis le 24 septembre 2009 par la Commission d'Accès aux Documents Administratifs ne constitue pas une décision administrative susceptible de faire l'objet d'un recours pour excès de pouvoir ; que, par suite, les conclusions de la requête de M. A dirigées contre cet avis doivent, en tout état de cause, être rejetées ;

[494] En application de la loi ci-dessus référencée, la Section Administrative est compétente pour connaître en premier et dernier ressorts : - des recours pour excès de pouvoir dirigés contre les décrets, arrêtés ministériels ou interministériels et les actes des autorités administratives nationales ou indépendantes ; - des recours dirigés contre les décisions rendues par les organismes administratifs à caractère juridictionnel ; - des recours en

En effet, ses décisions peuvent, en règle générale, faire l'objet d'un recours pour excès de pouvoir. Mais il faut que ce soit de véritables décisions. Ce qui, exclut de ce champ, les simples avis qu'elle aurait donné. En revanche, ses recommandations, mises en garde et prises de position peuvent être déférées au juge de l'excès de pouvoir lorsqu'elles revêtent le caractère de « *dispositions générales et impératives* » ou lorsqu'elles énoncent des prescriptions individuelles dont ces autorités pourraient ultérieurement censurer la méconnaissance.

Enfin, les décisions portant sanction des violations de données personnelles peuvent être également attaquées par la voie du recours juridictionnel devant la Section Administrative de la Cour Suprême.[495]

Pour mieux comprendre le rôle du juge sur la question, nous allons nous focaliser sur les deux principales missions de l'Autorité qui peuvent l'amener à prendre des décisions susceptibles de recours : celle de régulation (A) et celle qui lui donne le pouvoir de contrôler les traitements et éventuellement de sanctionner les manquements à la loi (B).

A. Le contrôle des pouvoirs de régulation de l'Autorité de l'Autorité de Protection des Données à caractère Personnel

En vertu des dispositions de l'article 31 de la loi n°2013-015 modifiée, l'APDP établit des normes et peut accorder des dispenses de déclaration pour certains traitements. Comme déjà abordé dans la première partie de ce travail, l'Autorité devra être saisie de formalités déclaratives effectuées par les responsables de traitement. Ainsi, les décisions prises dans le cadre de cette régulation peuvent être déférées à la censure du juge administratif conformément aux dispositions de la loi n° 2016-046 du 23 septembre 2016 fixant l'organisation, les règles de fonctionnement de la Cour Suprême.

---

interprétation et des recours en appréciation de la légalité des actes dont le contentieux relève de la Section ; - des requêtes en règlement de juges dans les contentieux administratifs. Source : https://www.legifrance.gouv.fr.

[495] Article 48 de la loi n°2013-015 du 21 mai 2013 modifiée, portant protection des données à caractère personnel en République du Mali

1. Contrôle du Juge sur les décisions de l'Autorité concernant les formalités préalables

- **Le cas du refus de délivrance de récépissé au responsable de traitement lors d'une déclaration de traitement**

Analysons l'Affaire Caisse d'épargne Rhônes Alpes contre la Commission Nationale de l'Informatique et des Libertés. En effet, saisie par la Caisse d'épargne Rhônes Alpes, courant 1993, d'une déclaration normale portant sur un traitement de données personnelles relatif à la mise en place d'un *''livret d'épargne pour les enfants dès leur naissance''*, la CNIL refusa de lui délivrer un récépissé. Cinq (05) mois plus tard, la Caisse déposait une nouvelle déclaration auprès de la CNIL qui resta silencieuse pendant plus de quatre (04) mois.

C'est ainsi qu'elle a saisi le Conseil d'État qui, conformément aux dispositions de l'article 2 du décret du 30 septembre 1953, reste compétent pour connaître en premier et dernier ressort des recours en annulation dirigés contre les décisions administratives des organismes collégiaux à compétence nationale. Celui-ci a, par arrêt ***n°159129 du 6 janvier 1997***, jugé que la Commission Nationale de l'Informatique et des Libertés ne peut refuser de délivrer *''le récépissé du dépôt de déclaration d'un traitement''* dès lors que le dossier est **complet.**[496]

---

[496] Dans cette affaire, la Caisse d'épargne Rhône Alpes Lyon a demandé au Conseil d'État d'annuler pour excès de pouvoir, d'une part, la décision en date du 15 juillet 1993 par laquelle la Commission Nationale de l'Informatique et des Libertés a refusé de lui délivrer le récépissé de la déclaration qu'elle avait déposée le 25 juin 1993, en application de l'article 16 de la loi susvisée du 6 janvier 1978, en vue de la mise en œuvre d'un traitement automatisé d'informations nominatives, d'autre part, la décision née du silence gardé pendant plus de quatre mois par ladite commission comme suite au dépôt d'une nouvelle déclaration transmise à la commission le 7 décembre 1993.
Le Conseil d'État, après instruction de ladite demande a considéré que s'il appartient à la Commission nationale de l'informatique et des libertés de s'assurer de la régularité de la déclaration effectuée auprès d'elle au regard des prescriptions des dispositions de la loi Informatique et libertés, il résulte des termes mêmes de la même loi que la commission ou son président ne peut refuser de délivrer le récépissé du dépôt de déclaration, dès lors que le dossier présenté comporte bien l'engagement prévu et que celui-ci est conforme aux prescriptions de la loi précitée ; que par suite, la Caisse d'épargne Rhône Alpes Lyon est fondée à soutenir que les décisions attaquées refusant de lui délivrer récépissé, lesquelles n'étaient pas motivées par l'absence soit de l'engagement susmentionné, soit de l'un des

Partant de cet arrêt, le principe posé est le suivant : l'Autorité de protection est obligée de délivrer le récépissé dès lors que la déclaration comporte l'engagement du responsable du traitement que le traitement est conforme et que la déclaration comprend toutes les informations requises.

- ***Le cas du rejet d'une demande d'autorisation par l'Autorité***

Affaire des fichiers « peer to peer » opposant la Société des auteurs, compositeurs et éditeurs de musique SACEM et autres contre la CNIL

Dans cette affaire, quatre (04) sociétés de gestion collective des droits d'auteur avaient mis au point un dispositif pour identifier et de poursuivre les internautes qui procédaient à des échanges illégaux de fichiers musicaux par le système « peer to peer ».[497]

Le dispositif a fait l'objet de demandes d'autorisation de la part desdites sociétés auprès de la Commission Nationale de l'Informatique et des Libertés qui les rejeta en estimant que les traitements envisagés étaient disproportionnés au regard de la finalité poursuivie car ils consistaient en ''*une collecte massive de données sur internet et en une surveillance exhaustive et continue des réseaux « peer to peer »*''.[498]

Aussi, saisi par les sociétés concernées, le Conseil d'État, dans son arrêt n°288149, n°288150, n° 288215 et n°288449, a estimé que la

---

éléments énumérés à l'article 19, sont ''entachées d'illégalité''. C'est ainsi qu'il annula la décision de la Commission nationale de l'informatique et des libertés en date du 15 juillet 1993 et la décision implicite de rejet née du silence gardé par le président de la Commission nationale de l'informatique et des libertés sur la demande qui lui avait été adressée le 7 décembre 1993.

[497] Le pair-à-pair ou système pair à pair (en anglais *peer-to-peer*, souvent abrégé « P2P ») est un modèle d'échange en réseau où chaque entité est à la fois client et serveur, contrairement au modèle client-serveur. Les termes « pair », « nœud » et « utilisateur » sont généralement utilisés pour désigner les entités composant un tel système. (Https://fr.wikipedia.org/wiki/Pair-%C3%A0-pair).

[498] la délibération n° 2005-235 du 18 octobre 2005 de la Commission nationale de l'informatique et des libertés (CNIL) refusant de l'autoriser à mettre en œuvre un traitement de données à caractère personnel ayant pour finalités, d'une part, la constatation des délits de contrefaçon commis par l'intermédiaire des réseaux d'échange de fichiers dénommés peer to peer, d'autre part, l'envoi de messages pédagogiques informant notamment les internautes sur les sanctions prévues en matière de délit de contrefaçon ;

CNIL avait commis une ''*erreur d'appréciation portant sur deux points*''.[499]

En effet, les juges ont relevé que les traitements envisagés par « *les sociétés requérantes ne portaient simultanément que sur quelques-uns des protocoles « peer to peer » permettant l'échange des fichiers musicaux sur internet* ».

Dans cette affaire, les juges ont estimé que les quatre (04) sociétés ne faisaient pas une ''surveillance exhaustive et continue'', disproportionnée car leur dispositif ne portait que sur mille (10 000) titres et non sur les millions de titres gérés par lesdites sociétés. A cet effet, il a annulé les quatre délibérations de la Commission Nationale de l'Informatique et des Libertés pour ''erreur d'appréciation''.[500]

❑ ***Le cas du contrôle du juge administratif sur la délibération unique de l'Autorité de protection***

Dans l'accomplissement de ses missions, les Autorités de protection peuvent être amenées à adopter des délibérations uniques pour

---

[499] Sur la base des dispositions de la loi informatique française, les quatre (04) sociétés requérantes ont sollicité de la Commission Nationale de l'Informatique et des Libertés (CNIL), l'autorisation de mettre en œuvre des traitements de données à caractère personnel ayant pour finalité principale la constatation des délits de contrefaçon d'œuvres musicales commis sur « internet » via les réseaux d'échange de fichiers dénommés « peer to peer » qui permettent l'envoi de messages pédagogiques informant les internautes des sanctions prévues en matière de délit de contrefaçon d'œuvres musicales. Les traitements prévus à cette fin par les sociétés requérantes comportaient deux phases :

- la première phase dite de « calibrage/ciblage », se déroulant pendant une période de 24 heures, avait pour objet d'identifier les internautes mettant gratuitement de manière régulière à disposition de tiers des fichiers musicaux ; qu'à l'issue de cette première phase, les internautes ayant gratuitement mis à disposition moins de 50 fichiers musicaux pendant la période de référence avaient seulement vocation à recevoir un message d'avertissement leur signalant les conséquences juridiques de la pratique de la contrefaçon ; qu'en revanche, les internautes ayant pendant cette première phase mis à disposition plus de 50 fichiers musicaux à des tiers étaient sélectionnés pour faire l'objet d'un contrôle renforcé pendant une seconde phase dite de « ciblage avancé ».
- la seconde phase consistant pendant une période de quinze jours, en une surveillance des intéressés; qu'au terme de cette période, les internautes ayant gratuitement mis à disposition de tiers entre 500 et 1000 fichiers musicaux avaient vocation à faire l'objet de poursuites devant le juge civil ; que les internautes ayant gratuitement mis à disposition plus de 1000 fichiers musicaux étaient susceptibles de faire l'objet de poursuites pénales.

[500] https://www.conseil-État.fr/fr/arianeweb/CE/decision/2007-05-23/288149

compléter les dispositions pratiques non prévues par les dispositions légales. Ces délibérations constituant des actes administratifs peuvent faire l'objet de recours administratif et juridictionnel.[501] Ce fut le cas de *l'Affaire SARL Aderanet et autres contre la CNIL (CE, 18 décembre 2015, n° 381254).*

En effet, la délibération n°2006-101 de la CNIL portant ''Autorisation Unique de mise en œuvre de dispositifs biométriques reposant sur la reconnaissance du contour de la main et ayant pour finalité le contrôle d'accès ainsi que la gestion des horaires et de la restauration sur les lieux de travail'' modifiée, par la délibération n°2012-322 du 20 septembre 2012, a exclu du champ de l'autorisation unique, *les traitements reposant sur un dispositif biométrique de reconnaissance de contour de la main ayant pour finalité le contrôle des horaires*. La ''SARL Aderan'' et les autres sociétés requérantes, après le refus de la CNIL d'abroger ladite délibération, ont demandé au Conseil d'État *''l'annulation, pour excès de pouvoir''*, du refus opposé à cette demande, par une décision implicite du 14 avril 2014, puis par une décision expresse du 27 mai 2014.[502]

Les juges du Conseil d'État, après vérification de la proportionnalité des données collectées par rapport à la finalité poursuivie par le traitement, ont estimé que la Commission Nationale de l'Informatique et des Libertés « *s'est bornée à réduire le champ de l'autorisation unique qu'elle avait adoptée en 2006, en excluant les dispositifs biométriques reposant sur la reconnaissance du contour de la main ayant pour finalité ''le contrôle des horaires'' ; que la délibération litigieuse n'a pas pour objet et ne saurait avoir pour effet d'interdire tout traitement automatisé de données à caractère personnel reposant sur un tel dispositif et poursuivant une telle finalité* ».[503]

---

[501] Article 48 de la loi n°2013-015 du 21 mai 2013 modifiée, portant protection des données à caractère personnel

[502] Délibération n° 2012-322 du 20 septembre 2012 portant autorisation unique de mise en œuvre de traitements reposant sur la reconnaissance du contour de la main et ayant pour finalités le contrôle d'accès ainsi que la restauration sur les lieux de travail (décision d'autorisation unique n° AU-007)

[503] Conseil d'État, Affaire SARL Aderanet et autres contre la CNIL (CE, 18 décembre 2015, n° 381254 https://www.conseil-

Qu'elle a seulement pour conséquence que les responsables de tels traitements doivent désormais déposer auprès de la Commission une demande d'autorisation spécifique, en application du 8° de l'article 25 et de l'article 30 de la loi du 6 janvier 1978 ; qu'en outre, la délibération a laissé aux responsables de traitements qui avaient effectué un engagement de conformité à l'autorisation unique avant le 12 octobre 2012, date de publication au Journal officiel de la délibération du 20 septembre 2012, et qui ne respectent plus les conditions fixées par cette dernière, un délai de cinq ans pour s'y conformer.[504]

2. Contrôle du juge administratif sur le refus d'agir de l'Autorité de protection

Les trois cas dans lesquels le juge administratif exerce un contrôle restreint concernent des situations où l'Autorité refuse d'agir et dispose d'une certaine marge d'appréciation :

- ***Le cas de refus de saisir le procureur de la République des infractions dont elle aurait connaissance***

En application des dispositions de l'article 31 de la loi n°2013-015 du 21 mai 2013 modifiée, le Président de l'Autorité doit « *saisir sans délai le Procureur de la République compétent des infractions dont elle a connaissance sur la manipulation frauduleuse de données à caractère personnel* ».

Le juge administratif dispose du pouvoir d'exercer un contrôle sur l'appréciation à laquelle se livre l'APDP lorsqu'elle estime que les faits dont elle est saisie par un particulier ne sont pas *''suffisamment établis ou ne portent pas une atteinte suffisamment caractérisée''* aux dispositions dont elle a pour mission d'assurer l'application pour

---

État.fr/fr/arianeweb/CRP/conclusion/2015-12-18/381254?download_pdf, page consultée deux (02) fois., la dernière visite : 18 janvier 21

[504] Arouna KEITA, Directeur des Affaires Juridiques et du Contentieux de l'APDP, aout 2021, Formation des commissaires et cadres de l'Autorité « *sur le rôle du juge dans la protection de la vie privée et des données à caractère personnel* » disponible sur le site web de l'APDP, accessible à l'adresse suivante : https//www.apdp.ml.

justifier une transmission au parquet. Pour illustration, l'*Arrêt du 27 octobre 1999, n° 196306, M. Henri contre la CNIL* pour excès de pouvoir constitue un argument illustratif. [505]

Dans cette affaire, Monsieur Henry avait porté plainte contre la bibliothèque municipale de Bordeaux pour *''défaut d'information des abonnés d'un traitement de données les concernant''*. La Commission Nationale de l'Informatique et des Libertés avait *''refusé''* de transmettre au procureur de la République, ladite requête et aussi *''omis''* d'en informer le plaignant.

Dans son arrêt, le Conseil d'État a considéré qu'en vertu des dispositions de la loi n° 78-17 du 6 janvier 1978, il appartient à la Commission Nationale de l'Informatique et des Libertés d'aviser le Procureur de la République des faits dont elle a connaissance dans l'exercice de ses attributions, si ces faits lui paraissent suffisamment établis et si elle estime qu'ils portent une atteinte suffisamment caractérisée aux dispositions dont elle a pour mission d'assurer l'application.[506]

En effet, par courriers en date des 2 et 22 janvier 1992, M. X, le requérant a saisi la CNIL du fait que la bibliothèque centrale municipale de Bordeaux n'informait pas ses usagers de ce que les informations relatives aux prêts de livres faisaient l'objet d'un traitement automatisé et ainsi ne les mettait pas en mesure d'exercer les droits d'accès et de rectification prévus par l'article 27 de la loi précitée du 6 janvier 1978. A cet effet, la commission nationale de l'informatique et des libertés a immédiatement saisi le conservateur de la bibliothèque centrale municipale qui, alors que le traitement informatisé était en cours de mise en œuvre, a opéré les régularisations exigées et déclaré le traitement dans les conditions prévues par l'article 17 de la loi du 6 janvier 1978. C'est ainsi que dans ces conditions, la commission a pu, « *sans commettre d'erreur de droit ni d'erreur manifeste d'appréciation* », estimer que les infractions invoquées par le requérant n'étaient pas suffisamment établies et ne portaient pas une

[505] Conseil d'État, Section, du 27 octobre 1999, 196306, publié au recueil Lebon : https://www.legifrance.gouv.fr/

[506] Idem

atteinte suffisamment caractérisée aux dispositions dont elle a pour mission d'assurer l'application pour justifier une transmission au parquet dans les conditions prévues par l'article 21 de la loi du 6 janvier 1978 et l'article 40 du code de procédure pénal ; qu'il n'est dès lors, pas fondé à demander l'annulation, pour excès de pouvoir de la décision attaquée.[507]

Mieux, dans l'affaire opposant *Ferrari à la CNIL*, pour excès de pouvoir, le requérant avait souligné qu'il avait fait *« l'objet d'une fiche de police au sujet d'une procédure pénale dirigée contre lui, il y a une trentaine d'années plus tôt, dans laquelle il avait été condamné »*.[508]

Mécontent, il avait saisi la CNIL d'une demande de vérification « *tout en lui demandant expressément de dénoncer les faits au Procureur de la République* ». Celle-ci, malheureusement, a estimé que la saisine était simplement une demande d'accès indirecte et s'est contentée de procéder aux vérifications nécessaires tout en omettant de dénoncer les faits au Procureur de la République.[509]

Or, dans la pratique de l'exercice des droits d'accès indirect et de rectification, il revient à l'Autorité d'une part, de désigner l'un de ses membres pour mener, en son nom, les investigations utiles et faire procéder aux modifications nécessaires et, d'autre part, en accord avec le responsable de traitement de procéder, en premier lieu, de constater les informations qui peut être communiquées au demandeur et de les lui transmettre, en deuxième lieu, de constater que les informations concernant le demandeur doivent être rectifiées ou supprimées et de l'en informer ou, en troisième lieu, d'informer le demandeur que le traitement ne comporte aucune information le concernant. Ceci ayant fait défaut, le requérant, M. Ferrari n'ayant pas eu satisfaction auprès de la Commission Nationale de l'Informatique et des Libertés, a saisi le CE qui annula la décision de la CNIL pour erreur d'appréciation et

---

507 Conseil d'État, Section, du 27 octobre 1999, 196306, publié au recueil Lebon : https://www.legifrance.gouv.fr/

508 *Arrêt du* 28 juillet 2000, n° 211020

509 Ibidem

lui enjoigne ''de statuer à nouveau sur la demande de saisine du parquet''.[510]

❑ ***Le cas de refus de donner suite à une demande de mise en œuvre de ses pouvoirs d'enquête***

Conformément aux dispositions de la Loi n°2013-015 du 21 mai 2013 modifiée, notamment ses articles 31 et 53, l'Autorité est chargée d'assurer la coordination et le contrôle du traitement des données personnelles sur toute l'étendue du territoire national, lorsqu'elle refuse de donner suite à une demande de mise en œuvre de ses pouvoirs d'enquête, le juge peut intervenir pour la rappeler à l'ordre.

Ainsi, dans l'affaire opposant Monsieur Laffont à la CNIL, le Conseil d'État a, le 5 décembre 2011, posé deux (02) principes au sujet des pouvoirs d'enquête de la CNIL :

- « Premièrement, une décision par laquelle la CNIL refuse de donner suite à une demande tendant à ce qu'elle mette en œuvre les pouvoirs d'enquête dont elle peut faire usage sur le fondement de l'article 11 de la loi n° 78-17 du 6 janvier 1978, lorsqu'elle est saisie *''d'une réclamation, pétition ou plainte''* relative à la mise en œuvre des traitements de données à caractère personnel, est susceptible de faire l'objet d'un recours pour excès de pouvoir ;

- Deuxièmement, il a par contre estimé que la Commission Nationale de l'Informatique et des Libertés ne commet pas *''d'erreur manifeste d'appréciation''* en ne donnant pas suite à des réclamations, lorsque l'intéressé se borne à lui demander de manière générale, de faire respecter la loi du 6 juillet 1978 relative à l'informatique, aux fichiers et aux libertés ».

---

[510] En conclusion, les juges ont considéré qu'en vertu des dispositions légales, il appartient à la commission nationale de l'informatique et des libertés d'aviser le procureur de la République des faits dont elle a connaissance dans l'exercice de ses attributions, si ces faits lui paraissent suffisamment établis et si elle estime qu'ils portent une atteinte suffisamment caractérisée aux dispositions dont elle a pour mission d'assurer l'application. La CNIL ayant méconnu la portée de la demande dont elle était saisie, le CE, après instruction, a estimé que sa décision est dès lors entachée d'excès de pouvoir.

Ainsi, dans l'affaire susmentionnée, le requérant avait saisi la Commission Nationale Informatique et des Libertés d'une plainte dirigée contre la Banque Martin Maurel dont il était le client, au motif que les mots de passe permettant d'accéder aux comptes en ligne des particuliers étaient insuffisamment protégés.

Après investigation, la CNIL a indiqué au requérant que ses services avaient procédé à une mission de contrôle afin d'examiner la mise en œuvre des traitements relatifs à la gestion des comptes des clients et qu'à la suite des constatations effectuées, une sanction avait été prononcée à l'encontre de l'établissement financier par sa formation restreinte et que compte tenu de ces éléments, elle avait procédé à la clôture de sa plainte.

Saisi à la suite de cette affaire, le Conseil d'État a estimé que l'auteur d'une plainte peut déférer au juge de l'excès de pouvoir le refus de la CNIL d'y donner suite. Il ajouta : « *Il appartient au juge de censurer ce refus en cas d'erreur de fait ou de droit, d'erreur manifeste d'appréciation ou de détournement de pouvoir* ».[511]

En revanche, toujours selon le même arrêt, lorsque la CNIL a décidé d'instruire une plainte, l'auteur de celle-ci n'a intérêt à contester *''ni la décision prise à l'issue de cette instruction, quel qu'en soit le dispositif, ni la clôture de sa plainte prononcée subséquemment''*. Il s'ensuit donc que, l'auteur d'une plainte n'est pas recevable à demander l'annulation de la sanction prononcée par la CNIL à l'encontre d'un tiers à l'issue de l'instruction de la plainte qu'il a formée, en tant que celle-ci ne serait pas assez sévère. Tandis que, l'auteur d'une plainte est recevable à déférer au juge de l'excès de pouvoir, le refus de la Commission Nationale de l'Informatique et des Libertés de lui fournir les informations relatives aux suites données à sa plainte.[512]

Le CE a, à cet effet, ajouté que la CNIL « *peut tenir compte de la gravité des manquements allégués au regard de la législation ou de la règlementation qu'elle est chargée de faire appliquer, du sérieux des*

---

[511] Réf. : CE 9° et 10° ch.-r., 21 juin 2018, n° 416505, mentionné aux tables du recueil Lebon ; https://www.lexbase.fr/article-juridique/46336263-breves-contestation-par-l-auteur-d-une-plainte-des-suites-donnees-a-celle-ci-par-la-cnil-interet

[512] Ibidem

indices relatifs à ces faits, de la date à laquelle ils ont été commis, du contexte dans lequel ils l'ont été et, plus généralement, de l'ensemble des intérêts généraux dont elle a la charge ».[513]

En d'autres termes, le juge administratif a estimé qu'il appartient à la CNIL d'apprécier l'opportunité de ses décisions, c'est-à-dire, de décider souverainement si les faits portés à sa connaissance lui paraissent suffisamment établis et si elle estime qu'ils portent une atteinte suffisamment caractérisée aux dispositions dont elle a pour mission d'assurer l'application.[514]

A cet égard, le juge administratif exerce un contrôle dit restreint sur l'Autorité.

B. Le contrôle du juge administratif sur les pouvoirs de contrôle et de mise en œuvre des sanctions administratives de l'Autorité de protection

Ce contrôle s'exerce également sur l'Autorité puisque les articles 31 et 34 de la loi n°2013-015 modifiée, lui confient le soin de recevoir « *les réclamations et plaintes relatives à la mise en œuvre des traitements de données à caractère personnel* », « *procéder aux contrôles nécessaires du traitement régulier des données à caractère personnel ; et infliger des sanctions administratives à l'égard de tout responsable de traitement en cas de manquement à ses obligations* ».

Eu égard à ces missions, le contrôle du juge peut porter aussi bien sur l'enquête (procédure de contrôle sur place) que sur la procédure de sanction et le fond (les sanctions elles-mêmes). Comme le rappelle l'article 48 de la loi n°2013-015 modifiée : « *Les actes de l'Autorité sont des actes administratifs susceptibles de recours administratif et juridictionnel* ». Ce qui signifie que la procédure de contrôle sur place, la procédure de sanction ainsi que les sanctions prononcées par l'Autorité sont toutes soumises au contrôle du juge administratif

---

[513] Ibidem

[514] Conseil d'État 10ème–9ème chambres réunies, 19 juin 2017, req. n°398442(https://www.revuegeneraledudroit.eu).

notamment la section administrative de la Cour Suprême au Mali, le Conseil d'État en France.

- ***Le contrôle du juge administratif sur la procédure de contrôle sur place***

Chaque année, l'Autorité adopte un programme de contrôles qui est élaboré par la Direction de la Technique et du Contrôle. Ce programme peut être révisé, à mi-parcours en cas de nécessité.

En effet, le CE a, dans l'affaire Société PS Consulting, estimé que : « *le caractère inopiné d'un contrôle sur place n'est pas une cause de nullité des opérations effectuées dès lors qu'aucun texte n'impose une information préalable de l'organisme contrôlé* ».[515]

Dans le même arrêt, le Conseil d'État a clairement posé comme principe que : « *lorsqu'un procès-verbal dressé par un agent de la CNIL, dans le cadre d'un contrôle sur place, décrit le déroulement du contrôle et ses résultats, il appartient aux personnes qui en contestent les énonciations de fournir des éléments ou indications au soutien de leur contestation qui permettront au juge, dans le cadre du débat contradictoire, d'établir, le cas échéant, le caractère erroné ou incomplet des mentions du procès-verbal au regard de la réalité des faits ressortant du dossier issu du débat entre les parties* ».[516]

---

[515] CE, 18 novembre 2015, n° 371196, Société PS Consulting : Saisie le 15 décembre 2010 par un salarié de la société PS Consulting d'une plainte relative au dispositif de vidéosurveillance sur son lieu de travail, la Commission nationale de l'informatique et des libertés a, par lettres des 2 février, 24 février, 13 octobre et 24 novembre 2011, auxquelles la société a répondu les 8 février, 9 mars et 14 décembre 2011, rappelé à cette dernière ses obligations légales avant de diligenter un premier contrôle sur place le 2 février 2012.
Le 13 avril 2012, la Commission a prononcé une mise en demeure invitant la société, dans un délai d'un (01) mois, à veiller à la proportionnalité de son dispositif, *à améliorer l'information des personnes, enfin à remédier aux lacunes relevées en ce qui concerne la sécurité des données*. Ainsi, à la suite de nouveaux échanges de courriers, la Commission a procédé à un deuxième contrôle sur place, le 15 octobre 2012, puis à un troisième le 11 décembre 2012.

[516] CE, 27 juillet 2012, n° 340026, Société AIS 2 c/CNIL : Faits : Une société avait attaqué une décision de sanction de la CNIL devant le CE au motif que lors du contrôle sur place, le Procureur de la république compétent a été informé moins de 24 heures alors que la loi prescrit de l'en informer au plus tard 24 heures avant le contrôle (15 heures pour un contrôle qui a commencé le lendemain à 9 heures 15). Les Juges administratifs ont estimé que le non-respect du délai de 24 heures d'information préalable du PR ne peut constituer une illégalité

❑ ***Contrôle du juge administratif sur la procédure de sanction***

Qu'il s'agisse des sanctions de premier ou de deuxième degré, le juge administratif dispose le pouvoir de contrôle sur ces décisions.

- ***Sur le respect des règles d'un procès équitable***

De la jurisprudence du Conseil d'État, il ressort que lorsque la Commission Nationale de l'Informatique et des Libertés, en sa formation restreinte, est saisie d'agissements pouvant donner lieu à l'exercice de son pouvoir de sanction, elle doit être regardée comme décidant du bien-fondé d'accusation en matière pénale, donc comme ''un tribunal pénal''. [517] Il s'ensuit que certains principes sont applicables :

- le droit de se taire pour ne pas contribuer à sa propre incrimination sauf à notifier les violations de DP à la CNIL et aux personnes concernées. (Obligation légale) ;
- le principe de la présomption d'innocence ;
- le principe de responsabilité personnelle ;
- le principe de légalité des délits et des peines.
- le juge vérifie toutefois que la règle en cause est suffisamment claire, de sorte qu'il apparaisse de façon raisonnablement prévisible par les professionnels concernés, eu égard aux textes et à leur interprétation constante, que le comportement litigieux constitue un manquement à ces obligations;
- les principes d' indépendance et d'impartialité, qui exigent la séparation des fonctions d'enquête de celles de sanction au sein de la CNIL;

---

que lorsqu'il aurait fait obstacle à l'exercice par le procureur de ses pouvoirs, et par suite priver la société requérante d'une des garanties légales dont elle pouvait se prévaloir.

[517] A titre de rappel, la formation restreinte de la Commission Nationale de l'Informatique et des Libertés est composée de 5 membres et d'un Président distinct du Président de la CNIL. Elle peut prononcer diverses sanctions à l'égard des responsables de traitement qui ne respecteraient pas la loi. https://www.cnil.fr/fr/statut-et-organisation-de-la-cnil.

- le principe des droits de la défense, mais celui-ci ne s'applique qu'à la procédure de sanction *stricto sensu.*[518]

- ***Sur le respect de l'obligation de mise en demeure préalable***

A ce niveau, y-a-t-il lieu de le rappeler, la mise en demeure ne constitue pas une sanction en droit français contrairement à ce qui est prévu dans le texte malien en matière de protection des données à caractère personnel.

Dans tous les cas, il ressort des dispositions légales et jurisprudentielles que l'Autorité de protection ne peut faire usage des pouvoirs de sanction qu'après avoir mis en demeure le responsable du traitement de respecter les obligations qui lui sont imposées par les textes législatifs et réglementaires.[519]

Aussi, aux termes de l'article 45 de la loi du 6 janvier 1978 (version avant RGPD), il ressort que : « *Lorsque le responsable d'un traitement ne respecte pas les obligations découlant de la présente loi, le président de la Commission nationale de l'informatique et des libertés peut le mettre en demeure de faire cesser le manquement constaté dans un délai qu'il fixe...[Si le responsable du traitement ne se conforme pas à la mise en demeure qui lui est adressée], la formation restreinte de la commission peut prononcer, après une procédure contradictoire, les sanctions suivantes : 1° Une sanction pécuniaire,*

---

[518] Le Président de la CNIL disait en son temps : « Il a fallu quelques mois pour maitriser ce ''nouveau métier''. D'autant que le nombre de procédures est passé de 0 à 200 en quatre ans ! C'est ainsi que nous avons été amenés à mettre en place une procédure contradictoire publique dans le cadre de laquelle interviennent bien souvent les avocats...Une évolution symbolique peut servir d'indice de cette professionnalisation, ou plutôt de la ''juridictionnalisation' 'progressive de la commission : dans les premiers temps, les représentants des entreprises ou des collectivités locales concernées ne se rendaient pas à nos convocations puis, quelques mois plus tard, ils prirent conscience de ce s'y passait et se résolurent à y assister. Après quelques mois encore, ils se présentèrent accompagnés de leurs avocats qui, enfin, apparurent, revêtus de leur robe ». la vie privée en péril : des citoyens sous contrôle.

[519] Aussi, la délibération n°2013-175 du 4 juillet 2013 portant adoption du règlement intérieur de la CNIL précise en son article 59 que les décisions de mises en demeure caractérisent les manquements reprochés au responsable de traitement et précisent le délai imparti à celui-ci pour se mettre en conformité. Elles indiquent les conséquences pour le responsable du non-respect de la mise en demeure.

dans les conditions prévues à l'article 47, (...) ; 2° Une injonction de cesser le traitement, (...) ».[520]

L'Autorité investie du pouvoir de sanction doit donc apprécier, à la date à laquelle ce délai a expiré, si la personne à l'encontre de laquelle la mise en demeure a été prononcée s'y est, en tout ou partie, conformée. Il incombe alors, en principe, à la personne mise en demeure de porter à la connaissance de l'Autorité, tous les éléments lui permettant d'apprécier si et dans quelle mesure il a été donné suite à ses injonctions dans le délai prévu pour ce faire.[521]

Par ailleurs, il est à rappeler que sauf dans les cas particuliers où le manquement constaté *''ne peut faire l'objet d'une mise en conformité''* dans le cadre d'une mise en demeure, auquel cas la formation restreinte peut prononcer les sanctions sans mise en demeure préalable et après une procédure contradictoire.[522]

- ***Le contrôle du juge administratif sur les sanctions prononcées par l'Autorité de protection***

- **Sur la sanction elle-même**

Les dispositions légales exigent que le montant de la sanction infligée par l'Autorité soit proportionné à la gravité du manquement commis et aux avantages tirés de ce manquement. A ce niveau également, le législateur a conféré au juge administratif, le pouvoir de contrôle de cette proportionnalité au regard de la nature et de la gravité des manquements constatés.

Par requêtes, enregistrées les 7 octobre et 18 décembre 2014, et les 6 mars et 27 juillet 2015 au secrétariat du contentieux du Conseil d'État, la société Orange demandait au Conseil d'État d'annuler la délibération n°2014-298 du 7 août 2014 par laquelle la formation restreinte de la

---

[520] Article 45 de la loi du 6 janvier 1978 (version avant RGPD)
[521] Conseil d'État, 10ème - 9ème chambres réunies, 06/06/2018, 412589, Publié au recueil Lebon
[522] Ibidem

Commission Nationale de l'Informatique et des Libertés a prononcé à son encontre un avertissement rendu public.

De l'instruction de cette affaire, il résulte qu'une *''intrusion illicite''* sur le serveur d'une société de sous-traitante de la société ''Gutenberg'', qui est également prestataire de services de la société Orange, a permis d'accéder aux données à caractère personnel de *1,3 million de clients et prospects de cette dernière.*

Cet incident, notifié par la société Orange à la Commission nationale de l'informatique et des libertés, conformément aux dispositions de l'article 34 bis de la loi du 6 janvier 1978 relative à l'informatique, aux fichiers et aux libertés fut sanctionné par l'envoi d'une mission de contrôle suite à laquelle, une procédure de sanction contre la société Orange a été ouverte qui aboutit à l'infliction d'un *''avertissement''* pour méconnaissance des obligations prévues par l'article 34 de la loi du 6 janvier 1978, qu'elle a décidé de rendre public.[523]

Le Conseil d'État a considéré d'une part, que l'avertissement prononcé par la délibération attaquée est proportionné à la nature et à la gravité des manquements constatés, alors même qu'il n'en est résulté qu'une atteinte à des données identifiantes non sensibles. D'autre part, il a estimé qu'eu égard à la nature des violations constatées et aux moyens humains et financiers dont disposait la société Orange pour les prévenir, « la formation restreinte a pu à bon droit décider, en application du deuxième alinéa de l'article 46 de la loi du 6 janvier 1978, à titre de sanction complémentaire, que l'avertissement prononcé serait rendu public ». C'est ainsi que la requête de la société Orange doit être rejetée.[524]

- **Sur la sanction complémentaire de publicité**

➢ **Concernant l'opportunité de la publicité**

En vertu des dispositions de la loi n°2013-015 du 21 mai 2013 modifiée, portant protection des données à caractère personnel au

[523] https://www.legifrance.gouv.fr.
[524] Conseil d'État, 10ème / 9ème SSR, 30/12/2015, 385019.

Mali, « *l'Autorité décide des mesures de publicité les plus appropriées s'agissant des décisions d'autorisation, des recommandations, des normes d'exonération, des sanctions et des dénonciations qu'elle adopte* ».

Cependant, une telle sanction se trouve nécessairement soumise au respect du « *principe de proportionnalité* », d'où le contrôle du juge administratif. Très souvent, le juge prend en compte le support de diffusion retenu et la durée pendant laquelle cette publication est accessible de façon libre et continue.

L'Autorité a, dans l'affaire K contre la Société Baobab Mali, décidé, compte tenu de la gravité des manquements constatés, de rendre publique durant deux (02) ans sur son site web et dans les journaux d'annonces légales et après anonymisation des noms et prénoms des personnes physiques qui y sont mentionnés, la délibération portant sanction de ladite société.[525]

Également, dans l'affaire Orange contre la CNIL ci-dessus mentionnée, le CE a relevé « *qu'eu égard à la nature des violations constatées et aux moyens humains et financiers dont disposait la société Orange pour les prévenir*, *la CNIL a bien fait de rendre public l'avertissement prononcé contre Orange* ».[526] A cet effet, il a été estimé, qu'outre la portée punitive de la sanction complémentaire de publicité, cette action a pour objet de porter à la connaissance des intéressés les irrégularités qui ont été commises ainsi que les sanctions que celles-ci ont appelées.

Enfin, les juges du Conseil d'État ont conclu que lorsque la CNIL rend publique la sanction prononcée, cette décision a le caractère d'une sanction complémentaire, *« aucune disposition non plus qu'aucun principe n'impose qu'elle fasse l'objet d'une motivation spécifique, distincte de la motivation d'ensemble de la sanction principale qu'elle complète ».*[527]

---

[525] Délibération n°2020-0156 du 04 décembre 2020 portant sanction la Société Baobab Mali disponible sur le site web de l'apdp : www.apdp.ml.

[526] Conseil d'État, 10ème / 9ème SSR, 30/12/2015, 385019

[527] www.legifrance.gouv.fr.

> **Concernant la durée de publication des délibérations**

Dans la même affaire, le Conseil d'État a jugé que la sanction complémentaire de publicité était justifiée, dans son principe, mais il a reformé la décision de la Commission National de l'Informatique et des Libertés quant à la durée de la publication non anonymisée au motif que celle-ci a « l'obligation de fixer la durée pendant laquelle la publication de la sanction resterait accessible de manière non anonyme sur ces deux sites officiels que sont www.cnil.fr et www.légifrance.fr ».[528]

Dans une autre affaire concernant une cliente de la société « Optical Center », la Commission Nationale de l'Informatique et des Libertés a constaté, qu'au niveau des traitements de données de cette société, de nombreux manquements à la loi dont certains ont persisté malgré une mise en demeure pour manquement à l'obligation de sécurité et de la confidentialité des données à caractère personnel traitées.[529]Face à ce constat, elle a infligé à la société ''Optical Center'' une sanction pécuniaire de cinquante mille (50 000) euros et a décidé de rendre cette sanction publique sur le site internet des deux (02) sites mentionnés supra, à savoir celui de la CNIL et de Légifrance.[530]

Saisi de l'affaire, le CE a reformé la décision de la CNIL sur ce point au motif que *la publication, sans précision de durée, sur le site internet de la CNIL et sur le site Légifrance, était excessive au motif que la formation restreinte de la CNIL n'avait fixé aucune borne temporelle à la publicité non anonyme.*[531]

> **Sur l'étendue de la publication de la sanction infligée**

Le juge administratif vérifie également l'étendue de la sanction complémentaire de publicité. Dans l'affaire opposant la *Société Election Europe* contre la *Commission Nationale de l'Informatique et*

---

[528] Conseil d'État, 10ème / 9ème SSR, 30/12/2015, 385019

[529] Délibération n°2015-379 du 5 novembre 2015 de la CNIL

[530] Délibération de la formation restreinte n° SAN-2018-002 du 7 mai 2018 prononçant une sanction pécuniaire à l'encontre de la société X site web : https://www.legifrance.gouv.fr/cnil/id/CNILTEXT000037013610

[531] Conseil d'État, juin 2017, 396050 10ème - 9ème chambres réunies site web : https://www.legifrance.gouv.fr.

des Libertés, le Conseil d'État a décidé que lorsqu'un tiers demande soit qu'il ne soit pas procédé à la publication des mentions le concernant figurant dans une décision de sanction prononcée par la CNIL dont le dispositif ne lui fait pas grief, soit l'anonymisation de telles mentions dans la version publiée de cette sanction, l'autorité compétente est tenue de faire droit à cette demande, sous la seule réserve de la vérification de l'existence des mentions en litige.

A l'issue de cette procédure le CE a pris deux (02) mesures fortes contre la Commission Nationale de l'Informatique et des Libertés. Il a, en effet :

- enjoint à la Présidente de la CNIL de procéder à l'anonymisation des mentions de la délibération n° 2013-091 du 11 avril 2013 de la formation restreinte de la CNIL concernant la société Election Europe dans un délai de quinze jours à compter de la notification de la décision ;

- condamné la CNIL à verser à la société Election Europe une somme de 3 000 euros au titre des dispositions de l'article L. 761-1 du code de justice administrative.[532]

Section 2 : Une insuffisance et une inadaptation de l'intervention des magistrats de l'ordre judiciaire dans la protection des données à caractère personnel

Pendant que les données à caractère personnel sont clairement définies dans toutes les législations, comme étant les informations qui permettent d'identifier directement ou indirectement une personne physique, aucun texte ne précise le contenu de la vie privée.

Certains textes la définissent à travers le respect qui lui est dû. En effet, comme plusieurs fois abordé, l'article 6 de la Constitution du 25 février 1992 dispose : « *le domicile, le domaine, la vie privée et familiale, le secret de la correspondance et des communications sont*

[532] Monsieur Arouna KEITA, Directeur des Affaires Juridiques et du Contentieux de l'APDP août 2020 « formation sur le Contentieux des atteintes aux données personnelles », site web de l'APDP accessible à l'adresse suivante : https://apdp.ml

inviolables. Il ne peut y être porté atteinte que dans les conditions prévues par la loi ». De même, l'article 2 du Code des Personnes et de la Famille ainsi libellé : « *Chacun a droit à la protection de sa vie privée. On ne peut y déroger que dans les cas prévus par la loi* ».[533]

Partant de ces dispositions, il est admis que « *Chacun a droit au respect de la vie privée* », ce qui postule une égalité des titulaires et chacun est tenu de respecter la vie privée d'autrui, ce qui implique l'universalité des débiteurs. Le devoir de respecter la vie d'autrui est universel, en sorte que la protection civile et pénale ne dépend pas de la qualité ou de l'autorité de l'auteur de l'atteinte.

Ainsi, nous pouvons dire que le droit au respect de la vie privée est invocable dans toutes les relations sociales : *familiales, contractuelles, institutionnelles, processuelles...*

Tout comme le salarié qui peut invoquer le respect de ses correspondances par son employeur, un époux peut se plaindre d'une atteinte à sa vie privée : « même lit ; rêves Différents ».[534]

Cette imprécision de la vie privée fait du juge civil l'autorité chargée de la définir en lui donnant un contenu et celle ayant pour vocation à la pondérer face à d'autres intérêts à défendre et éventuellement à sanctionner les atteintes qui lui sont portées au même titre que celles touchant, dans certains cas, aux données à caractère personnel.

Cependant, l'absence de dispositions privatives de libertés dans l'ordonnancement juridique malien (paragraphe 1) ajoutée au caractère insuffisant des actions en réparation rendent très relative l'effectivité de la protection des données à caractère personnel.

Paragraphe 1 : Une ignorance du rôle du juge pénal dans la protection des données à caractère personnel par le législateur

Certes, l'Autorité peut prononcer des sanctions administratives, dont le plafond est actuellement fixé à 20 millions de Franc CFA même s'il

---

[533] Loi n°2011-087/du 30 décembre 2011 portant Code des Personnes et de la Famille.

[534] Jean Carbonnier, « *Le mariage n'emporte pas absorption d'une personnalité par l'autre : même lit, rêves différents* », pris sur le site web, https://www.labase-lextenso.fr/ouvrage.

semble ''modique'' aux yeux de plusieurs personnes. Mais ces amendes administratives pourront, si la personne morale est directement en ligne de mire, être complétées par des condamnations pénales.

De par ses fonctions dissuasive, éducative, moralisatrice, répressive, la loi pénale peut servir d'outil de régulation pour assurer le fonctionnement et le respect d'une législation. En effet, le juge pénal peut également intervenir dans le contrôle de la protection des données à caractère personnel conformément aux dispositions de l'article 31 de la loi n°2013-015 du 21 mai 2013 modifiée.

Cependant, l'analyse des dispositions des articles 56 à 66 de la loi susmentionnée, ne rassure pas quant à l'efficacité de la réponse pénale prévue contre les atteintes qui peuvent être portées aux données à caractère personnel.

Cette ineffectivité se rapporte entre autres, *à la faiblesse de l'arsenal juridique existant, à l'absence de sanctions pénales en la matière.* En effet, l'article 31 de la loi n°2013-015 du 21 mai 2013 modifiée, portant protection des données à caractère personnel susmentionnée, dispose que le Président de l'Autorité saisie sans délai « *le Procureur de la République compétent des infractions dont elle a connaissance sur la manipulation frauduleuse de données à caractère personnel* ».[535]

De même, il ressort des dispositions de l'article 56 que « *Sans préjudice des pouvoirs des autres autorités de poursuite en matière d'infraction, le Président de l'Autorité de Protection des Données à caractère Personnel dénonce devant le Procureur de la République tout usager en infraction vis-à-vis de la loi dans le domaine des données à caractère personnel ou porte plainte contre l'intéressé devant les juridictions compétentes, pour l'application des sanctions pénales prévues par la législation en vigueur* ».[536]

---

[535] Article 31 de la loi n°2013-015 du 21 mai 2013 modifiée, portant protection des données à caractère personnel.

[536] Loi n°2013-015 du 21 mai 2013 modifiée, portant protection des données à caractère personnel.

Toujours, est-il que ces dispositions très pertinentes à première vue, posent problème en raison du principe de la légalité des infractions. En effet, le code pénal actuel, qui date du 20 août 2001, ne prévoit aucune infraction spécifique aux données à caractère personnel. Alors que l'essor de l'internet et des réseaux sociaux a donné lieu à la banalisation des violations des données à caractère personnel et de la vie privée des individus.

Face à ce phénomène, et compte tenu du principe général du droit pénal qui dispose *qu'il n'y a ni infraction ni sanction sans texte ; dès lors,* il urge de prévoir dans le code pénal, des peines privatives de liberté dissuasives pour les manquements aux obligations relatives *au traitement, à la collecte et la protection des informations, ainsi qu'aux droits des personnes faisant l'objet du traitement.* Parmi celles-ci on peut citer :

- le non accomplissement des formalités préalables prévues par la loi ;[537]
- le non-respect des normes établies par l'Autorité en vertu de l'article 31 de la loi n°2013-015 du 21 mai 2013
- le fait de procéder ou de faire procéder à un traitement de données à caractère personnel sans mettre en œuvre les mesures de sécurité et de confidentialité appropriées ;[538]
- le défaut de notification des compromissions des données personnelles à l'Autorité et aux personnes concernées ;[539]

[537] En droit français, spécifiquement conformément aux dispositions de l'article 226-16, le fait, y compris par négligence, de procéder ou de faire procéder à des traitements de données à caractère personnel sans qu'aient été respectées les formalités préalables à leur mise en œuvre prévues par la loi est puni de cinq ans d'emprisonnement et de 300 000 euros d'amende. Pour ce faire, il convient de rappeler que cette infraction doit nécessiter que le traitement soit soumis à une formalité préalable et que le responsable de traitement ait omis de procéder à cette formalité. Ce qui exclut donc, les cas des traitements dispensés.

[538] Aussi, le code pénal français à son article 226-17 dispose également que : « le fait de procéder à un traitement de données à caractère personnel sans mettre en œuvre les mesures prescrites à l'article 34 de la loi n°78-17 du 6 janvier 1978 précitée est puni de cinq ans d'emprisonnement et de 300 000 euros d'amende.

[539] Est aussi incriminé par le législateur français, conformément au disposition du 226-17-1, « le fait pour un fournisseur de services de communications électroniques, de ne pas procéder à la notification de données à caractère personnel, à la Commission nationale de

- la collecte des données à caractère personnel par un moyen frauduleux, déloyal ou illicite ;[540]
- la violation des règles sur la prospection directe ;[541]
- le traitement irrégulier des données qui font apparaître les origines raciales ou ethniques, les opinions politiques, philosophiques ou religieuses, ou les appartenances syndicales des personnes, ou qui sont relatives à la santé ou à l'orientation ou à l'identité sexuelle ; ainsi que celles concernant des infractions, des condamnations ou des mesures de sûreté.[542]

---

l'Informatique et des libertés ou l'intéressé, en méconnaissance du II de l'article 34 bis de la loi n°78-17 du 06 janvier 1978 ».

540 Est également incriminé par le législateur français d'une peine de cinq ans d'emprisonnement et de 300 000 euros d'amende », « le fait de collecter des données à caractère personnel par un moyen frauduleux, déloyal ou illicite est puni ». 226-18 du Code pénal. En l'espèce, la société Alliance Bureautique Service (ABS) avait adressé en 2002 et 2003 des courriers électroniques publicitaires non sollicités à des particuliers dont elle avait obtenu les adresses électroniques dans les espaces publics de l'internet (forums de discussions, sites internet, etc.) en utilisant deux logiciels. Dans un premier temps, elle a eu recours au logiciel RobotMail qui enregistrait ces adresses dans un fichier en vue d'un usage ultérieur puis, dans un second temps, elle a utilisé le logiciel FreeProspect qui adressait les messages publicitaires aux adresses collectées sans les enregistrer dans un fichier. Le gérant de la société, M. H., a été cité par le Procureur de la République devant la juridiction correctionnelle du chef de collecte de données nominatives par un moyen frauduleux, déloyal ou illicite. Le tribunal saisi du litige l'avait relaxé (N° Lexbase : A3651DEX et lire N° Lexbase : N4076ABL), mais il avait été condamné en appel. La Chambre criminelle de la Cour de cassation rejette le pourvoi déposé par le gérant de la société. Elle confirme la condamnation de ce dernier sur le fondement de l'article 226-18 du Code pénal (N° Lexbase : L4480GT4). D'une part, elle indique que "*constitue une collecte de données nominatives le fait d'identifier des adresses électroniques et de les utiliser, même sans les enregistrer dans un fichier, pour adresser à leurs titulaires des messages électroniques*". D'autre part, la Cour de cassation apporte des précisions sur la notion de collecte déloyale. Pour la Haute juridiction, "*est déloyal le fait de recueillir, à leur insu, des adresses électroniques personnelles de personnes physiques sur l'espace public d'internet, ce procédé faisant obstacle à leur droit d'opposition*". https://www.lexbase.fr/revues-juridiques/3220593-cite-dans-la-rubrique-binternet-b-titre-%25ABnbsp-ila-cour-de-cassation-se-prononce-sur-la-collecte-de-d.

541 Cette infraction est directement liée au droit d'opposition qui, lorsqu'il est exercé dans les cas prévus par les textes le régissant, oblige le responsable de traitement de cesser le traitement, effacer les données (si la personne le demande) et informer les différents destinataires des données de l'exercice d'opposition. Selon Mathieu Bourgeois, *« l'infraction est ici constituée lorsque le responsable de traitement ne se conforme pas à la première de ces obligations »*. Communication et commerce électronique, Mathieu Bourgeois, Droit de la donnée : principes théoriques et approche pratique, édition LexisNexis, page 255.

542 Est également puni par le code pénal français, le fait, hors les cas prévus par la loi, de mettre ou de conserver en mémoire informatisée, sans le consentement exprès de l'intéressé,

- le non-respect des droits des personnes concernées;[543]
- la conservation des données à caractère personnel au-delà de la durée prévue par la loi ou le règlement, par la demande d'autorisation ou d'avis, ou par la déclaration préalable adressée à l'Autorité ;[544]
- le détournement de finalité assignée à un traitement de données personnelles ;[545]
- les atteintes à la considération, ou à l'intimité de la vie privée, des personnes ;
- le transfert de données à caractère personnel ;[546]
- le manquement aux obligations d'information préalable des personnes concernées ;
- le refus de répondre à une demande d'accès à des données.

---

des informations nominatives concernant des infractions, des condamnations ou des mesures de sûreté.

[543] Sont aussi incriminés en France, le fait d'avoir occulté d'informer préalablement, les personnes concernées par un traitement ayant pour finalité, la recherche dans le domaine de la santé et, d'autre part, le fait de procéder à un tel traitement malgré l'opposition ou en l'absence de consentement (lorsqu'un tel consentement est requis) de la personne concernée. (Art.226-19-1 du Code pénal français).

[544] Le fait, hors les cas prévus par la loi, de mettre ou de conserver en mémoire informatisée, sans le consentement exprès de l'intéressé, des données à caractère personnel qui, directement ou indirectement, font apparaître les origines raciales ou ethniques, les opinions politiques, philosophiques ou religieuses, ou les appartenances syndicales des personnes, ou qui sont relatives à la santé ou à l'orientation sexuelle ou à l'identité de genre de celles-ci, « est puni de cinq ans d'emprisonnement et de 300 000 euros d'amende ». Article 226-19 du Code pénal.
Est puni des mêmes peines le fait, hors les cas prévus par la loi, de mettre ou de conserver en mémoire informatisée des données à caractère personnel concernant des infractions, des condamnations ou des mesures de sûreté.

[545] Aussi, est incriminé par l'article 226-21 du Code pénal français, le fait « pour toute personne détentrice de données à caractère personnel de les détourner (…) de leur finalité, telle que définie par la disposition législative, l'acte réglementaire ou la décision de la CNIL autorisant le traitement automatisé, ou par les déclarations préalables à la mise en œuvre de ce traitement.

[546] Est puni de cinq ans d'emprisonnement et de 300 000 euros d'amende, en application des dispositions de l'article 226-22-1 du code pénal français, « le fait, hors les cas prévus par la loi, de procéder ou de faire procéder à un transfert de données à caractère personnel faisant l'objet ou destinées à faire l'objet d'un traitement vers un État n'appartenant pas à la Communauté européenne en violation des mesures prises par la Commission des Communautés européennes ou par la Commission nationale de l'informatique et des libertés mentionnées).

Aussi, s'agissant de la gestion des procédures pénales, il est à retenir, que la plainte provienne de l'APDP ou des personnes concernées, l'Autorité n'a pas qualité, de par les textes maliens existants, pour présenter des observations dans les procédures pénales touchant aux données à caractère personnel. Pour ce faire, le Procureur de la République doit avoir l'obligation de l'informer de toutes les procédures, de la date d'audience dans un délai raisonnable lui permettant de bien se préparer.

Dans ces conditions, la réflexion doit porter sur l'élaboration d'une gamme d'infractions qui puissent lier le Procureur de la République. Ainsi, si le rôle du Procureur est bien défini, par le législateur en ce qui concerne les données à caractère personnel, l'intervention de l'APDP dans une procédure pénale ne fera que renforcer la démocratie et l'État de droit. Cette obligation doit porter aussi sur les suites des plaintes ou des procédures.

Par ailleurs, malgré l'adoption de la loi portant répression de la cybercriminalité au Mali, des lacunes persistent dans la protection des données à caractère personnel surtout quant aux dérives sur les réseaux sociaux.

Pendant que le Mali semble être un *''paradis de données à caractère personnel''* faute de peines privatives de liberté spécifiques dans la loi portant protection des données à caractère personnel, la loi n°2017-28 du 03 mai 2017, relative à la protection des données à caractère personnel au Niger interdit et puni *« d'une peine d'emprisonnement de trois (03) à cinq (05) ans et d'une amende de 20.000 000 à 40.000 000 de francs CFA, le fait de procéder à la collecte et à tout traitement de données qui révèlent l'origine raciale, ethnique ou régionale, la filiation, les opinions politiques, les convictions religieuses ou philosophiques, l'appartenance syndicale, la vie sexuelle, les données génétiques ou plus généralement celles relatives à l'état de santé de la personne concernée ».*[547]

[547] Loi n°2017-28 du 03 mai 2017, relative à la protection des données à caractère personnel au Niger

En droit béninois, le fait, y compris par négligence, de procéder à des traitements de données personnelles sans qu'aient été respectées les formalités préalables à leur mise en œuvre prévues par la présente loi est puni d'une peine d'emprisonnement de cinq (05) à dix (10) ans et d'une amende de dix millions (10.000.000) à cinquante millions (50.000.000) de francs ou de l'une de ces deux peines seulement.[548]

Sont aussi sanctionnées par le juge pénal béninois, au sens de la loi n° 2009-09 portant protection des données à caractère personnel sans préjudice de celles prévues au Code Pénal en matière informatique : le fait d'entraver l'action de la Commission, le fait, y compris par négligence, de procéder à des traitements de données personnelles sans qu'aient été respectées les formalités préalables à leur mise en œuvre prévues par la loi ;

De même, le fait de procéder ou de faire procéder à un traitement de données personnelles sans avoir mis en œuvre les mesures prescrites par les dispositions de la présente loi ainsi que le fait de collecter des données personnelles par un moyen frauduleux, déloyal ou illicite, entre autres.[549]

Paragraphe 2 : Une insuffisance d'actions en réparation pour les victimes d'atteintes aux données à caractère personnel

A titre liminaire, il convient de rappeler que la responsabilité civile en matière de protection des données à caractère personnel est fondée sur le régime de la responsabilité de droit commun hérité du droit français qui s'appuie sur le fait dommageable encore appelé **''faute''**, occasionnant *''un préjudice à autrui''*.[550]

---

[548] Articles 64 et 65 de Loi n° 2009-09 portant protection des données à caractère personnel en République du Bénin.

[549] Les dispositions susmentionnées constituent, conformément aux dispositions de l'article 64 de la Loi n° 2009-09 portant protection des données à caractère personnel en République du Bénin des infractions pénalement répréhendées.

[550] Cour de Cassation de la France, chambre soc., 7 juin 1995, n°91-44.919 et 91-44.91 : En mettant en place un traitement automatique d'informations nominatives avant d'en avoir fait la déclaration à la CNIL, l'employeur avait commis une faute dont il lui appartenait de déterminer si elle avait causé aux salariés le préjudice dont ils demandaient réparation ;

Certes, le législateur malien a soumis les actions civiles aux conditions fixées par le Code de Procédure Civile, Commerciale et Sociale et le Régime Général des Obligations ; cependant, contrairement au droit européen, la législation malienne souffre de l'absence d'importantes possibilités qui sont offertes aux citoyens européens. Il s'agit : de l'action de groupe ou ''Class Action'' de la mise en cause de la responsabilité civile du sous-traitant, de la responsabilité solidaire et de la possibilité pour le président de l'APDP de saisir le juge des référés en vue de la prise de toute mesure urgente nécessaire à la sauvegarde des droits des personnes concernées.

- **Action de groupe ou ''Class Action''**

Cette action permet à des associations d'agir au nom de plusieurs personnes victimes de compromission de données à caractère personnel d'exercer une action tendant à la cessation d'un manquement ou à la réparation des dommages subis, pour le compte d'un collectif de victimes.[551]

Ce mécanisme d'action de groupe a aussi été repris par le RGPD qui dispose que « *lorsqu'une personne concernée estime que les droits que lui confère le présent règlement sont violés, elle devrait avoir le droit de mandater un organisme, une organisation ou une association à but non lucratif, constitué conformément au droit d'un État membre, dont les objectifs statutaires sont d'intérêt public et qui est actif dans le domaine de la protection des données à caractère personnel, pour qu'il introduise une réclamation en son nom auprès d'une autorité de contrôle, exerce le droit à un recours juridictionnel au nom de*

Mathieu Bourgeois : Droit de la donnée : principes théoriques et approche pratique ; page 266 ; Aussi, pour plus d'informations, on peut lire : https://www.legifrance.gouv.fr.

[551] La *financepourtous*, novembre 2021, « l'action de groupe (ou Class Action) », site web : https://www.lafinancepourtous.com/pratique/vie-perso/regler-ses-litiges/agir-en-justice/l-action-de-groupe-ou-class action/#:~:text=L'action%20de%20groupe%20(ou%20%C2%AB%20class%20action%20%C2%BB),de%20ce%20pr%C3%A9judice%20de%20masse.. (29 novembre 2022). De même, lesite de novethic accessible à l'adresse suivante : https://www.novethic.fr/lexique/detail/class-action.html définit le concept comme: « une action judiciaire entreprise par un grand nombre de personnes qui ont toutes subi le même préjudice. Elle intéresse une catégorie, un groupe de personnes désignées en anglais par le terme " class ", les personnes en question devant toutes répondre aux mêmes caractéristiques ; par exemple consommer tel produit ou service, être actionnaire de telle société, etc.... La première class action a eu lieu aux États- Unis lors de l'explosion d'un cargo, en 1950 »

personnes concernées ou, si cela est prévu par le droit d'un État membre, exerce le droit d'obtenir réparation au nom de personnes concernées ».[552]

Initialement soumise au respect de certaines conditions par le législateur français, la Cour de justice de l'Union européenne (CJUE) a validé, par une interprétation des dispositions du Règlement (UE) 2016/679 européen sur la protection des données du 27 avril 2017 (ci-après « RGPD »), « la légalité et la pleine efficacité d'une action représentative d'une association en matière de respect du droit à la protection des données personnelles, même en l'absence de mandat et de violation des droits établie ».[553]

Il est important de noter qu'en droit européen, l'action de groupe doit être précédée d'une mise en demeure en vue de faire cesser le manquement ou de réparer le(s) préjudice(s) subi(s). Ce n'est qu'à l'issue de l'expiration d'un délai de 4 mois, à compter de la réception de la mise en demeure, que l'action de groupe pourra être introduite devant la juridiction compétente.[554]

---

[552] Point 142 du Règlement (UE) 2016/679 du parlement européen et du conseil du 27 avril 2016 relatif à la protection des personnes physiques à l'égard du traitement des données à caractère personnel et à la libre circulation de ces données, et abrogeant la directive 95/46/CE (règlement général sur la protection des données). Ainsi, seules peuvent exercer une telle action :

- « *les associations régulièrement déclarées depuis cinq ans au moins ayant dans leur objet statutaire la protection de la vie privée ou la protection des données à caractère personnel* » ;
- « *les associations de défense des consommateurs représentatives au niveau national et agréées, lorsque le traitement de données à caractère personnel affecte des consommateurs*» ;
- « *les organisations syndicales de salariés ou de fonctionnaires représentatives ou les syndicats représentatifs de magistrats de l'ordre judiciaire, lorsque le traitement affecte les intérêts des personnes que les statuts de ces organisations les chargent de défendre*».

[553] Gérard Haas, Anne-Charlotte Andrieux et Sara Bakli mai 2022, « RGPD : les associations des consommateurs peuvent agir en justice sans mandat », site web : https://info.haas-avocats.com/droit-digital/rgpd-les-associations-des-consommateurs-peuvent-agir-en-justice-sans-mandat (dernière visite le 29 novembre 2022 à 12h40 min)

[554] Internet Society France (ISOC France) c/ Facebook. En novembre 2018, l'ONG annonçait vouloir engager la première action de groupe indemnitaire en matière de données personnelles. https://www.isoc.fr/isoc-france-action-facebook-ebastille.

- **Mise en cause de la responsabilité civile du sous-traitant**

Contrairement à la loi malienne sur les données à caractère personnel, le RGPD pose le principe selon lequel toute victime d'une non-conformité « *a le droit d'obtenir du responsable du traitement ou du sous-traitant réparation du préjudice* ».[555]

Cette règle, nécessaire à la protection des droits fondamentaux des citoyens, doit être prise en compte par le législateur en cas de relecture de la loi n°2013-015 du 21 mai 2013 modifiée, portant protection des données à caractère personnel. Il s'agit de renforcer le régime de la responsabilité dans l'optique de permettre aux personnes qui subissent un préjudice du fait du non-respect des dispositions légales d'obtenir réparation tout en encadrant sommairement la répartition du dédommagement en cas de pluralité de débiteurs.

- **Responsabilité solidaire**

La solidarité en matière d'obligation est soit légale ou conventionnelle. En synthèse, le mécanisme de responsabilité solidaire prévu par le droit européen peut être résumé de la manière suivante :

  - **Premier principe**

La victime peut demander réparation de l'intégrité du préjudice, soit du responsable du traitement soit du sous-traitant ;

  - **Deuxième principe**

Lorsque l'une des parties a réparé l'intégralité du dommage, celle-ci dispose ensuite d'un recours contre son cocontractant à hauteur de sa part de responsabilité dans le dommage ;

  - **Troisième principe**

La solidarité résultant du premier principe est valable uniquement si les parties sont toutes responsables du manquement à l'origine du dommage : cela ne devrait pas arriver si, dans leur contrat, celles-ci

---

[555] Article art.82.1 du RGPD

définissent clairement les rôles et responsabilités de chacune d'entre elles ; dans ce cas, chaque partie est seule responsable du dommage généré par un manquement aux obligations dont elle a la charge, et endosse seule cette responsabilité vis-à-vis de la victime.[556]

- **Possibilité pour le président de l'APDP de saisir le juge des référés**

En application des dispositions de l'article 491 du Code de Procédure Civile Commercial et Sociale en République du Mali, en cas de trouble illicite, « *le juge des référés peut ordonner des mesures conservatoires ou de remise en état pour y mettre fin* ». [557] Contrairement à la législation malienne sur les données à caractère personnel, la loi Informatique et des libertés de la France a conféré au Président de la Commission Nationale de l'Informatique et des Libertés, les pouvoirs d'exception lui permettent de « *demander, par voie du référé, à la juridiction compétente, d'ordonner le cas échéant sous astreinte, toute mesure nécessaire à la sauvegarde de ces droits et libertés* ». [558] Ce pouvoir s'exerce sans préjudice du droit des personnes concernées de saisir le même juge des référés pour la même cause.[559]

CONCLUSION DE LA DEUXIÈME PARTIE

Il ressort de cette deuxième partie que la protection des données à caractère personnel se trouve confronter à d'énormes défis malgré les efforts consentis par l'État du Mali. Il s'agit entre autres, de la méconnaissance notoire des principes de protection des données par les usagers, des insuffisances en ce qui concerne les obligations du responsable de traitement, les droits des personnes concernées, la faiblesse des sanctions administratives pécuniaires et l'absence de

---

[556] Articles 82.2, 82.3, 82.4 du RGPD.

[557] Art.491 du Code de Procédure Civile Commercial et Sociale en République du Mali.

[558] Droit de la donnée : Principes théoriques et approche pratique de Mathieu Bourgeois, page 267

[559] Article 497 du code de procédure civile malien dispose : « Le président peut toujours même en présence d'une contestation sérieuse, prescrire en référé les mesures conservatoires ou de remise en état qui s'imposent, soit pour prévenir un dommage imminent, soit pour faire cesser un trouble manifestement illicite. Dans les cas où l'existence de l'obligation n'est pas sérieusement contestable, il peut accorder une provision au créancier ».

sanctions pénales en cas d'atteintes aux données à caractère personnel.

Aussi, l'inadaptation des textes par rapport au renouvellement du mandat des commissaires (renouvellement global) ; la lourdeur de la procédure de sanction ; la surreprésentation dans l'organe délibérant de l'APDP de certaines organisations professionnelles et l'absence de représentant d'autres ; l'insuffisance des moyens d'action (humains, techniques et financiers), la méconnaissance du rôle de certains acteurs clefs notamment la justice, constituent autant de facteurs à prendre en compte pour assurer une protection efficiente des données à caractère personnel.

Cette relativité textuelle que pratique qui découle de la mise en œuvre du cadre légal impose la relecture de la loi n°2013-015 du 21 mai 2013 modifiée, en vue d'inclure, les atteintes aux données à caractère personnel dans ses articles 65 et 66, de revoir à la hausse le taux des condamnations pécuniaires, etc.

En effet, cette révision est d'autant plus opportune qu'aujourd'hui, beaucoup d'atteintes aux données à caractère personnel ne peuvent faire l'objet de sanctions administrative, pénale ou civile, car n'étant pas prévues par les dispositions légales.

Ainsi, en raison de la gravité des menaces qui pèsent sur les données à caractère personnel et de l'intérêt qu'elles revêtent aux yeux des plus hautes autorités, il importe de revoir les quantums des amendes prévues par la législation malienne en la matière, maximum vingt (20) millions de francs.

Ce montant est dérisoire par rapport aux menaces qui pèsent sur les données et surtout comparé au montant des amendes prévues par les autres législations notamment africaines, européennes de protection, dont certaines prévoient 300 000 000 F, 500 000 000 F, vingt (20) millions d'euros ou 4% du chiffre d'affaires annuel mondial pour l'entreprise fautive.

CONCLUSION GÉNÉRALE

Au terme de cette étude, il ressort que depuis 2007 notre pays, le Mali, a esquissé les premiers pas d'initiation au concept de « *la protection des données à caractère personnel* » à travers sa participation aux différentes conférences et rencontres internationales qui ont eu à traiter de cette question. C'est ainsi, qu'en 2013, conformément aux engagements pris lors de ces différentes rencontres et en parfaite harmonie avec les dispositions de l'article 6 de la Constitution, les autorités politiques, ayant suffisamment pris conscience des enjeux et de l'intérêt de la protection des données à caractère personnel, ont adopté la loi n°2013-015 du 21 mai 2013 portant protection des données à caractère personnel.

Cette loi qui est une transposition de l'Acte Additionnel de la CEDEAO relatif à la protection des données à caractère personnel apparaît en réalité, comme un « *socle pour la garantie et la protection des Droits Humains* »[560]. Elle montre à suffisance, la détermination de nos gouvernants à promouvoir une culture de protection des données à caractère personnel.

En effet, la loi susmentionnée exige que les données à caractère personnel ne soient collectées et traitées que de manière loyale, licite et non frauduleuse pour des finalités déterminées, explicites, légitimes et n'être conservées que sous une forme permettant l'identification des personnes concernées, pendant une durée qui n'excède pas celle nécessaire aux finalités pour lesquelles elles sont collectées ou utilisées.

Une fois adoptée, il a fallu attendre août 2015 précisément, soit deux (02) ans plus tard, pour que cette loi soit mise en œuvre. Ainsi, par décret n°2015-0504/P-RM en date du 27 Juillet 2015, ont été nommés, les membres de l'Autorité de Protection des Données à caractère Personnel formant l'organe collégial délibérant soumis par le législateur à un statut particulier qui les met à l'abri de recevoir, dans

[560] Rapport d'activités 2015-2016 de l'APDP.

le cadre de leurs missions, *d'injonction ou d'instruction*, directement ou par l'intermédiaire de ses membres, d'aucune autre autorité''.[561]

Le statut d'Autorité Administrative Indépendante (AAI), conféré à l'APDP permet de créer les conditions réelles de garantie d'indépendance. Grace à sa composition collégiale et pluraliste, l'Autorité jouit de réelles garanties d'indépendance pour mener à bien la tâche qui lui est confiée par le législateur, à savoir ''la protection des données à caractère personnel''.

Cette autorité de contrôle, de lutte contre toute forme d'atteintes aux données à caractère personnel est une sentinelle, qui, très souvent, remporte des victoires contre les personnes en porte à faux avec les dispositions légales en la matière malgré les multiples difficultés.

Ces actions associées aux missions d'information, de sensibilisation, de régulation, de veille, de représentation entre autres, montrent à suffisance que des moyens sont mis en œuvre par l'État du Mali pour permettre à l'individu d'être à l'abri des indiscrétions et d'atteintes aux données à caractère personnel le concernant.

Cependant, en dépit de ces efforts pour hisser le Mali dans le concert des nations où les libertés individuelles et collectives sont pleinement exercées, il ressort de cette recherche que la loi portant protection des données à caractère personnel souffre pour une pleine efficacité et effectivité, d'énormes insuffisances graves et de manque de cohérence patent.[562]

Aussi, faut-il le noter, la loi n°2013-015 du 21 mai 2013 modifiée, est en inadéquation avec la réalité complexe du traitement automatisé des

---

[561] Article 27 de la loi de la loi n°2015-015du 21 Mai 2013 modifiée, portant protection des données à caractère personnel.

[562] Le droit des données à caractère personnel doit maintenir un équilibre entre plusieurs objectifs qui apparaissent parfois contradictoires. D'un côté, il vise à protéger les personnes contre les atteintes résultant des traitements de leurs données. De l'autre, il permet aux responsables du traitement de mettre en œuvre ces traitements, notamment pour répondre aux impératifs d'une société toujours plus numérisée. Réconcilier ces deux approches est l'une des principales difficultés de ce domaine. Souvent affichée comme la priorité de l'État, la protection des personnes peine à être pleinement effective. La pratique montre une réalité contrastée.

données, les responsables de traitement ne sont pas suffisamment responsabilisés.

En effet, le législateur n'a donné aucune définition des mesures de sécurité et de confidentialité des données faisant l'objet de traitement. Pire, aucune charge vis-à-vis du sous-traitant en cas d'atteintes aux données à caractère personnel.

Également, le législateur malien semble être le seul au monde qui fait de la mise en demeure, une sanction, donc impérativement renvoyée à la seule compétence de l'organe collégial alors que cet acte, n'est qu'un *préalable aux sanctions* et devrait être dévolu à la compétence du président de l'APDP. Cette lourdeur, associée aux autres lacunes susmentionnées ne risquent-elles pas de transformer le Mali « *en paradis des données à caractère personnel* ».[563]

Autre point rendant *''ineffective la protection des données à caractère personnel''* porte sur *''la consécration lacunaire des droits des personnes concernées''*. Les rédacteurs de la loi n°2013-015 ci-dessus mentionnée ont complètement omis de conférer aux personnes concernées, certains droits importants notamment, les droits à l'oubli et à la portabilité.

Pourtant, la consécration de ces deux (02) droits est fondamentale car permettant à la personne concernée d'avoir la maîtrise de ses données, autrement dit d'être *le maitre de ses propres données*.

Aucune disposition relative à la notification de l'Autorité et de la personne concernée en cas d'atteinte aux données à caractère personnel comme cela se fait dans la quasi-totalité des pays disposant d'Autorité de Protection des Données Personnelles, n'y a été prévue.

Par ailleurs, des retouches doivent être effectuées au niveau du cadre institutionnel. En effet, la composition de l'organe délibérant actuel ne prend pas suffisamment en compte les conditions prévues par l'Acte Additionnel de la CEDEAO qui, dans son article 15 dispose que l'Autorité est composée de personnalités qualifiées « *pour leur connaissance en droit, en informatique ou tout autre domaine de connaissance pour atteindre les objectifs tels que définis à l'article 2 du présent Acte additionnel* ». Exceptés quelques commissaires, la

[563] Ainsi, assurer l'effectivité de la protection des personnes passe nécessairement par la mise en œuvre des garanties procédurales devant elle.

quasi-totalité des membres formant l'organe délibérant de l'Autorité ne répondent pas à ce critère-là.[564]

S'agissant des services techniques, ceux-ci sont certes composés de cadres techniques valables, mais force est de constater que l'Autorité souffre de l'absence de certaines compétences surtout en matière de sécurité informatique, d'outils d'investigation numérique.

Autre problème, et non le moindre, rendant relative la protection des données à caractère personnel, demeure la non saisine par les départements de l'Autorité avant l'adoption des textes en rapport avec les données personnelles ou, pire, la non prise en compte de son avis, comme ce fut le cas lors de l'adoption de la loi portant sur la répression de la cybercriminalité.

En définitive, il peut être admis que malgré les efforts consentis par les autorités du Mali, beaucoup restent à faire pour rendre effective la protection des données à caractère personnel.[565]

Ainsi, comme le note **Alex TURK** : « *si on ne réagit pas, la période durant laquelle la vie privée du citoyen, son intimité, son identité auront été reconnues et préservées n'aura été qu'une parenthèse. Alors que, de nos jours encore, des populations luttent pour accéder à cette vision de État de droit, ne serait pas paradoxal que nos sociétés qui s'en étaient dotées reculent sous la pression des technologies du numérique ?* ».[566]

---

[564] Quant à la composition de l'APDP, elle doit être modifiée pour qu'elle bénéficie, en son sein, d'une meilleure représentation des experts techniques. À côté des actions de l'Autorité, les contrôles internes des responsables de traitement doivent être augmentés.

[565] Aujourd'hui, les traitements de données à caractère personnel ne sont plus seulement effectués pour mieux connaître les personnes, mais cherchent aussi à les influencer. Dès lors, il a été nécessaire d'étudier la façon dont le droit répond concrètement à ces risques. Il est vrai que, comme le remarquait le doyen Carbonnier, « le droit ne s'accomplit jamais exactement comme on aurait pu le prédire », et qu'en dépit des meilleures intentions, des effets négatifs pour la protection des personnes étaient à prévoir. Jean Carbonnier, « En l'année 1817 », Mélanges P. Raynaud, Dalloz, 1985, p. 81 s., spéc. p. 89. L'effectivité de la protection des personnes par le droit des données à caractère personnel Thèse pour le doctorat en droit présentée et soutenue publiquement le 7 décembre 2020 par Suzanne Vergnolle ;

[566] Alex Turk ancien Président de la CNIL dans la conclusion de son livre intitulé : La vie privée en péril : Des citoyens sous contrôle, édition Odile Jacob

BIBLIOGRAPHIE

A. Les textes juridiques

1.1. Sur le plan International

- Déclaration Universelle des Droits de l'Homme et du Citoyen de 1948 (Source) ;
- Pacte international de l'ONU relatif aux droits civils et Politiques adopté le 16 décembre 1966 ;
- Résolution n°45/95 du 14 décembre 1990 de l'ONU ;

1.2. Sur le plan Européen

a. Les organisations communautaires

- Lignes directrices de l'OCDE de 1980 révisés en 2013 ;
- Résolutions des normes internationales de la vie privée adoptée en 2009 ;
- Convention et Protocol additionnel ;
- Règlement de l'union européenne n°2016/676 du Parlement et du Conseil RGPD

b. Textes législatifs de quelques Etas

- Loi allemande Bundesdantenschutzgesetz adoptée le 30 juin 2017 ;
- Loi Informatique et Libertés de 1978 modifiée, ;
- Loi du 30 juillet 2018 de la Belgique relative à la protection des personnes physiques à l'égard des traitements de données à caractère personnel ;

1.3. Sur le plan Africain

- Convention de l'Union africaine sur la cyber sécurité et la protection des données personnelles (2014). Statut : non signé, non ratifié.
- Acte additionnel de la CEDEAO A/SA.1/01/10 relatif à la protection des données à caractère personnel (2010) ;
- Acte Additionnel de la CEDEAO portant transactions électroniques dans l'espace de la CEDEAO ;

1.4. Quelques législations des États Francophones

- Benin : Loi n° 2017-20 du 20 avril 2018 portant code du numérique ;
- Burkina du Faso : Loi n°010-2004/AN portant protection des données à caractère personnel ;

- République du Benin : Loi n°2009-009 du 13 juin 2017 modifiée, portant protection des données à caractère personnel ;
- Maroc : Loi 09-08 du 18 février 2009 relative à la protection des personnes physiques à l'égard du traitement des données à caractère personnel ;
- Sénégal : Loi n°2008-012 du 25 janvier 2008 portant protection des données à caractère personnel ;
- Niger : Loi n°2017-28 du 03 mai 2017 relative à la protection des données à caractère personnel
- Tchad : loi n°006/PR/2015 du 10 février 2015 portant création de l'Agence Nationale de Sécurité Informatique et de Certification Electronique (ANSICE)
- Tunisie : Loi organique n° 2004-63 en date du 27 juillet 2004 portant sur la protection des données à caractère personnel ;
- Cote d'Ivoire : Loi n°2013-450 du 19 juin 2013 relative à la protection des données à caractère personnel
- Gabon : loi n°001/2011 du 04 mai 2011 relative à la protection des données à caractère personnel

1.5. Sur le plan national

- Constitution de 1992 : article 6. " Le domicile, le domaine, la vie privée et familiale, le secret de la correspondance et des communications sont inviolables. Il ne peut y être porté atteinte que dans les conditions prévues par la loi."
- Loi n° 2013-015 du 21 mai 2013 portant protection des données à caractère personnel en République du Mali (« Loi de 2013 »)
- Loi n° 2016-012/ du 6 mai 2016 relative aux transactions, échanges et services électroniques au Mali ;
- Code de procédure civile, commerciale et sociale du Mali ;
- Loi n°01-078 du 20 Aout 2001 portant code pénal au Mali ;
- Loi n°92-020 du 23 septembre 1992 portant code de procédure pénale ;
- Décret n°2016-0177 portant institution du NINACAD au Mali.

B. Ouvrages

1. Ouvrages généraux

- André MAURIN, Droit Administratif : Aide-mémoire : campus LMD, Srey ;
- Malaurie-HUGUES FULCHIRON, Droit de la famille 6ème édition ;

- Agence Universitaire de la Francophonie, Droit et santé en Afrique, Actes du colloque international de Dakar, 28 mars-1er avril 2005 ;
- Baude OLIVIER, Corpus oraux, Guide des bonnes pratiques 2006, CNRS Editions, 2006 ;
- Dionisio ANZILOTTI, Cours de droit international, traduction française 1er volume de la 3ème édition italienne par G. Gidel, 1929 ;
- Henry BONFILS, Manuel de Droit International Public, Paris, Rousseau, 6ème édition, mise à jour par Paul Auguste Joseph Fauchille, Arthur Rousseau, Paris, 1912, 1121 p.
- Alexander HAMILTON, John JAY, James MADISON, Nouvelle édition française, 1902, LV- 788 p.
- Alphonse AULARD, Histoire politique de la Révolution française : Origines et développement de la Démocratie et de la République (1789-1804), Paris, Armand Colin, 1901
- Joseph BARTHELEMY, Le rôle du pouvoir exécutif dans les Républiques modernes, Paris, Giard et Brière,1906 ;
- Joseph BARTHELEMY & Paul DUEZ, Traité de droit constitutionnel, Paris, Dalloz, 1933 ;
- Paul BASTID, Doctrines et institutions politiques de la Seconde République, 2 t., Paris, Hachette, 1945 ;
- Carlos CALVO, Le droit international théorique et pratique, Paris, Guillaumin, 1896, 5ème édition en 6 vol. xix siècle ;
- Fratz DESPAGNET (1857-1906), Cours de droit international public, Paris, Larose, 1894, 723 p. (1e éd.) et 1910, 1430 p. (4ème édition augmentée et revue par Ch. de Boek) ;
- Paul FAUCHILLE (1858-1926), Traité de droit international public, Paris, Rousseau, 8e éd., 4 vol., 1922-1926 de 1058, 1183 730 et 1095 p. ;
- Pasquale FIORE (1837-1914), Nouveau droit international public suivant les besoins de la civilisation moderne, trad. ;
- Charles ANTOINE, Paris, Durand et Pedone-LAURIEL, 2e éd., 1885, 718 p. ;
- Pascale FIORE (1837-1914), Le droit international codifié, trad. Chrétien, nouvelle éd. par Charles Antoine), Paris, Pedone, 1911, 893 p.
- Iben KHALDUN, Discours sur l'histoire universelle, trad. V. Monteil, 2nde éd., Paris, Sindbad 1978

- Georges BURDEAU, Droit constitutionnel et institutions politiques, 19e éd., Paris 1980 ;
- Raymond CARRE DE MALBERG, Contribution à la théorie de État, 2 vol., Paris 1920-1922 (réimpression 1962) ;
- André SURÉDA, The evolution of the right of self-determination. A Study of United Nations practice, Leiden 1973.

2. Ouvrages Spécialisés

- Alex TURK, La vie privée en péril : des citoyens sous contrôle, édition Odile Jacob ate de parution : 7 avril 2011;
- Laurant RAIMOND, La Protection des Données Personnelles : 100 Questions réponses pour comprendre et mieux se protéger, date de parution 26 janvier 2021 ;
- Editions Législatives, Protection des Données Personnelles : Réussir sa mise en conformité 2ème édition : éditions législative A jour de la loi informatique et libertés modifiée par l'ordonnance du 12 décembre 2018 ;
- Code de la Protection des Données Personnelles : Annoté et commenté ; édition Dalloz 2018-2019 ;
- Garance Mathias, Amandine Kashani-Poor, Aline Alfer, Le Délégué à la Protection des Données (DPO), Revue Banque, 7 Janvier 2021;
- Christiane Férarl, CYBERDROIT, le droit à l'épreuve de l'internet, 6ème édition, Dalloz ;
- Jacque Larrieu, Ellipses : Droit de l'internet 2ème édition Ellipses 6 avril 2010 ;
- Edition 2015, Lamy Droit du Numérique ;
- Lamy, droit du numérique, Guide pratique édition 2015 ;
- Manuel de Droit Européen en matière de protection des données personnelles, Édition 2018 ;
- Fabrice Mattatia CNIL, Le droit des données personnelles 2ème édition EYROLLES 22 avril 2016 ;
- Mattieu BOURGEOIS, Droit de la Donnée : Principes théoriques et approche pratique, édition LexisNexis ;
- Mamadou LO, Protection des données à caractère personnel en Afrique : Réglementation et Régulation, Baol Editions 2017 ;
- Alain Bensoussan, La protection des Données Personnelles de « A à Z », édition Lexing ;

- Andreas BUCHER, « Personnes physiques et protection de la personnalité », in Théorie et pratique du droit, Bâle et Francfort-sur-le-Main, 1985, revue internationale du droit comparé ;
- Henri DESCHENAUX et Paul-Henri STEIN AUER, Personnes physiques et tutelle, 2e éd., Berne, 1986 ;
- Pierre ENGEL, La protection de la personnalité, in Formation continue des Journalistes, Lausanne, 1985 ;
- Jacques-Michel GROSSEN, La protection de la personnalité en droit privé (quelques problèmes actuels) », in Revue de droit suisse, 1960, II, pp. 1 a- 131 a.
- Jacques-Michel GROSSEN, Les personnes physiques, in Traité de droit privé suisse, t. II/2, Fribourg, 1974, pp. 1-99 ; (version allemande in : Schweizerisches Privatrecht, t. II, Bâle 1967, pp. 285-377) ;
- Philippe BOIS, La surveillance des banques de données par les autorités, in Informatique et protection de la personnalité, Universités de Berne, Fribourg, Genève, Lausanne et Neuchâtel, Enseignement de 3e cycle de droit, Fribourg, 1980, pp. 169-177 (cité infra : « Informatique et protection... ») ;
- Yves BURNAND, Banques de données électroniques et droit de l'information : accès à V information, droit d'auteur, protection du domaine personnel des particuliers et de l'État, Étude de droit suisse, (thèse Lausanne), 1974 ;
- Willi EGLOFF, Future législation sur la protection des données, huit postulats syndicaux, analyse d'un article important, Revue syndicale suisse 76, 1984, pp. 105-112 ;
- Arnaud BELLEIL, e-privacy, le marché des données personnelles : la protection de la vie privée à l'âge d'Internet, Dunod, 2001 ;

  Florence BELLIVIER, Noiville CHRISTINE, Contrats et vivant, Le droit de la circulation des ressources biologiques, LGDJ, 2006 ;
- Jacques LARRIEU, Droit de l'Internet 2ème édition ;
- Alain BENSOUSSAN, Informatique et libertés, Editions Francis Lefebvre, 2008 ;
- Berger BERTRAND (dir.), Repères pour une restitution des résultats de la recherche en sciences sociales, Paris, Le Harmattan, « Logiques sociales », 2000 ;

- Vincent BERGER, Jurisprudence de la Cour Européenne des Droits de l'Homme, Editions Dalloz, 11ème édition, 2009 :
- Chabert-Peltat CATHERINE, Alain BENSOUSSAN, Les biotechnologies, l'éthique biomédicale et le droit, Memento-guide Alain Bensoussan, Hermès, 1995 ;
- CNIL, Dix ans d'Informatique et Libertés, Economica, 1989 CNIL, Voix, image et protection des données personnelles ;
- Jérôme FROMAGEAU, La documentation française, 1997 ;
- Cornu MARIE, Archives et Recherche : Aspects juridiques et pratiques administratives, le Harmattan, 2003 ;
- Christophe BERNARDINIS, Les droits du patient hospitalisé, Editions Heures De France, Collection droit professionnel, 2006 ;
- Isabelle LAMBERTERIE, Lucas Henri-JACQUES, Informatique, libertés et recherche médicale, Edition CNRS, 2001 ;
- Isabelle LAMBERTERIE, Vergès ETIENNE, Quel droit pour la recherche ? Litec, Collection Colloques et Débats, 2006 ;
- Del Marmol CHARLEY, Aspects juridiques de la recherche scientifique, Liège, 1965 ;
- Alain DESROSIERES, La politique des grands nombres : Histoire de la raison statistique, Editions La Découverte, 1993 ;
- Dictionnaire permanent de bioéthique et de biotechnologies, Paris, les éditions législatives ;
- Marie-Claire PONTHOREAU, La protection des personnes contre les abus de l'informatique. A propos de la loi du 1er juillet 1994 relative au traitement des données nominatives ayant pour fin la recherche dans le domaine de la santé, RFDA, 1996, pp. 796-808 ;
- Yves POULLET, Construire un cadre juridique pour l'e-Health. A propos d'un avant-projet de loi belge en matière de télématique médicale, in La protection des données médicales ;
- Yves POULLET, La loi des données à caractère personnel : un enjeu fondamental pour nos sociétés et démocraties ? in La régulation des données personnelles, LEGICOM, n° 42 – 2009/1, pp. 47-69 ;
- Yves POULLET, La protection des données : un nouveau droit constitutionnel ? Pour une troisième génération de

réglementations de protection des données, Jurisletter, n° 3, octobre 2005, pp. 1-48 ;

- Yves POULLET : Rouvroy ANTOINETTE, Denis DARQUENNES, Le droit à la rencontre des technologies de l'information et de la communication, in Cahiers Droit, Sciences & Technologies, CNRS Editions, n° 1, 2008, pp. 117-134 ;
- Proust OLIVIER, États des lieux sur la proposition de loi du Sénat visant à modifier la loi « Informatique et libertés », RLDI, n° 55, décembre 2009, pp. 39-41 ;
- Marie-Claire PONTHOREAU, La directive 95/46 CE du 24 octobre 1995 relative à la protection des personnes physiques à l'égard des données à caractère personnel et à la libre circulation de ces données, RFDA, 1997, pp.125-150 ;
- Tabaka B., Tesar Y : Loi Informatique et libertés. Un nouveau cadre pour le traitement des données à caractère personnel, www.foruminternet.org.

C. Rapports

- Autorité de Protection des Données à caractère Personnel du Mali, Rapports annuels d'activités de 2015-2016 ; 2017 ; 2018 ; 2019 ;2020 ;
- Commission de l'Informatique des Libertés du Burkina Faso, Rapports annuels d'activités de la 2010, 2011, 2012, 2013, 2015 ;
- Commission de Nationale de l'Informatique et des Libertés (CNIL), Rapports annuels d'activités de 2005, 2016, 2019,
- Commission de Contrôle des Informations Nominatives (CCIN), Rapport annuel d'activités de la 2016 ;
- Association Francophone des Autorités de Protection des Données Personnelles AFAPDP, Rapport annuel d'activités de 2017 ;
- Commission de Régulation de l'Energie et de l'Eau (CREE) Mali, Rapport annuel 2018, 2019 ;
- Médiateur de la République du Mali, Rapport annuel de 2019 ;
- Ligue Européenne des Droits de l'Homme sur la protection des données à caractère personnel, Rapport sur l'analyse comparée des législations et des pratiques dans neuf pays européen dans le contexte du cadre juridique européen 2010 ;
- Institut Montaigne, Rapport publié en 2019 : Données personnelles : comment gagner la bataille ;
- Organisation des Nations unies pour l'éducation, la science et la culture (UNESCO), Andrew Puddephatt, Ben Wagner, Dixie Hawtin

et Natalia Torres, Rapport de l'étude mondiale sur le respect de la vie privée sur l'internet et la liberté d'expression produit par Toby Mendel ;

- Commission Affaires Parlementaires de l'Assemblée de la Francophonie sur les autorités de protection des données personnelles dans l'espace francophone des 8 et 9 juillet 2019 ;
- Rapport de M. Philippe BAS, Sénateur de la Manche, Président de la commission des Lois constitutionnelles, de Législation, du Suffrage universel, du Règlement et d'Administration générale sur le Patriot Act : Coopération entre services chargés de la prévention et services chargés de la répression du terrorisme ;
- Belhis AGORA, Vie privée et intégration des données de santé, rapport de AG/JJ/139, Bruxelles, 2010 ;
- Parlement européen, Rapport sur les conséquences de l'usage civil des drones sur la protection des données à caractère personnel, 2015.

D. Thèses-Articles-guides

1. Thèses de doctorat

- Nicolas OCHOA, Le droit des données personnelles, une police administrative spéciale : Présentée et soutenue publiquement le 8 décembre 2014 à l'UNIVERSITE PARIS I - PANTHEON-SORBONNE
- Ibrahim Coulibaly, La protection des données à caractère personnel dans le domaine de la recherche scientifique, dirigée par Etienne Vergès et codirigée par Isabelle de Lamberterie préparée au sein du Laboratoire : Centre de Recherches Juridiques (CRJ) dans l'École Doctorale : Sciences Juridiques (460) ;
- Anmonka Jeanine-Armelle TANO-BIAN, La répression de la cybercriminalité dans les États de l'Union européenne et de l'Afrique de l'Ouest, soutenue à l'Université Paris Descartes Faculté de droit Ecole Doctorale Sciences Juridiques, Politiques, Economiques et de gestion - Ed 262 centre Maurice Hauriou (CMH) ;
- Cazé de Montgolfier SANDRINE, La collecte, le stockage et l'utilisation des produits du corps humain dans le cadre des recherches en génétique : état des lieux historique, éthique et juridique ; analyse des pratiques au sein des biothèques, sous la direction de Christian Hervé, Université de Paris V, 5 décembre 2002 ;

- Laurence CIMAR, Les aspects juridiques de la recherche biomédicale, sous la direction de Patrick Maistre du Chambon, Université Grenoble II, 1998 ;
- Frédérique DELOFFRE-VYE, La responsabilité pénale du chercheur scientifique, sous la direction de Michael Massé, Université de Poitiers, 2000 ;
- Fatima EL ATMANI, La protection des informations à caractère personnel dans l'Union européenne, sous la direction de Jean Frayssinet, Montpellier I, septembre 1996 ;
- Charles FORTIER, L'organisation de la liberté de la recherche en France, Etude de droit public, Université de Bourgogne, sous la direction de Bertrand Mathieu, 13 décembre 2004 ;
- Xavier LABOILE, Les aspects juridiques et éthiques du recueil des données médicales aux fins d'analyses épidémiologiques, sous la direction de Jean-Marie Auby, Université de Bordeaux IV, 4 janvier 2000 ;
- Frédérique LESAULNIER, L'information nominative, sous la direction de Pierre Catala, Paris II, 4 juillet 2005 ;
- Pierre-Yves MAROT, Les données et informations à caractère personnel. Essai sur la notion et ses fonctions, sous la direction de Muriel Fabre-Magnan, Jean Danet, Université de Nantes, 14 décembre 2007 ;
- Thierry MARTEU, Les informations génétiques saisies par le brevet d'invention, sous la direction de Laurence Boy, Université de Nice Sophia-Antipolis, 24 janvier 2009 ;
- Clarisse OUOBA, Le droit à la vie privée au Burkina Faso : Conception, réalité juridique et socioculturelle, sous la direction de Bernard Bouloc, Université de Grenoble 2, 11 décembre 2002 ;
- Vanessa REA, La liberté de la recherche en matière bioéthique, sous la direction de Thierry Debard, Université Jean Moulin (Lyon), 2009 ;
- Carole VIVANT, L'historien saisi par le droit : Contribution à l'étude des droits de l'Histoire, sous la direction de Philippe Pétel, Université de Montpellier I, 6 décembre 2005 ;
- Marius Essohana TONTASSE, l'unilatéralisme américain : Contribution à une conception réaliste du Droit International Public, le 29 juin 2011 ;

- Céline MANGIN, L'expression numérique du consentement contractuel dirigée par Jacques LARRIEU, Professeur émérite, Université Toulouse 1 Capitole, le 11 mars 2020 ;
- Dimitri LÖHRER, la protection non juridictionnelle des droits fondamentaux en droit constitutionnel compare : l'exemple de l'ombudsman spécialise portugais, espagnol et français sous la direction du Professeur olivier LECUCQ ;
- Suzanne VERGNOLLE, l'effectivité de la protection des personnes par le droit des données à caractère personnel, thèse de doctorat en droit présentée et soutenue publiquement le 7 décembre 2020 à l'Université Paris II Panthéon-ASSAS ;
- Nicolas CHAMBARDON, l'identité numérique de la personne humaine contribution à l'étude du droit fondamental à la protection des données à caractère personnel, Présentée et soutenue en audience publique le 27 septembre 2018 à l'Université de Lyon 2 ;
- El Hadji Oumar N'DIAYE, la protection des bases de données par le droit d'auteur : approche comparative entre le droit français et le droit sénégalais le 20 décembre 2017 à l'Université de Montpellier ;
- Panagiota Perraki, la protection de la vie personnelle du salarié en droit comparé et européen : étude comparative des droits français, hellénique, britannique et européen soutenue le 20 Septembre 2013, Université de Strasbourg ;
- Kerzen MAHY, la protection juridique des photographies, le 9 décembre 2016 à l'Université Toulouse 1 Capitole.

2. Mémoires de master

- Bouetz MARTINE, La protection et la commercialisation des biobanques, Master 2 droit de la propriété intellectuelle et des nouvelles technologies, Université Pierre Mendès-France, Grenoble 2, sous la direction de M. J.-M. Bruguière et de Mme A. Favreau, 2009-2010 ;
- Yves DÉTRAIGNE et Mme Anne-Marie ESCOFFIER, La vie privée à l'ère des mémoires numériques : pour une confiance renforcée entre citoyens et société de l'information ;
- Mallorie WOZNY, Exploitation des données personnelles : raison commerciale, raison d'état et opportunités de soutenue en 2017 à l'Université de Lyon ;
- Mamadou Alpha KANE : Données à caractère personnel et communications électroniques en Mauritanie : une régulation par

l'autorité de régulation multisectorielle (are) ou par une autorité administrative indépendante (AAI) à créer ?

3. Articles

- Pierre TRUDEL, État de droit et effectivité de la protection de la vie privée dans les réseaux du e-gouvernement du Centre de recherche en droit public, Faculté de droit, Université de Montréal;
- Marie-Claire PONTHOREAU, La directive 95/46 CE du 24 octobre 1995 relative à la protection des personnes physiques à l'égard des données à caractère personnel et à la libre circulation de ces données, RFDA, 1997, pp.125-150 ;
- Chassigneux CYNTHIA, L'informatisation des dossiers médicaux et la protection des données de santé ou les enjeux du transfert des données médicales dans une perspective internationale, in Dossier médical et données de santé ;
- Marie-Laure LAFFAIRE, Protection des données à caractère personnel, édition d'organisation, 2005 ;
- Bureau International du travail Genève, Protection des données personnelles des travailleurs ;
- CNIL : Communication politique : obligations légales et bonnes pratiques, 2012 ;
- Monsieur Philippe Ch-A. Guillot, Ombres et lumières sur le droit fondamental à la protection des données personnelles confronté aux services de renseignement en matière de prévention ;
- Mathias, Patriot Act : Enjeux, cloud comupting et accès aux données ;
- Article de Open Minded intitulé : Tout savoir sur le Règlement Général sur la Protection des Données ;
- La protection des libertés, fondement de la compétence du juge administratif de Joel Andriantsimbazovina, revue générale du droit, chronique de droit des libertés, 2019 ;
- La vie privée sur le lieu de travail : mythe ou réalité de la Commission de la Vie Privée CPVP : avis et recommandations, janvier 2015 ;
- Protection de la vie privée et des données à caractère personnel de Madame Nathalie MALLET, chargée de recherche au CNRS ;
- Les data : nouveau trésor des partis politiques ? Croyances, constitutions et usages comparés des données numériques au Parti Socialiste et à l'Union pour un Mouvement Populaire de Anaïs Theviot Sciences-po Bordeaux, centre Émile Durkheim ;
- Benjamin LAVERGNE, Mehdi MEZAGUER, Regards sur le droit au procès équitable.

4. Guides

- ❖ CNIL, Guide pratique de la CNIL pour les collectivités locales ;
- ❖ CNIL, L'utilisation des fichiers de données personnelles à des fins de politiques ;
- ❖ CNIL, Guide sur la Sécurité des données personnelles ;
- ❖ CNIL, Guide pour les employeurs et les salariés édition 2010 ;
- ❖ Préposé Fédéral à la Protection des Données et à la transparence Guide pour le traitement des données personnelles dans le secteur du travail du, octobre 2014 ;
- ❖ Manuel de droit européen en matière de protection des données, édition 2018 ;
- ❖ Fédération des Industries Electroniques et de Communication, Guide pratique sur la gestion des données personnelles dans l'entreprise en France ;
- ❖ Iris plus 2011-6, les limites à l'utilisation des données personnelles (Susane Nikoltech Ed. Observatoires Européen de l'audiovisuel, Strasbourg, 2011 ;
- ❖ Conseil de l'Europe Fiche thématique sur la protection des données personnelles : données ADN et empreintes digitales octobre 2020 ;
- ❖ Cour Européenne des Droits de l'Homme et Cour de Justice de l'Union Européenne, Guide de la jurisprudence européenne en matière de protection des données à caractère personnel ;
- ❖ Forum Genevois de la Sécurité, Recommandations sur la vidéosurveillance juin 2015 ;
- ❖ Bird et Bird : Guide sur le Règlement Européen relatif à la protection des données personnelles ;
- ❖ Système d'Information des polices d'Afrique de l'Ouest (SIPAO), les bonnes pratiques en matière de protection des données à caractère personnel.

E. Jurisprudence

5. Jurisprudence des Autorités Administratives Indépendantes

1.1. Autorité de protection des données à caractère personnel (« APDP »)

a. Normes

- Délibération n°2017-045/APDP du 16 octobre 2017 portant sur la mise en place de dispositifs de contrôle d'accès sur les lieux de travail

- Délibération n° 2017-027/APDP du 16 août 2017 portant modification de la délibération n° 2016-003 du 10 août 2016 relative aux formalités nécessaires au traitement des données à caractère personnel
- Délibération n° 2017-017/APDP du 10 avril 2017 portant sur les conditions nécessaires à l'utilisation des dispositifs biométriques pour le contrôle d'accès aux locaux, aux appareils et aux applications informatiques sur les lieux de travail
- Délibération n° 2017-024/APDP du 10 avril 2017 portant sur les conditions de mise en place de système de vidéosurveillance sur les lieux privés et les lieux de travail
- Délibération n° 2017-023/APDP du 10 avril 2017 portant sur les conditions de mise en place de système de vidéosurveillance sur la voie publique et dans les espaces publics.

b. Autres délibérations

- Délibération n°2020-0156 du 04 décembre 2020 portant sanction la Société Baobab Mali ;
- Délibération n°2016-000/APDP portant sanction de la SOMAGEP-SA et de l'EDM-SA
- Délibération n°2017-034/APDP du 16 août 2017 autorisant le Ministère de la Sécurité et de la Protection Civile à poursuivre la mise en œuvre la mise en œuvre d'un traitement, ayant pour finalité la prévention et la lutte contre la criminalité transfrontalière et le terrorisme, dans les aéroports internationaux
- Délibération n°2020-042/APDP du 25 avril 2020 autorisant la société « Africa Technologie SAU » à poursuivre son traitement de données personnelles relatif à la gestion de sa clientèle
- Délibération n°2020-017/APDP du 12 février 2020 autorisant l'Etablissement « Digital Virgo ASIA Middle East Africa » à mettre en œuvre son traitement de données personnelles relatif au suivi des abonnements
- Délibération n°2019-005/APDP du 13 février 2019 autorisant la Société Malienne de Gestion de l'Eau Potable –SOMAGEP-SA à mettre en place son Système Informatique et de Gestion dénommé : ERP-SIGA
- Délibération n°2019-047/APDP du 19 octobre 2019 relative à la Demande d'avis portant sur la communication de la liste des candidats aux concours directs d'entrée à l'ENA à l'Association

Malienne de Lutte contre la Corruption et la Délinquance Financière (AMLCDF) ;

- Délibération n°2018-050/APDP du 23 novembre 2018 portant sur la demande d'avis relative au projet d'arrêté interministériel portant authentification des données à caractère personnel des demandeurs de passeport biométrique ;
- Délibération n°2019-024/APDP du 31 mai 2019 autorisant l'Agence Nationale d'Assistance Médicale (ANAM) à poursuivre son traitement relatif au Régime d'Assistance Médicale (RAMED) ;
- Délibération n°2018-041 du 12 octobre 2018 accordant un avis favorable au Ministère de l'Administration Territoriale et de la Décentralisation (MATD) pour la mise en place d'un système d'état civil malien sécurisé
- Délibération n°2019-019/APDP du 12 avril 2019 autorisant ''la Société Eléphant Vert'' à mettre en œuvre son traitement de données personnelles portant sur la géolocalisation des véhicules mis à la disposition de ses salariés
- Délibération n°2019-023/APDP du 31 mai 2019 portant sur la demande d'avis du Ministère de l'Economie Numérique et de la Prospection portant sur le projet de décret définissant les données d'identification et déterminant la durée et les modalités de leur conservation auprès des prestataires de services de communication électroniques
- Délibération n°2020-013/APDP du 12 février 2020 autorisant la société « Eléphant Vert Mali » à mettre en place son traitement de données à caractère personnel portant sur la gestion du contrôle d'accès à ses locaux par badge
- Délibération n°2020-020/APDP du 12 février 2020 autorisant la Délégation Générale aux Elections (DGE) à procéder à la publication des listes électorales actualisées sur l'internet
- Délibération N°2020-0119/APDP du 12 août 2020 relative à la plainte du Sieur A.T contre la Société Escort Sécurité Privée.

c. Commission Nationale de l'Informatique et des Libertés

- Délibération n°2014-298 du 7 août 2014 de la formation restreinte de la Commission Nationale de l'Informatique et des Libertés portant encontre un avertissement public à l'encontre de la Société Orange-France ;

- Délibération de la formation restreinte n° 2015-379 du 5 novembre 2015 prononçant une sanction pécuniaire à l'encontre de la société X ;
- Délibération n°2013-420 de la CNIL du 03 juillet 2014 prononçant des sanctions à l'encontre de Google.

1.2. Commission Nationale pour la Protection des Données à caractère Personnel du Gabon

- Délibération n°006/2018 du 20 décembre 2018 prononçant une sanction pécuniaire à l'encontre de la société Axione Gabon SA, disponible sur le site web de la CNPDCP.

6. Jurisprudence (Cour et tribunaux)

1.1. Cour Européenne des Droits de l'Homme

- Cour eur. D.H., Sunday Times, arrêt du 26 avril 1979, série A, n° 3, § 59.
- Cour eur. D.H., Oberschlick, arrêt du 23 juin 1991, série A, n° 204, § 60.
- CEDH 4 décembre 2008 « S. et Marper contre Royaume Uni »
- CEDH 20 Juin 1988 « Schonenberger et Durmaz contre Suisse » ;
- Cour eur. D.H., Sunday Times, arrêt du 26 avril 1979, série A, n° 3, § 59.
- Cour eur. D.H., Oberschlick, arrêt du 23 juin 1991, série A, n° 204, § 60.
- CEDH 4 décembre 2008 « S. et Marper contre Royaume Uni » ;
- CEDH 4 décembre 2008 « S. et Marper contre Royaume Uni » ;
- CEDH 12 janvier 2016 « Szabo and Vissy contre Hongrie » Aff. 37138/14, pt.65 ;
- CEDH 4 décembre 2015 « Roman Zakharov contre Russie » Aff.47143/06, pt.247 ;
- CEDH 20 Juin 1988 « Schonenberger et Durmaz contre Suisse ».

1.2. Cour de justice de l'Union Européenne

- CJUE, C-553/07, Collège van burgemeester en wethouders van Rotterdam c.M.E.E. Rijkeboer ;
- CJUE 5 mai 2011 « Deutsche Telekom contre Allemagne » Aff. C-543/09 ;

- CJUE arrêt du 9 mars 2010, relative à l'indépendance des autorités de protection des données visée à l'article 28 de la directive du Parlement européen et du Conseil, du 24 octobre 1995,
- C.J.U.E., gde ch., 9 mars 2010, République fédérale d'Allemagne c. Commission, C-518/07. Pour un commentaire de cet arrêt, voy. Aubert, Broussy et Donnat, 2010, pp. 938-939 ; Kranenborg
- C.J.U.E., gde ch., 16 octobre 2012, République d'Autriche c. Commission, C-614/10.
- CJCE, 6 nov. 2003, comm. Com. Elect. 2004, comm.46, note Munoz, D ;2004, p.470, D.2004, p.1062, obs. Burgogue-Larsen;

1.3. Conseil d'État Français

- CE arrêt n°362944 association contre la CNIL ;
- Conseil d'État, 10ème / 9ème SSR, 23/03/2015, 353717 ;
- Conseil d'État, 10ème et 9ème sous-sections réunies, 04/06/2012, 334777 ;
- CE, 27 juillet 2012, n° 340026, Société AIS 2 c/CNIL ;
- Conseil d'État, 10ème - 9ème chambres réunies, 06/06/2018, 412589 ;
- Conseil d'État, 10ème / 9ème SSR, 30/12/2015, 385019 ;
- Conseil d'État en date du 19 juillet 2010 sous le n°317182, relatif aux « fichiers d'élèves» ;
- Conseil d'État, Ass., n° 317827 du 26 octobre 2011 relatif au passeport biométrique ;
- Conseil d'État Société Odéolis c/ CNIL, CE, 15 décembre 2017, n° 403776 ;
- CE, 24 août 2011, n° 336382, HSBC Private Bank (Suisse) SA ;
- CE, 23 mars 2015, n° 353717, Association Lexeek pour l'accès au droit ;
- Conseil d'État, le 30 décembre 2015 sous le n° 372230 concernant la Société ''les laboratoires Servier'' ;
- Conseil d'État, 10ème / 9ème SSR, 23/03/2015, 353717 ;
- Conseil d'État, 10ème et 9ème sous-sections réunies, 04/06/2012, 334777 ;
- Affaire SARL Aderanet et autres contre la CNIL (CE, 18 décembre 2015, n° 381254 ;
- Conseil d'État, Section, du 27 octobre 1999, 196306, publié au recueil Lebon ;

- CE, 27 juillet 2012, n° 340026, Société AIS 2 c/CNIL ;
- Conseil d'État, 10ème - 9ème chambres réunies, 06/06/2018, 412589 ;
- Conseil d'État, 10ème / 9ème SSR, 30/12/2015, 385019 ;
- CE, 30 déc.2009, n°306173, Rec. CE, Comm. com. électr. 2010, comm 36, note déc.2009, n°312051, Rec. CE ; voir aussi, sur la collecte déloyale en vue de l'établissement d'une liste noire d'adjudicataires défaillants, CNIL, délibération n°2012-079 du 24 mai 2012, portant avertissement : comm.com. électr.2012, n°9, comm.93, note Loiseau G)
- CE, 26 Oct.2011, n°317827, Association pour la promotion de l'image
- CE, 30 déc. 2009, n°312051, Assco.SOS Racisme, Juris-Data, n°2009-017599 ; JCP A 2010, act.45 ; AJDA 2010, n°24, p.3, obs. Brondel S. ; LPA 3 févr.2010, n°24, p.3, obs. Rouault M.-C., ; DR.adm.2010, comm.27 ; JCPA 2010
- CE. EFFIA Services, Synd. Sud Rail c/EFFIA
- CE 26 juill.2006, n°285714, GISTI, Juris-Data, n°2006-070605, Dr.adm.2006, comm.156
- CE, 28 juill. 2004, n°262851, Fathy X, Comm. Com.électr.2005, comm.61
- CE, 30 déc.2009, n°312051, Association SOS et a., JCP A 2010, n°2, act.45 ; LPA 2010, n°24, p.3, obs. Rouault M-C.
- CE, 19 avril 2010, n°337458 tiré du livre de Lamy sur le Droit du Numérique, édition 2015 ;
- CE, 7 avril 2006, AJDA 2006, p. 789, obs.Brondel S., JCP G 2006 IV, n°2027) ;
- CE, 11 avril 2014, n°360500
- CE, 11 avr. 2014, n°360500
- CE 5 décembre 2012, n°319545, Rec. CE
- CE, 29 juin 2011, n°339147, Rec. CE tables ;
- CE, 21 mai 2008, n°301178 ».

1.4. Conseil Constitutionnel

- Conseil Constitutionnel, déc. N°2007-557, DC, 15 nov.2007, Loi française relative à la maitrise de l'immigration, à l'intégration et à l'asile ;

- Cons. Const., déc. N°2008-562, DC, 21 févr. 2008, Loi relative à la rétention de sureté et à la déclaration d'irresponsabilité pénale pour cause de trouble mental.

1.5. Cour de cassation

- Cour de cassation de France
- cass.soc., 3nov.2011, n+10-18.036
- Cass. soc., 6 avr. 2004, n° de pourvoi : 01-45227
- Cass. soc., 25 juin 2013, n°12 16218
- Cass. Crim., 14 mars 2006, n°05-83.423 ; Belloir P., Le délit de collecte déloyale de données à caractère personnel à l'épreuve d'internet ;
- Cass.soc.,4 avr.2012, n°10-20845 : Bull. n°117 ; CCE juill. Août 2012, com.84, note E.A-Caprioli ; D.2012.1066, obs.J.Siro

1.6. Tribunal de Grande Instance et Cour d'Appel (France)

- TGI Paris, 4 avr. 2006, RLDI 2006/16, n°480, obs. Auroux J-B
- CA-Paris, 13ème Chambre A., 15 mai 2007, RG n°01964, CCE, 2007, n°144, note Caron—CA Paris, 13ème ch.B., 27 avril 2007, RG n°06/02334 ; Gaz.Pal.13-15 janvier 2008 n°13 à 15, p9
- CA Besançon, 31 janv. 2007, Juris-Data, n°328717/2007, D.2007, p an.2771, obs. Lepage A ;
- C.A Bordeaux, 3ème Ch. 18 décembre 2013, n°13/00130, Min.publ et a, Laurent R.

F. Webographie

- https://sgg-mali.ml/fr/accueil.html ;
- www.legifrance.gouv.fr;
- https//www.apdp.ml
- http://www.cnpd.lu
- www.wikipédia.com;
- https://www.haas-avocats.com;
- https://www.dpms.eu/rgpd/droit-a-loubli-numerique-definition-fonctionnement;
- https://www.partitio.com;
- www. developpez.com;
- http://www.cnil.fr/la-cnil/actu-cnil/article/article/91;
- https://www.murielle-cahen.com/publications/donnees.asp;

- https://www.ladissertation.com;
- https://www.conseil-État.fr;
- https://www.dalloz-actualite.fr;
- leparticulier.lefigaro.fr;
- Https://www.partitio.com;
- Source: www. developpez.com;
- https://kiosque.bercy.gouv.fr;
- https://www.conseil-État.fr/fr/arianeweb/CE/decision/2007-05-23/288149;
- https://www.revuegeneraledudroit.eu);
- https://www.murielle-cahen.com/publications/donnees.asp;
- https://www.ladissertation.com;
- https://www.conseil-État.fr/actualites/actualites/passeport-biometrique#_ednref3;
- leparticulier.lefigaro.fr ;
- https://www.conseil-État.fr/actualites;
- https://www.dalloz-actualite.fr;
- https://kiosque.bercy.gouv.fr/alyas/search/print/lettre-daj/8923;
- https://fr.wikipedia.org/wiki/Pair-%C3%A0-pair;
- https://www.cnil.fr/fr/statut-et-organisation-de-la-cnil;
- https://cybercercle.com/bios/myriam-quemener ;
- http:// www.servat.unibe.ch);
- http://www.europarl.europa.eu/thinktank ;
- https://www.cnil.fr/fr/reglement-europeen-sur-la-protection-des
- https://www.cisco.com/).
- https://aurelienbamde.com/2018/12/14/rgpd-le-principe-de-finalite
- www.legalis.net.
- www.legisocial.fr/vie-entreprise/documents-et-affichages-obligatoires/protection-donnees-personnelles-cadre-controle-acces-horaires-travail.html
- https://www.village-justice.com/articles/Accomplissement-des-formalites
- https://www.senat.fr/rap/r05-404-1/r05-404
- www.ius-publicum.com
- http://www.toupie.org/Dictionnaire/Pouvoir_reglementaire.htm

- https://www.conseil-État.fr/ressources/etudes-publications/dossiers-thematiques/le-juge-administratif-et-les-sanctions-administratives
- https://www.editions-legislatives.fr/sanction-disciplinaire
- https://www.google.com/search
- https://www.avocats-mathias.com/donnees-personnelles/communication-donnees-personnelles-destinataire-tiers-autorise
- www.foruminternet.org;
- www.thierryvallatavocat.com.
- www.youtube.com.

G. Vidéos

- L'écriture de la thèse, des erreurs à éviter : conseils pratiques du Professeur Frédéric Rouvière ;
- Assieds-toi et écris ta thèse : Trucs pratiques pour la rédaction de la thèse ;
- Comment structurer la thèse de doctorat : Dr Anouar DALLI, Professeur Universitaire ;
- Méthodologie d'élaboration d'une thèse de doctorat et mémoire de master 2 de l'Université A Mira de Bejaia ;
- Les réseaux sociaux et les nouveaux ''profiler'' du Net : Les travaux du Loria : Fred, rédacteur en chef ;
- La Démocratie à l'ère du numérique : Benjamin BAYURT, cofondateur, La quadrature du net
- Tous connecté : comment protéger sa vie privée ? Rédacteur en chef : l'Esprit sorcier.org ;
- Données personnelles et réseaux sociaux : Laurent Bignola et Aude GG ;
- Entre protection de la vie privée et droit de la santé quelles frontières ?
- GAFA, données personnelles et réseaux sociaux : Mounir Mahajoubi ;
- Protéger sa vie privée en six étapes ! Le rire jaune ;
- La protection de la vie privée et des données à caractère personnel en Afrique : l'entrée du continent africain dans l'ère numérique : Said IRHAI.
- **Autorités visitées**

- Novembre-décembre 2019 : Voyage d'étude auprès de la Commission de l'Informatique et des Libertés du Burkina Faso (CIL) ;
- Février 2018 : Visite d'étude à la Commission de Contrôle des Informations Nominatives de Monaco (CCIN) ;
- Avril 2016 : Voyage d'étude à la Commission Nationale de Contrôle de la Protection des Données à caractère Personnel (CNDP) du Maroc ;
- Avril 2016 : Voyage d'étude à la Commission des Données Personnelles (CDP) du Sénégal ;
- Avril 2016 : Participation à la Conférence Internationale sur la Cyber sécurité organisée à Dakar au Sénégal du 12 au13 Avril 2016.

ANNEXE : LOI N°2013-015/ DU 21 MAI 2013 PORTANT PROTECTION DES DONNEES A CARACTERE PERSONNEL EN REPUBLIQUE DU MALI

L'Assemblée Nationale a délibéré et adopté en sa séance du 09 mai 2013 ;

Le Président de la République promulgue la loi dont la teneur suit :

CHAPITRE I : DE L'OBJET

ARTICLE1er : Par la présente loi, l'État du Mali assure à toute personne, physique ou morale, publique ou privée, la protection de ses données à caractère personnel, sans distinction de race, d'origine, de couleur, de sexe, d'âge, de langue, de religion, de fortune, de naissance, d'opinion, de nationalité ou autre. La loi garantit que tout traitement, sous quelle que forme que ce soit, respecte les libertés et droits fondamentaux des personnes physiques. Elle prend également en compte les prérogatives de l'État, les droits des collectivités territoriales, les intérêts des entreprises et de la société civile.

ARTICLE 2 : L'informatique doit être au service de chaque personne. Elle doit respecter l'identité humaine, les droits de l'homme, la vie privée, les libertés publiques et individuelles. Toute personne a droit à la protection des données personnelles la concernant. Aucune décision induisant des effets juridiques à l'égard d'une personne ne peut être prise sur le seul fondement d'un traitement informatique destiné à définir le profil de l'intéressé ou à évaluer certains aspects de sa personnalité.

CHAPITRE II : DES DEFINITIONS

ARTICLE 3 : Au sens de la présente loi, on entend par :

1) Communication électronique : Emission, transmission ou réception de signes, de signaux, d'écrits, d'images ou de sons, par voie électronique ou magnétique.

2) Copie temporaire : Donnée copiée temporairement dans un espace dédié, pour une durée limitée dans le temps, pour les besoins de fonctionnement du logiciel de traitement.

3) Consentement de la personne concernée : toute manifestation de volonté expresse, non équivoque, libre, spécifique et informée par laquelle la personne concernée ou son représentant légal, judiciaire ou conventionnel, accepte que ses données à caractère personnel fassent l'objet d'un traitement.

4) Destinataire d'un traitement de donnée à caractère personnel : - toute personne habilitée à recevoir communication de ces données autre que la personne concernée, le responsable du traitement, le sous-traitant et les

personnes qui, en raison de leurs fonctions, sont chargés de traiter les données ; - les autorités légalement habilitées à demander au responsable du traitement de leur communiquer des données à caractère personnel, dans le cadre d'une mission particulière ou de l'exercice d'un droit de communication.

5) Donnée à caractère personnel : Les données à caractère personnel ou données personnelles sont des informations existant sous diverses formes et permettant d'identifier directement ou indirectement une personne, par référence à un numéro d'immatriculation ou à un ou plusieurs éléments propres à son identité physique, physiologique, biométrique, génétique, psychique, culturelle, sociale ou économique. Elles peuvent être des identifiants universels permettant de raccorder entre eux, plusieurs fichiers constituant des bases de données, ou de procéder à leur interconnexion.

6) Donnée de l'état civil : elle sert, en plus de l'identification d'une personne physique, à faire la preuve de son appartenance à une famille.

7) Donnée génétique : toute donnée concernant les caractères héréditaires d'un individu ou d'un groupe d'individus apparentés.

8) Donnée nominative : elle correspond aux noms, prénoms, adresse physique ou électronique d'une personne, ses références de sécurité sociale, son numéro de carte de paiement ou de compte bancaire, de plaque d'immatriculation de véhicule, sa photo d'identité, son empreinte digitale ou son ADN.

9) Donnée patrimoniale : elle est constituée d'un ensemble de données inter-reliées sous la forme de notices normalisées permettant de présenter de façon homogène et contrôlée l'essentiel des informations sur les œuvres collectées, à l'occasion des opérations d'inventaire, de recensement, d'étude ou de protection.

10) Données professionnelles : elles concernent, entre autres, les prénoms et nom, adresses, numéro de téléphone, de fax, les localités et lieux de service, ainsi que des réponses aux formulaires de renseignements individuels ou collectifs.

11) Donnée sensible : toute donnée à caractère personnel relative aux opinions ou activités religieuse, philosophique, politique, syndicale, à la vie sexuelle ou raciale, à la santé, aux mesures d'ordre social, aux poursuites, aux sanctions pénales ou administratives.

12) Donnée sanitaire : toute information concernant l'état physique et mental d'une personne concernée, y compris ses données génétiques ou biologiques.

13) Fichier de données à caractère personnel : tout ensemble structuré de données accessibles selon des critères déterminés, que cet ensemble soit centralisé, décentralisé ou réparti de manière fonctionnelle ou géographique.

14) Interconnexion des données à caractère personnel : tout mécanisme de connexion consistant en la mise en relation de données traitées pour une finalité déterminée avec d'autres données traitées pour des finalités identiques ou non, ou liées par un ou plusieurs responsables de traitement.

15) Pays tiers : tout État autre que le Mali.

16) Personne concernée : toute personne qui fait l'objet d'un traitement de donnée à caractère personnel.

17) Prospection directe : toute sollicitation effectuée au moyen de l'envoi de message, quel qu'en soit le support ou la nature notamment commerciale, politique ou caritative, destinée à promouvoir, directement ou indirectement, des biens, des services ou l'image d'une personne vendant des biens ou fournissant des services.

18) Responsable de traitement : toute personne qui, seule ou conjointement avec d'autres, prend la décision de collecter et de traiter des données à caractère personnel et en détermine les finalités.

19) Sous-traitant : toute personne physique ou morale, publique ou privée, tout autre organisme ou association qui traite des données pour le compte du responsable du traitement. Le ou les sous-traitants peuvent être considérés comme des délégués du ou des responsables de traitements constitués ou non en réseaux.

20) Service à distance : toute prestation de service à valeur ajoutée, s'appuyant sur les télécommunications et/ou sur l'informatique, visant à permettre, de manière interactive et à distance, à une personne physique ou morale, publique ou privée, la possibilité d'effectuer des activités, démarches ou formalités.

21) Tiers : toute personne physique ou morale, publique ou privée, tout autre organisme ou association autre que la personne concernée, le responsable du traitement, le sous-traitant et les personnes qui, placés sous l'autorité directe du responsable du traitement ou du sous-traitant, sont habilités à traiter les données.

22) Traitement de donnée à caractère personnel : toute opération ou ensemble d'opérations effectuées à l'aide de procédés automatisés ou non et appliquées à des données, telles que la collecte, l'exploitation, l'enregistrement, l'organisation, la conservation, l'adaptation, la modification, l'extraction, la sauvegarde, la copie, la consultation,

l'utilisation, la communication par transmission, la diffusion ou toute autre forme de mise à disposition, le rapprochement ou l'interconnexion, ainsi que le verrouillage, le cryptage, l'effacement ou la destruction des données à caractère personnel.

CHAPITRE III : DU CHAMP D'APPLICATION

ARTICLE 4 : La loi s'applique à tout traitement de données à caractère personnel opéré en tout ou en partie sur le territoire national.

ARTICLE 5 : Sont soumis à la présente loi :

1) tout traitement de données à caractère personnel par l'État, les collectivités territoriales, les organismes personnalisés, les personnes physiques et les personnes morales de droit privé ;

2) tout traitement mis en œuvre par un responsable, établi ou non sur le territoire national, à l'exclusion des moyens qui ne sont utilisés qu'à des fins de transit sur le territoire ;

3) tout traitement de données concernant la sécurité publique, la défense nationale, la recherche et la poursuite d'infractions pénales ou la sûreté de l'État, même liées à un intérêt économique ou financier' important de l'État, sous réserve des dérogations prévues par la présente loi ou, le cas échéant, des dispositions spécifiques prévues par d'autres textes.

ARTICLE 6 : Sont exclus du champ d'application de la présente loi :

1) les traitements de données mis en œuvre par une personne physique dans le cadre exclusif de ses activités personnelles ou domestiques, à condition toutefois que les données ne soient pas destinées à une communication systématique à des tiers ou à la diffusion ;

2) les copies temporaires faites dans le cadre des activités techniques de transmission et de fourniture d'accès à un réseau numérique, en vue du stockage automatique, intermédiaire et transitoire des données et à la seule fin de permettre à d'autres destinataires du service le meilleur accès possible aux informations transmises.

CHAPITRE IV : DES PRINCIPES

ARTICLE 7 : Les données à caractère personnel doivent : - être collectées et traitées, de manière loyale, licite et non frauduleuse pour des finalités déterminées, explicites et légitimes ; - ne pas être utilisées pour d'autres finalités ; - être adéquates, proportionnées et pertinentes au regard des finalités pour lesquelles elles sont collectées ou utilisées ; - être exactes, complètes et si nécessaire mises à jour ; - être conservées sous une forme permettant l'identification des personnes concernées pendant une durée qui n'excède pas celle nécessaire aux finalités pour lesquelles elles sont collectées ou utilisées. Ces dispositions ne s'opposent pas à la conservation et à l'utilisation des données traitées à des fins de gestion des archives ou à des fins historiques, statistiques ou scientifiques selon les modalités définies par la loi.

SECTION 1 : DE L'OBLIGATION DE SECURITE

ARTICLE 8 : Le responsable du traitement prend toutes les précautions utiles pour préserver la sécurité des données. Il doit empêcher notamment qu'elles soient déformées, endommagées ou que des tiers non autorisés y accèdent. Les autorités légalement habilitées dans le cadre d'une mission particulière d'enquête, telles que l'autorité judiciaire, la police judiciaire ou de contrôle peuvent demander au responsable du traitement de leur communiquer des données personnelles. Le sous-traitant doit présenter des garanties suffisantes pour assurer la mise en œuvre des mesures de sécurité et de confidentialité. Cette exigence n'exonère pas le responsable du traitement de son obligation de veiller au respect de ces mesures.

SECTION 2 : DES DONNEES SENSIBLES

ARTICLE 9 : Tout traitement portant sur les données sensibles est interdit en raison des risques de discrimination et d'atteinte aux droits et libertés des personnes. Par dérogation à l'alinéa précédent, les données sensibles peuvent faire l'objet d'un traitement présentant des garanties appropriées définies par l'Autorité en charge de la protection des données à caractère personnel, si le traitement :

- est nécessaire ou est mis en œuvre pour la sauvegarde de la Vie de la personne concernée ou d'un tiers, lorsque la personne concernée ne peut donner son consentement, du fait d'une incapacité juridique ou d'une impossibilité matérielle ;

- est mis en œuvre par une association ou tout autre organisme à but non lucratif et à caractère religieux, philosophique, politique ou syndical qui ont pour seule finalité la gestion de leurs membres ;

- est nécessaire à la constatation, à l'exercice ou à la défense d'un droit en justice.

SECTION 3 : DES TRAITEMENTS D'INFRACTION OU DE CONDAMNATION

ARTICLE 10 : Les traitements de données à caractère personnel relatives aux infractions et condamnations peuvent exclusivement être mis en œuvre par :

- les juridictions et autorités publiques gérant un service public agissant dans le cadre de leurs attributions légales ;

- les auxiliaires de justice, pour le strict besoin de l'exercice des missions qui leur sont confiées par la loi ;

- les autres personnes morales, pour le strict besoin de la gestion des contentieux relatifs aux infractions dont elles ont été victimes.

SECTION 4 : DU TRANSFERT DE DONNEES PERSONNELLES A L'ETRANGER

ARTICLE 11 : Le responsable d'un traitement peut transférer des données personnelles vers un État étranger :

- lorsque l'État destinataire assure un niveau suffisant de protection des personnes, constaté par l'Autorité en charge de la protection des données à caractère personnel, en raison de sa législation interne ou des engagements pris au niveau international et que ces mesures sont effectivement appliquées ;

- par décision de l'Autorité en charge de la protection des données à caractère personnel, lorsque le transfert et le traitement par le destinataire de données personnelles garantissent un niveau de protection suffisant de la vie privée ainsi que des libertés et droits fondamentaux des personnes, notamment en raison des clauses contractuelles ou règles internes dont il fait l'objet.

CHAPITRE V : DES DROITS DES PERSONNES EN MATIERE DE TRAITEMENT DE DONNEES

SECTION 1 : DU DROIT D'ACCES ET DE RECTIFICATION DIRECTS

ARTICLE 12 : Toute personne a le droit d'obtenir du responsable d'un traitement :

- la communication, sous une forme compréhensible, de l'ensemble des données qui la concernent ainsi que de toute information disponible quant à leur origine ;

- les informations et les raisonnements utilisés dans les traitements informatisés dont les résultats lui sont opposés. Le demandeur exerce gratuitement son droit d'accès sur place ou à distance. Il est fait droit à sa demande sans délai. Une copie des données le concernant, conforme au contenu du traitement, est délivrée à l'intéressé à sa demande. En cas de risque de dissimulation ou de disparition des données, l'Autorité en charge de la protection des données à caractère personnel peut ordonner toute mesure appropriée à cet effet.

ARTICLE 13 : Toute personne justifiant de son identité peut exiger du responsable d'un traitement que soient, selon les cas, rectifiées, complétées, mises à jour, verrouillées ou supprimées les données à caractère personnel la concernant, qui sont inexactes, incomplètes, équivoques, périmées, ou dont la collecte, l'utilisation, la communication ou la conservation est interdite. Lorsque l'intéressé en fait la demande par écrit, quel que soit le support, le responsable du traitement doit justifier, sans frais pour le demandeur, qu'il a procédé aux opérations exigées en vertu de l'alinéa précédent dans un délai de trente (30) jours, après l'enregistrement de la demande. En cas de contestation, la charge de la preuve incombe au responsable du traitement auprès duquel est exercé le droit d'accès. Lorsqu'une donnée a été transmise à un tiers, le responsable du traitement doit accomplir les diligences utiles afin de lui notifier les opérations qu'il a effectuées conformément à l'alinéa 1er du présent article.

SECTION 2 : DU DROIT D'ACCES ET DE RECTIFICATION INDIRECTS

ARTICLE 14 : Lorsqu'un traitement intéresse la sûreté de l'État, la défense ou la sécurité publique, les droits d'accès et de rectification aux données s'exercent de façon indirecte. Dans ce cas, la demande est adressée à l'Autorité en charge de la protection des données à caractère personnel qui désigne un de ses membres pour mener les investigations utiles, en vue de faire procéder aux modifications nécessaires. Lorsque l'Autorité en charge de la protection des données à caractère personnel constate, en accord avec le responsable du traitement, que la communication des données qui y sont contenues ne met pas en cause la sûreté de l'État, la défense ou la sécurité publique, ces données sont communiquées au requérant. Il est notifié, le cas échéant au requérant, qu'il a été procédé aux vérifications.

SECTIQN 3 : DU DROIT DE S'INFORMER

ARTICLE 15 : Lorsque des données à caractère personnel sont collectées directement auprès d'une personne concernée, le responsable du traitement doit fournir à celle-ci, lors de la collecte et quels que soient les moyens et supports employés, les informations suivantes :

1) l'identité du responsable du traitement et, le cas échéant, de son représentant ;

2) la ou les finalités déterminées du traitement auquel les données sont destinées ;

3) les catégories de données concernées ;

4) le ou les destinataires ou les catégories de destinataires auxquels les données sont susceptibles d'être communiquées ;

5) le fait de savoir si la réponse aux questions est obligatoire ou facultative ainsi que les conséquences éventuelles d'un défaut de réponse ;

6) le fait de pouvoir demander à ne plus figurer sur le fichier ;

7) l'existence d'un droit d'accès aux données la concernant et de rectification de ces données ;

8) la durée de conservation des données ;

9) le cas échéant, des transferts de données à caractère personnel envisagés à destination de l'étranger.

ARTICLE 16 : Lorsque les données à caractère personnel ne sont pas collectées auprès de la personne concernée, les informations sont transmises à l'intéressée conformément à l'article 15 de la présente loi.

ARTICLE 17 : Les dispositions de l'article 15 de la présente loi ne s'appliquent pas :

1) aux données recueillies et utilisées lors d'un traitement effectué par l'État ou pour son compte et intéressant la sûreté de l'État, la défense nationale, la sécurité publique ou ayant pour objet l'exécution de condamnations pénales ou de mesures de sûreté, dans la mesure où une telle limitation est nécessaire au respect des fins poursuivies par le traitement ;

2) lorsque le traitement est nécessaire à la prévention, la recherche, la constatation et la poursuite de toute infraction ;

3) lorsque le traitement est nécessaire à la prise en compte d'un intérêt économique ou financier important de l'État, y compris dans les domaines monétaire, budgétaire, douanier et fiscal, de façon générale toute mission d'intérêt public.

ARTICLE 18 : Toute personne utilisatrice des réseaux de communication électronique doit être informée de manière claire et complète par le responsable du traitement ou son représentant :

- de la finalité de toute action tendant à accéder, par voie de transmission électronique, à des informations stockées dans son équipement terminal de connexion, ou à inscrire, par la même voie, des informations dans son équipement terminal de connexion ;

- des moyens dont elle dispose pour s'y opposer. Ces dispositions ne sont pas applicables dans les cas suivants :

- si l'accès aux informations stockées dans l'équipement terminal de l'utilisateur ou l'inscription d'informations dans l'équipement de l'utilisateur a pour finalité exclusive de permettre ou faciliter la communication par voie électronique ;

- ou si l'accès est strictement nécessaire à la fourniture d'un service de communication en ligne, à la demande expresse de l'utilisateur.

SECTION 4 : DU DROIT DE S'OPPOSER A FIGURER DANS UN TRAITEMENT

ARTICLE 19 : Toute personne physique ou morale a le droit de s'opposer, pour des motifs légitimes, à ce que des données à caractère personnel la concernant fassent l'objet d'un traitement. Elle a le droit, d'une part, d'être informée avant que ces données ne soient pour la première fois communiquées à des tiers ou utilisées pour le compte de tiers à des fins de prospection et, d'autre part, d'être expressément informée sans frais, de son droit de s'opposer à ladite communication ou utilisation.

CHAPITRE VI : DE L'AUTORITE DE PROTECTION DES DONNEES A CARACTERE PERSONNEL

SECTION 1 : DE L'INSTITUTION, DE LA COMPOSITION ET DE L'ORGANISATION

ARTICLE 20 : Il est institué une autorité administrative indépendante dénommée Autorité de Protection des Données à Caractère Personnel, en abrégé (APDP).

ARTICLE 21 : L'Autorité comprend un organe délibérant collégial composée de quinze (15) membres désignés pour un mandat de sept (7) ans non renouvelable, ainsi qu'il suit :

- Deux (2) personnalités qualifiées désignées par le Président de la République ;

- Deux (2) députés désignés par l'Assemblée Nationale à raison d'un Député pour la majorité et un Député pour l'opposition ;

- Deux (2) Conseillers Nationaux désignés par le Haut Conseil des Collectivités Territoriales ; - Une (1) personnalité qualifiée désignée par le Ministre chargé de l'État Civil ;

- Une (1) personnalité qualifiée désignée par le Ministre chargé de la Sécurité Intérieure ;

- Une (1) personnalité qualifiée désignée par le Ministre chargé de l'Informatique ;

- Deux (2) Magistrats dont un (1) de l'Ordre Judiciaire et un (1) de l'Ordre Administratif, désignés par la Cour Suprême ;

- Deux (2) représentants qualifiés désignés par la Commission Nationale des Droits de l'Homme ;

- Une (1) représentante qualifiée désignée par la Coordination des Associations et ONG Féminines ;

- Un (1) représentant qualifié désigné par le Conseil National de la Société Civile.

ARTICLE 22 : La qualité de membre de l'Autorité de Protection des Données à Caractère Personnel est incompatible avec celle de membre du Gouvernement ou de toute fonction de direction au sein d'une structure publique ou privée. Si un membre de l'Autorité de Protection des Données à Caractère Personnel se trouve dans l'une des incompatibilités prévues à l'alinéa précédent, l'intéressé dispose d'un délai de trente (30) jours pour opter entre son ancienne fonction et celle de membre de l'Autorité. A défaut de cette option, le Président de l'Autorité prend les mesures nécessaires en vue du respect des présentes dispositions.

ARTICLE 23 : Les modalités de désignation des membres de l'Autorité de Protection des Données à caractère Personnel sont celles fixées par le statut de la structure de provenance de chaque membre.

ARTICLE 24 : La liste nominative des membres de l'Autorité de Protection des Données à caractère Personnel est fixée par décret pris en Conseil des Ministres sur proposition du Premier ministre.

ARTICLE 25 : Les membres de l'Autorité de Protection des Données à Caractère Personnel sont tenus au secret professionnel conformément aux textes en vigueur.

ARTICLE 26 : L'Autorité établit son règlement intérieur et peut déléguer certaines de ses attributions à son président. Les matières soumises à cette délégation doivent se limiter aux strictes fonctions d'administration et de gestion nécessitées par les circonstances et ne jamais porter atteinte aux prérogatives essentielles de l'Autorité.

ARTICLE 27 : Dans le cadre de ses missions, l'Autorité ne reçoit ni d'injonction, ni d'instruction, directement ou par l'intermédiaire de ses membres, d'aucune autre autorité.

ARTICLE 28 : Il est alloué annuellement à l'Autorité des ressources nécessaires à son fonctionnement. Ces ressources sont inscrites au budget de l'État. L'Autorité peut recevoir des subventions de la part d'organisations internationales dont l'État est membre. Le Président de l'Autorité est ordonnateur du budget. Un décret pris en Conseil des Ministres fixe le mode de rémunération des membres de l'Autorité, sur proposition du Premier ministre.

ARTICLE 29 : Les comptes de l'Autorité de Protection des Données à Caractère Personnel sont soumis aux contrôles administratifs et juridictionnels prévus par la réglementation en vigueur. L'Autorité de Protection des Données à Caractère Personnel dépose au plus tard le 31 mars de chaque année ses comptes annuels de l'exercice précédent au niveau de la section des comptes de la Cour Suprême et le cas échéant, la juridiction qui la remplace.

ARTICLE 30 : L'Autorité de Protection des Données à Caractère Personnel est dirigée par un bureau de cinq (5) membres, élus en son sein, dont un Président. Le président est assisté de deux (2) Vice-présidents et de deux (2) rapporteurs. Le Président, les vice-présidents et les rapporteurs sont élus dans les mêmes conditions, au scrutin majoritaire à deux tours des membres de l'Autorité. Si la majorité absolue n'est pas acquise au premier tour, la majorité simple suffit au second tour du scrutin.

Le vote est personnel et secret. Toutefois, en toutes matières, un membre de l'autorité absent ou empêché peut donner à un collègue une procuration dûment légalisée.

Les procurations données par les membres de l'Autorité de Protection des Données à caractère Personnel sont soumises au régime général des procurations. Nul membre de l'autorité ne peut être porteur de plus d'une procuration.

SECTION 2 : DES MISSIONS

ARTICLE 31 : L'Autorité de Protection des Données à Caractère Personnel a pour mission d'assurer la protection des données à caractère personnel et de participer à la règlementation du Secteur. A ce titre, elle est chargée de :

- fixer les normes et finalités de la collecte, du traitement ou de la conservation des données personnelles ;

- donner l'autorisation préalable sous forme d'agrément à toute interconnexion de données ;

- autoriser le transfert de données ;

- informer et conseiller les personnes concernées et les responsables du traitement de leurs droits et obligations ;

- s'assurer que les traitements ne puissent comporter de menaces à l'égard des données relatives à la vie privée ;

- recevoir les réclamations relatives à la mise en œuvre des traitements des données à caractère personnel ;

- procéder aux contrôles nécessaires du traitement régulier des données à caractère personnel ;

- infliger des sanctions administratives à l'égard de tout responsable de traitement en cas de manquement à ses obligations ;

- saisir sans délai le Procureur de la République compétent des infractions dont elle a connaissance sur la manipulation frauduleuse de données à caractère personnel ;

- tenir le répertoire des traitements des données à caractère personnel à la disposition du public ;

- donner son avis sur tout projet de loi ou de décret relatif à la protection des données à caractère personnel ;

- demander au Gouvernement de procéder à toute modification nécessaire des textes, ou de prendre, le cas échéant, tout nouveau texte nécessaire à la saine protection des données à caractère personnel.

ARTICLE 32 : L'Autorité de Protection des Données à Caractère Personnel est associée à la préparation et à la définition de la position malienne dans toute négociation internationale intéressant le domaine de la protection des données à caractère personnel. Elle participe à la représentation malienne dans les Organisations Internationales et Communautaires compétentes en ce domaine.

ARTICLE 33 : L'Autorité reçoit les déclarations de création des traitements informatiques, les autorise ou donne son avis dans les cas prévus par la présente loi et tient à la disposition du public la liste des traitements qui ont fait l'objet d'une déclaration ou d'une autorisation.

ARTICLE 34 : L'Autorité reçoit et instruit les plaintes en rapport avec sa mission. Elle informe, par tout moyen qu'elle juge approprié les autorités publiques. Les organismes privés et les représentants de la société civile des décisions et avis qu'elle rend au regard de la protection des libertés. Elle peut décider de missions d'information ou de contrôle sur place.

ARTICLE 35 : L'Autorité décide des mesures de publicité les plus appropriées s'agissant des décisions d'autorisation, des recommandations, des normes d'exonération, des sanctions et des dénonciations qu'elle adopte.

ARTICLE 36 : L'Autorité établit chaque année un rapport d'activité qu'elle remet au Premier Ministre au plus tard à la fin du premier trimestre de chaque année. Ce rapport est publié au Journal officiel.

ARTICLE 37 : Les Ministres, autorités publiques, dirigeants d'établissements ou d'entreprises publics ou privés, responsables de groupements divers et plus généralement les détenteurs ou utilisateurs de traitements ou de fichiers de données personnelles ne peuvent s'opposer à l'action de l'Autorité et doivent prendre toutes mesures utiles afin de faciliter sa tâche.

ARTICLE 38 : Aucun membre de l'Autorité de Protection des Données Personnelles ne peut être poursuivi, recherché ou jugé pour des opinions émises par lui lors des séances de l'Autorité. Les membres de l'Autorité de Protection des Données Personnelles ont droit, conformément aux règles fixées par le Code Pénal et les Lois Spéciales, à une protection contre les menaces, outrages, injures, ou diffamations dont ils peuvent être l'objet dans l'exercice de leur fonction. Ils ont droit à la réparation, le cas échéant, des préjudices qu'ils subissent à cet effet.

SECTION 3 : DES MODALITES DE FONCTIONNEMENT DE L'AUTORITE DE PROTECTION DES DONNEES A CARACTERE PERSONNEL

ARTICLE 39 : L'Autorité de Protection des Données à Caractère Personnel se réunit de plein droit, en session ordinaire, deux (2) fois par an. Toutefois, elle peut se réunir en session extraordinaire à la demande de son Président ou de la moitié de ses membres. Les séances ne sont pas publiques.

ARTICLE 40 : Les sessions sont convoquées par le Président de l'Autorité qui assure la police des séances. Toutefois, la séance inaugurale est convoquée par le Premier Ministre et présidée par le doyen d'âge, jusqu'à l'élection du président de l'Autorité.

ARTICLE 41 : La durée des sessions ordinaires ne peut excéder dix (1 0) jours.

ARTICLE 42 : La durée des sessions extraordinaires ne peut excéder cinq (5) jours.

ARTICLE 43 : Les sessions sont convoquées pour un ordre du jour précis et limité. Elles sont préparées par le Président de l'Autorité qui dispose d'un Secrétariat à cet effet. Ce Secrétariat est celui de l'Autorité de Protection des Données à Caractère Personnel.

ARTICLE 44 : Les décisions de l'Autorité de Protection des Données à Caractère Personnel sont constatées par des délibérations ou des procès-verbaux. Toutefois, les décisions à caractère règlementaire du collège sont constatées uniquement par délibération de l'Autorité qui dispose de toutes les prérogatives de puissance publique reconnues à l'administration.

ARTICLE 45 : Le Président de l'Autorité représente celle-ci dans la vie civile et en justice. Il dispose du pouvoir règlementaire. A ce titre, il prend des décisions et d'autres catégories d'actes règlementaires.

ARTICLE 46 : Le Président de l'Autorité délivre aux usagers un récépissé constatant toute demande ou réclamation formulée dont est saisie l'Autorité. Ce récépissé mentionne l'objet de la demande ou de la réclamation et les engagements de l'usager.

ARTICLE 47 : L'Autorité de Protection des Données à Caractère Personnel prend ses décisions à la majorité des 2/3 de ses membres.

ARTICLE 48 : Les actes de l'Autorité sont des actes administratifs susceptibles de recours administratif et juridictionnel. Le recours gracieux est exercé au niveau du Président de l'Autorité.

ARTICLE 49 : L'Autorité de Protection des Données à Caractère Personnel adopte son règlement intérieur dès sa session inaugurale.

ARTICLE 50 : Les membres de l'Autorité de Protection des Données à Caractère Personnel perçoivent des indemnités de session et des indemnités de déplacement, dans l'accomplissement de leur mission.

ARTICLE 51 : Une délibération de l'Autorité de Protection des Données à Caractère Personnel fixe, dans les limites des moyens financiers mis à sa disposition, le montant journalier des indemnités prévues à l'article 50 précédent. Ce montant tient compte des barèmes habituellement pratiqués au niveau des Institutions similaires.

ARTICLE 52 : L'État met à la disposition de l'Autorité de Protection des Données à Caractère Personnel les moyens matériels et humains nécessaires à l'accomplissement de sa mission.

CHAPITRE VII : DES RAPPORTS DE L'AUTORITE DE PROTECTION DES DONNEES A CARACTERE PERSONNEL AVEC LES RESPONSABLES DE TRAITEMENT DES DONNEES ET LES USAGERS ORDINAIRES

ARTICLE 53 : L'Autorité de Protection des Données à Caractère Personnel assure la coordination et le contrôle du traitement des données personnelles sur toute l'étendue du territoire national.

ARTICLE 54 : Les confessions religieuses, les partis politiques ou les syndicats peuvent tenir registre de leurs membres ou de leurs correspondants sous forme de données informatisées qui échappent au contrôle de l'Autorité de Protection des Données à caractère Personnel.

ARTICLE 55 : Le traitement des données des juridictions, des autorités publiques agissant dans le cadre de leurs attributions légales, des organismes publics personnalisés, des collectivités territoriales ne sont pas soumis d'office à l'obligation de déclaration de leurs opérations de traitement de données en vertu de leur statut. Les responsables de traitement des données agissant pour le compte des organismes publics personnalisés et des collectivités territoriales ne sont soumis à l'obligation de déclaration de leurs opérations de traitement qu'à la condition d'une signature de convention entre l'Autorité de Protection des Données à caractère Personnel et les Autorités responsables desdits organismes. Toutefois, l'Autorité dispose à l'égard des organismes personnalisés et des collectivités territoriales de tous les moyens de contrôle sur des données détenues à leur niveau.

CHAPITRE VIII : DES SANCTIONS

ARTICLE 56 : Sans préjudice des pouvoirs des autres autorités de poursuite en matière d'infraction, le Président de l'Autorité de Protection des Données à Caractère Personnel dénonce devant le Procureur de la République tout usager en infraction vis à vis de la loi dans le domaine des données à caractère personnel, ou porte plainte contre l'intéressé devant les juridictions compétentes, pour l'application des sanctions pénales prévues par la législation en Vigueur.

ARTICLE 57 : Les responsables de traitement de données déclarent à l'Autorité de Protection les opérations qu'ils comptent effectuer pour une finalité donnée. Si cette formalité a été omise de mauvaise foi, l'Autorité de Protection inflige au Responsable de traitement des données en cause, la sanction administrative appropriée qu'elle apprécie, en fonction de la gravité de la faute.

ARTICLE 58 : Sauf disposition particulière prévue par la présente loi en matière d'informatique, la qualification des infractions et les peines qui leur sont applicables sont celles définies par le Code pénal, le Code des personnes et de la famille, la loi électorale et les autres lois qui instituent des infractions dans le domaine de la protection des données à caractère personnel. La procédure suivie pour la répression des infractions est celle fixée par le Code de Procédure Pénale.

ARTICLE 59 : Sans préjudice des sanctions pénales, l'Autorité de Protection des Données à Caractère Personnel inflige les sanctions administratives et pécuniaires découlant de l'application de la présente loi et peut instituer, par des règlements légalement faits, des contraventions de simple police.

ARTICLE 60 : L'action civile est soumise aux conditions fixées par le Code de Procédure Civile, Commerciale et Sociale et le Régime Général des Obligations en République du Mali.

ARTICLE 61 : Les sanctions administratives instituées par la présente loi sont :

- l'avertissement à l'encontre de tout responsable de traitement de donnée de bonne foi qui n'a pas observé les formalités administratives de collecte, de traitement et de gestion des données prévues par la présente loi ou par les actes règlementaires de l'Autorité de Protection des Données à caractère Personnel ;

- la mise en demeure du responsable de traitement de donnée fautif, à l'effet de l'amener à se conformer aux textes ;

- l'injonction de cesser les activités de traitement des données à caractère personnel à l'encontre de tout responsable de traitement de donnée, en cas de faute ;

- le retrait d'agrément à tout responsable de traitement de données en cas de nécessité constatée par l'Autorité de Protection.

ARTICLE 62 : Dans les cas prévus à l'article 61 précédent, l'Autorité de Protection des Données à

Caractère Personnel peut user de tous les moyens techniques en sa possession pour assurer l'exécution d'office de sa décision.

ARTICLE 63 : Les décisions de sanctions administratives sont motivées, à peine de nullité et notifiées aux intéressés.

ARTICLE 64 : Outre les sanctions pénales privatives de liberté, des sanctions pécuniaires pourront être infligées à tout contrevenant, conformément aux dispositions des articles 65, 66 et 67 ci-dessous de la présente loi.

ARTICLE 65 : Sont punis d'une amende de cinq millions (5.000.000) à vingt millions (20.000.000) de francs :

1) le fait de communiquer à des tiers non autorisés ou d'accéder sans autorisation ou de façon illicite aux données personnelles mettant en cause les droits fondamentaux et les libertés individuelles ou la vie privée ;

2) le détournement de finalité ou toute modification de finalité d'une collecte ou d'un traitement de donnée personnelle, sans autorisation expresse et motivée de l'Autorité de Protection des Données à Caractère Personnel ;

3) le fait de collecter des données par un moyen frauduleux, déloyal ou illicite ou de procéder à un traitement d'informations nominatives concernant une personne physique malgré son opposition, lorsque cette opposition est fondée sur des raisons légitimes liées à ses droits fondamentaux ou à sa vie privée ;

4) le traitement automatisé de données à caractère personnel nominatives ayant pour fin la recherche dans le domaine de la santé, en violation des lois et règlements ;

5) le fait, hors les cas prévus par la loi, de mettre ou de conserver en mémoire informatisée des données nominatives concernant des infractions, des condamnations ou des mesures de sureté nationale.

La présente infraction est applicable aux fichiers non automatisés ou mécanographiques dont l'usage ne relève pas exclusivement de l'exercice du droit à la vie privée ;

1) le fait, par toute personne, de recueillir, à l'occasion de l'enregistrement, du classement, de la transmission ou d'une autre forme de traitement, des informations nominatives dont la divulgation a pour effet de porter atteinte à l'honneur et à la considération de l'intéressé ou à l'intimité de sa vie privée, de porter sans autorisation de l'intéressé lesdites informations à la connaissance d'un tiers qui n'a pas de qualité pour les recevoir ;

2) le fait d'entraver l'action de l'Autorité de Protection des Données à Caractère Personnel ;

* soit en s'opposant aux vérifications sur place ;

* soit en refusant de communiquer à ses membres ou à ses agents les renseignements et documents utiles à la mission qui leur est confiée, en dissimulant ou en faisant disparaitre lesdits documents.

ARTICLE 66 : Sont punis d'une amende de deux millions cinq cent mille (2.500.000) à dix millions (10.000.000) de francs :

1) le fait de procéder ou de faire procéder à un traitement automatisé d'informations nominatives sans prendre toutes les précautions pour préserver la sécurité desdites informations, notamment en évitant qu'elles ne soient déformées ou endommagées ;

2) le fait de mettre ou de conserver en mémoire informatisée, sans l'accord préalable de l'intéressé, des données nominatives qui, directement ou indirectement, font apparaitre les origines raciales, ethniques, les opinions politique, philosophique, religieuse ou l'appartenance syndicale.

ARTICLE 67 : Dans tous les cas de sanction pécuniaire, l'Autorité de Protection des Données à Caractère Personnel pourra engager une transaction avec le contrevenant, à la demande de celui-ci, à condition de respecter les barèmes fixés par la loi.

CHAPITRE IX : DES DISPOSITIONS TRANSITOIRES

ARTICLE 68 : Les services publics et les personnes physiques ou morales dont l'activité consistait, avant la date de promulgation de la présente loi à effectuer, à titre principal ou accessoire, des traitements de données à caractère personnel disposent d'un délai maximum de six (6) mois, pour se conformer aux dispositions de la présente loi. A défaut de cette régularisation dans le délai précité, leurs activités sont réputées contraires aux dispositions de la présente loi et ils devront cesser lesdites activités sans délai, faute de quoi, les contrevenants s'exposeront aux sanctions prévues par la loi.

CHAPITRE X : DES DISPOSITIONS FINALES

ARTICLE 69 : Les dispositions pratiques de mise en œuvre des données à caractère personnel non prévues par la présente loi seront suppléées par délibération de l'Autorité de Protection des Données à Caractère Personnel, en conformité avec l'esprit de la loi.

Bamako, le 21 mai 2013
Le Président de la République par intérim,
Professeur Dioncounda TRAORE

TABLE DES MATIÈRES

Structures éditoriales du groupe L'Harmattan

L'Harmattan Italie
Via degli Artisti, 15
10124 Torino
harmattan.italia@gmail.com

L'Harmattan Hongrie
Kossuth l. u. 14-16.
1053 Budapest
harmattan@harmattan.hu

L'Harmattan Sénégal
10 VDN en face Mermoz
BP 45034 Dakar-Fann
senharmattan@gmail.com

L'Harmattan Cameroun
TSINGA/FECAFOOT
BP 11486 Yaoundé
inkoukam@gmail.com

L'Harmattan Burkina Faso
Achille Somé – tengnule@hotmail.fr

L'Harmattan Guinée
Almamya, rue KA 028 OKB Agency
BP 3470 Conakry
harmattanguinee@yahoo.fr

L'Harmattan RDC
185, avenue Nyangwe
Commune de Lingwala – Kinshasa
matangilamusadila@yahoo.fr

L'Harmattan Congo
219, avenue Nelson Mandela
BP 2874 Brazzaville
harmattan.congo@yahoo.fr

L'Harmattan Mali
ACI 2000 - Immeuble Mgr Jean Marie Cisse
Bureau 10
BP 145 Bamako-Mali
mali@harmattan.fr

L'Harmattan Togo
Djidjole – Lomé
Maison Amela
face EPP BATOME
ddamela@aol.com

L'Harmattan Côte d'Ivoire
Résidence Karl – Cité des Arts
Abidjan-Cocody
03 BP 1588 Abidjan
espace_harmattan.ci@hotmail.fr

Nos librairies en France

Librairie internationale
16, rue des Écoles
75005 Paris
librairie.internationale@harmattan.fr
01 40 46 79 11
www.librairieharmattan.com

Librairie des savoirs
21, rue des Écoles
75005 Paris
librairie.sh@harmattan.fr
01 46 34 13 71
www.librairieharmattansh.com

Librairie Le Lucernaire
53, rue Notre-Dame-des-Champs
75006 Paris
librairie@lucernaire.fr
01 42 22 67 13

www.ingramcontent.com/pod-product-compliance
Lightning Source LLC
LaVergne TN
LVHW011448061026
849535LV00004BA/999